Managementwissen für Studium und Praxis

Herausgegeben von
Professor Dr. Dietmar Dorn und
Professor Dr. Rainer Fischbach

Lieferbare Titel:

Anderegg, Grundzüge der Geldtheorie und Geldpolitik

Arrenberg · Kiy · Knobloch · Lange, Vorkurs in Mathematik, 3. Auflage

Barth · Barth, Controlling, 2. Auflage

Behrens · Kirspel, Grundlagen der Volkswirtschaftslehre, 3. Auflage

Behrens · Hilligweg · Kirspel, Übungsbuch zur Volkswirtschaftslehre

Behrens, Makroökonomie – Wirtschaftspolitik, 2. Auflage

Bontrup, Volkswirtschaftslehre, 2. Auflage

Bontrup, Lohn und Gewinn, 2. Auflage

Bontrup · Pulte, Handbuch Ausbildung

Bradtke, Mathematische Grundlagen für Ökonomen, 2. Auflage

Bradtke, Übungen und Klausuren in Mathematik für Ökonomen

Bradtke, Statistische Grundlagen für Ökonomen, 2. Auflage

Bradtke, Grundlagen im Operations Research für Ökonomen

Busse, Betriebliche Finanzwirtschaft, 5. Auflage

Camphausen, Strategisches Management, 2. Auflage

Dinauer, Grundzüge des Finanzdienstleistungsmarkts, 2. Auflage

Dorn · Fischbach, Volkswirtschaftslehre II, 4. Auflage

Dorsch, Abenteuer Wirtschaft ·75 Fallstudien mit Lösungen

Drees-Behrens · Kirspel · Schmidt · Schwanke, Aufgaben und Fälle zur Finanzmathematik, Investition und Finanzierung, 2. Auflage

Drees-Behrens · Schmidt, Aufgaben und Fälle zur Kostenrechnung, 2. Auflage

Fischbach · Wollenberg, Volkswirtschaftslehre 1, 13. Auflage

Götze · Deutschmann · Link, Statistik

Gohout, Operations Research, 3. Auflage

Haas, Kosten, Investition, Finanzierung – Planung und Kontrolle, 3. Auflage

Haas, Access und Excel im Betrieb

Haas, Excel im Betrieb, Gesamtplan

Hans, Grundlagen der Kostenrechnung

Heine · Herr, Volkswirtschaftslehre, 3. Auflage

Hoppen, Vertriebsmanagement

Koch, Marktforschung, 4. Auflage

Koch, Betriebswirtschaftliches Kosten- und Leistungscontrolling in Krankenhaus und Pflege, 2. Auflage

Laser, Basiswissen Volkswirtschaftslehre

Martens, Statistische Datenanalyse mit SPSS für Windows, 2. Auflage

Mensch, Finanz-Controlling. 2. Auflage

Peto, Grundlagen der Makroökonomik, 13. Auflage

Piontek, Controlling, 3. Auflage

Piontek, Beschaffungscontrolling, 3. Aufl.

Plümer, Logistik und Produktion

Posluschny, Controlling für das Handwerk

Posluschny, Kostenrechnung für die Gastronomie, 2. Auflage

Rau, Planung, Statistik und Entscheidung – Betriebswirtschaftliche Instrumente für die Kommunalverwaltung

Rothlauf, Total Quality Management in Theorie und Praxis, 2. Auflage

Rudolph, Tourismus-Betriebswirtschaftslehre, 2. Auflage

Rüth, Kostenrechnung, Band I, 2. Auflage

Scharnbacher · Kiefer, Kundenzufriedenheit, 3. Auflage

Schuster, Kommunale Kosten- und Leistungsrechnung, 2. Auflage

Schuster, Doppelte Buchführung für Städte, Kreise und Gemeinden, 2. Auflage

Specht · Schweer · Ceyp, Markt- und ergebnisorientierte Unternehmensführung, 6. Auflage

Stahl, Internationaler Einsatz von Führungskräften

Stender-Monhemius, Marketing – Grundlagen mit Fallstudien

Stibbe, Kostenmanagement, 3. Auflage

Strunz · Dorsch, Management

Strunz · Dorsch, Internationale Märkte

Weeber, Internationale Wirtschaft

Wilde, Plan- und Prozesskostenrechnung

Wilhelm, Prozessorganisation, 2. Auflage

Wörner, Handels- und Steuerbilanz nach neuem Recht, 8. Auflage

Zwerenz, Statistik, 3. Auflage

Zwerenz, Statistik verstehen mit Excel – Buch mit Excel-Downloads, 2. Auflage

Kostenmanagement

Methoden und Instrumente

von
Rosemarie Stibbe

3., überarbeitete und erweiterte Auflage

Oldenbourg Verlag München

Die Vorauflagen erschienen unter dem Namen Rosemarie Hardt.

Bibliografische Information der Deutschen Nationalbibliothek

Die Deutsche Nationalbibliothek verzeichnet diese Publikation in der Deutschen
Nationalbibliografie; detaillierte bibliografische Daten sind im Internet über
<http://dnb.d-nb.de> abrufbar.

© 2009 Oldenbourg Wissenschaftsverlag GmbH
Rosenheimer Straße 145, D-81671 München
Telefon: (089) 4 50 51-0
oldenbourg.de

Lektorat: Wirtschafts- und Sozialwissenschaften, wiso@oldenbourg.de
Herstellung: Anna Grosser
Coverentwurf: Kochan & Partner, München
Gedruckt auf säure- und chlorfreiem Papier
Gesamtherstellung: Druckhaus „Thomas Müntzer" GmbH, Bad Langensalza

ISBN 978-3-486-58923-8

Vorwort zur dritten Auflage

Marktentwicklungen und technischer Fortschritt haben zu veränderten Kosten- und Leistungsstrukturen geführt. In deutschen Industrieunternehmen sind mittlerweile zwischen 50 und 90 % aller Beschäftigten in indirekten Leistungsbereichen tätig. Die Gemeinkosten sind aufgrund dieser Entwicklung in Relation zu den Gesamtkosten stark angestiegen. Daneben hat sich in den vergangenen Jahren die globale Wettbewerbssituation verschärft. Die Verlagerung von einfachen und in zunehmendem Maße qualitativ hochwertigen Dienstleistungen in sog. Niedriglohnländer bedeutet für viele Unternehmen eine erhebliche Kostenentlastung und ist häufig der einzige Weg zur Sicherung der Unternehmensexistenz. Die Konzentration auf Kernleistungen und weltweiter Kostendruck charakterisieren die Marktsituation der meisten deutschen Industrieunternehmen.

Die Globalisierung der Märkte und der daraus resultierende Wettbewerbsdruck haben in der Unternehmenspraxis und in der Wissenschaft zu einem Umdenkungsprozess im Rahmen des Kostenmanagements geführt. Es geht nicht mehr nur darum, nach Methoden und Instrumenten zu suchen, die zweckmäßig zur Ausschöpfung von Kostensenkungspotentialen eingesetzt werden können. Die Sicherung der Unternehmensexistenz ist daneben vom weltweiten Aufbau von Kooperationspartnerschaften, Kundenbeziehungen, herausragenden Mitarbeitern und letztlich vom Image eines Unternehmens abhängig. In den Vordergrund eines effektiven Kostenmanagements rücken somit verstärkt auch qualitative, nicht-monetäre Erfolgskomponenten, die es im Rahmen der Kosten-/Nutzenoptimierungsaktivitäten zielorientiert zu steuern gilt.

Die vorliegende 3. Auflage ist entsprechend der vorstehenden Entwicklungen überarbeitet und um das Kapitel „Intangible-Management auf der Basis der Balanced Scorecard" erweitert worden. Im Rahmen der Überarbeitung hat mich meine studentische Hilfskraft Bastian Günther bei der Erstellung der Registerarbeiten, der Literaturrecherche und bei den Korrekturarbeiten sehr unterstützt. Ich möchte Herrn Günther an dieser Stelle für seinen engagierten Einsatz danken. Ferner möchte ich Herrn Dipl.-Betriebswirt Rainer Pieters Dank sagen, der mir bei den vielen kleinen DV-Problemen stets hilfreich zur Seite stand. Mein Dank gilt in gleicher Weise Herrn Dr. Jürgen Schechler vom Oldenbourg-Verlag und seinen Mitarbeitern für die unkomplizierte und angenehme Zusammenarbeit.

Siegburg, Januar 2009 Rosemarie Stibbe

Vorwort zur ersten und zweiten Auflage

Kostendruck, eine zunehmende Differenzierung der Kundenwünsche und daraus folgend der Zwang zu einer höheren Flexibilität sowie die Notwendigkeit einer zielorientierten Beeinflussung der Kosten charakterisieren die derzeitige Situation der meisten Unternehmen. Die Beeinflussung der Kosten im Hinblick auf deren Niveau, Struktur und Verhalten bilden die zentralen Eckpunkte eines effektiven Kostenmanagements, das in der Praxis und in wissenschaftlichen Publikationen eine starke Verbreitung gefunden hat. Hierbei ist auf der einen Seite zu beobachten, dass die in der Theorie diskutierten und in der Praxis zum Teil seit ca. 100 Jahren eingesetzten Instrumente und Methoden reformiert und erweitert bzw. der wirtschaftlichen Entwicklung angepasst wurden. Auf der anderen Seite ist eine Vielzahl neuer Instrumente und Methoden entwickelt worden, deren Einsatz im Hinblick auf die Wettbewerbsfähigkeit in dynamischen und immer enger werdenden Märkten eine entscheidende Position einnimmt.

Ziel dieses Buches ist es, sowohl die in zahlreichen Büchern beschriebenen traditionellen und zum großen Teil modernisierten als auch die in überwiegend aktuellen Aufsätzen vorgestellten neuen Instrumente und Methoden des Kostenmanagements in einem Lehrwerk zusammenzufassen und praxisorientiert darzustellen. Zielgruppen sind Studierende der Betriebswirtschaftslehre im Hauptstudium und Spezialisten in der Praxis.

Danken möchte ich Frau Dipl.-Betriebswirtin Sonja Atai für viele konstruktive Hinweise und die sorgfältigen Korrekturarbeiten. Für die gute Zusammenarbeit danke ich auch Herrn Dipl.-Volkswirt Martin Weigert vom Oldenbourg-Verlag.

Sankt Augustin, Juli 1997   Rosemarie Hardt

Inhaltsverzeichnis

Abbildungsverzeichnis

Abkürzungsverzeichnis

BEP	Break-Even-Point
BCG	Boston Consulting Group
BM	Benchmarking
BSC	Balanced Scorecard
BVW	Betriebliches Vorschlagswesen
DIN	Deutsches Institut für Normung
EK	Erfahrungskurve
EKK	Erfahrungskurvenkonzept
GSP	Gesellschaft Systementwicklung und Projektgestaltung
GWA	Gemeinkostenwertanalyse
IfaA	Institut für angewandte Arbeitswissenschaft
KLR	Kosten- und Leistungsrechnung
KVP	Kontinuierlicher Verbesserungsprozess
lmi	leistungsmengeninduziert
lmn	leistungsmengenneutral
LUE	Leiter der Untersuchungseinheiten
OVA	Overhead Value Analysis
PDCA	Plan, Do, Check, Action
PMS	Performance Measurement-System
ROA	Return on Assets
SAVE	Society of American Value Engineers
SDCA	Standardize, Do, Check, Action
SFAS	Statements of Financial Accounting Standards
TC	Target Costing
UE	Untersuchungseinheiten
USA	United States of America
US-GAAP	United States Generally Accepted Accounting Principles
VDI	Verein deutscher Ingenieure
VV	Verbesserungsvorschlag
VVe	Verbesserungsvorschläge
WA	Wertanalyse
ZBB	Zero-Base-Budgeting
ZBP	Zero-Base-Planning
ZWA	Zentrum Wertanalyse

1. Abgrenzung und Aufgabenfelder eines effektiven Kostenmanagements

1.1 Kostenstrukturverschiebungen und Kostenmanagement

Industrieunternehmen können sich heute dem Zwang zu höherer Produktionsflexibilität kaum entziehen. Käufermärkte induzieren eine erhöhte Nachfragedifferenzierung. Die Befriedigung der Kundenwünsche ist mit einer erhöhten Produktdifferenzierung verbunden, die wirtschaftlich nur über eine flexible Automatisierung und sonstige Rationalisierungsinvestitionen erreicht werden kann. Rationalisierungsinvestitionen sind oftmals mit tief greifenden Kostenartensubstitutionen verbunden. Diese sind insbesondere auf das extrem hohe Investment und dem darauf basierenden relativen und absoluten Anstieg der fixen Anlagenkosten (z. B. kalkulatorische Abschreibungen, kalkulatorische Zinsen, Anlagenwagniskosten) zurückzuführen. Neben dem aus dem hohen Investment resultierenden Fixkosten- bzw. Gemeinkostenanstieg bewirkt die Implementierung neuer Technologien eine Veränderung der betrieblichen Prozessstruktur. Die klassische Lohnarbeit ist in hoch automatisierten Unternehmen von untergeordneter Bedeutung, d. h. die Einführung neuer Technologien führt zugunsten der indirekten Leistungsbereiche zu einem Rückgang der direkten Lohnkosten. [Vgl. im Folgenden: Remer 2005, S. 9 ff.]

Variantenvielfalt, kleinere Auftragsstückzahlen, kleinere Losgrößen, eine höhere Teilevielfalt, steigende Qualitätsansprüche, erhöhte Anforderungen an die Lieferzeit, Lieferzuverlässigkeit und Lieferflexibilität sowie kürzere Produktlebenszyklen führen insbesondere zu einem Anstieg der vorbereitenden, planenden, steuernden, überwachenden und koordinierenden Tätigkeiten in Forschung und Entwicklung, Beschaffung, Logistik, Arbeitsvorbereitung und Programmierung, Produktionsplanung und -steuerung, Instandhaltung, Qualitätssicherung, Auftragsabwicklung, Vertrieb und Rechnungswesen, Personalentwicklung und -verwaltung, interne Revision und Controlling.

Durch die Erstellung möglichst kundenindividueller und somit variantenreicher Produkte nimmt die Komplexität der Leistungserstellungsprozesse selbst, aber auch der vor- und nachgelagerten Aktivitäten zu:

Die damit verbundenen zusätzlichen, nicht direkt fertigungsbezogenen Kosten werden als **Komplexitätskosten** bezeichnet, die letztlich aus der Vielfalt an Produkten, Varianten, Baugruppen und Teilsystemen, Komponenten und Teilen sowie aus der daraus folgenden Vielfalt von Führungsaufgaben, Prozessen, Kunden und Lieferanten.

Aufgrund der beschriebenen Entwicklung hat der Anteil der Gemeinkosten an der Wertschöpfung mittlerweile einen Anteil von 80 % mit einem Fixkostenanteil von bis zu über 90 % erreicht.

In der Relation zwischen fixen und proportionalen Kosten manifestiert sich die Kostenflexibilität. Das wesentliche Definitionsmerkmal fixer Kosten ist, dass sie nicht automatisch mit der Ausbringungsmenge variieren:

Mit einer Zunahme der fixen Kosten an den Gesamtkosten wird die kurzfristige Beeinflussbarkeit der Kosten somit insgesamt geringer. Die abnehmende Kostenreagibilität drückt sich in einer Verschiebung des Break-Even-Points (BEP) aus (vgl. Abb.1).

Wie die nachstehende Abbildung 1 zeigt, fallen sowohl die Gewinne als auch die Verluste bei Über- bzw. Unterschreitung des BEP in einem hoch automatisierten bzw. fixkostenintensiven Unternehmen jeweils höher aus, als dies bei konventioneller Fertigung der Fall ist. In Vollbeschäftigungszeiten mit hohen Absatzzahlen bzw. hoher Kapazitätsauslastung ist der Gewinn relativ hoch, da die Fixkosten bei gleich bleibenden Kapazitäten konstant bleiben. In der Rezession bzw. bei Auftragsrückgängen entstehen ungenutzte Kapazitäten und somit Leerkosten, die den Gewinn schmälern.

Aufgrund der hohen Fixkostenbelastung hat sich der BEP in vielen Unternehmen immer weiter in Richtung der Kapazitätsgrenze verschoben. Gewinne werden oftmals erst bei einer Kapazitätsauslastung von mehr als 70 % – in einigen Unternehmen der Automobilindustrie sogar erst bei 90 % – erzielt. [Vgl. Öcking 1995, S. 253]

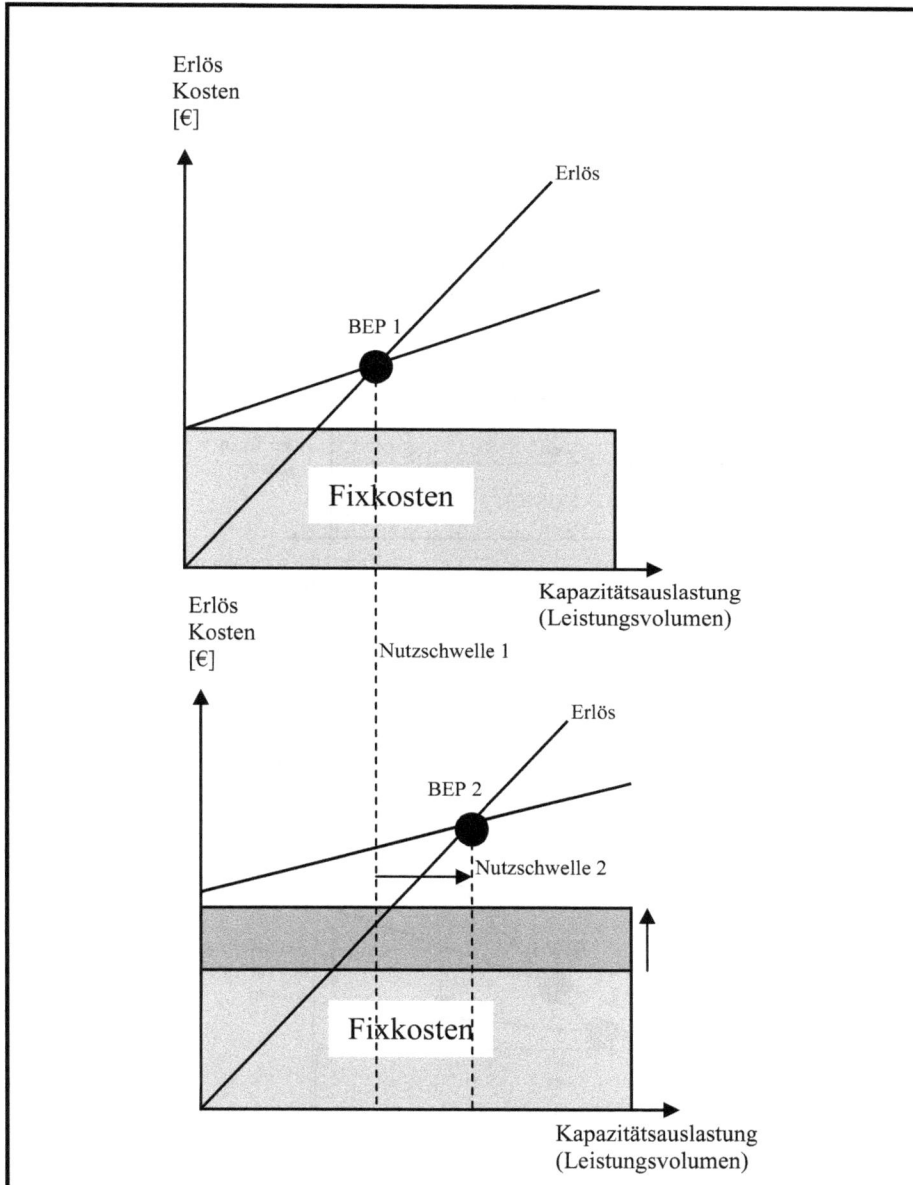

Abb. 1:
Auswirkungen der Zunahme der Fixkostenintensität auf die Gewinnschwelle eines Unternehmens
[In Anlehnung an: Männel 1995, S. 31]

Erlös
Kosten
[€]

Erlös

BEP 1

BEP 2

Reduzierung
der fixen
Kosten

Fixkosten

Kapazitätsauslastung
(Leistungsvolumen)

Erlös
Kosten
[€]

Erlös

BEP 1

BEP 2

Reduzierung
der variablen
Kosten

Fixkosten

Kapazitätsauslastung
(Leistungsvolumen)

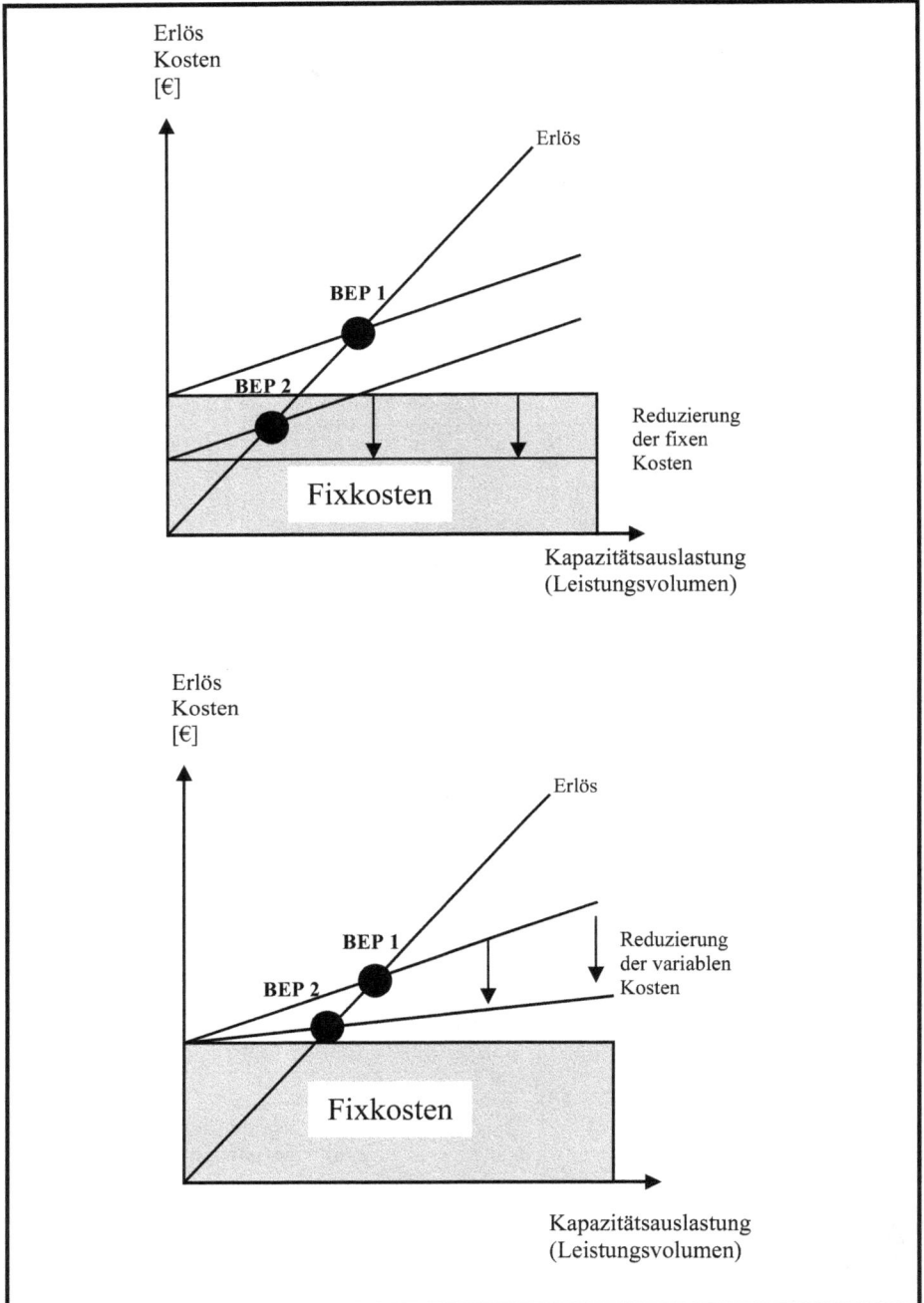

Abb. 2.:
Gewinnschwellen-Management

Mit der Erhöhung des Fixkostenanteils und der damit verbundenen einge-schränkten Kostenreagibilität steigt gleichzeitig die Bedeutung eines effekti-ven Kostenmanagements:

Die Beeinflussung des Kostenniveaus, der Kostenstruktur und des Kostenver-haltens bilden die zentralen Eckpunkte eines effektiven Kostenmanagements, mit dessen Hilfe – im Sinne eines umfassenden Gewinnschwellen-Manage-ments – die Nutzschwelle so niedrig wie möglich gehalten werden soll (vgl. Abb. 2). [Vgl. Männel 1995, S. 30–31]

1.2 Abgrenzung des Kostenmanagements

Kosten können grundsätzlich aus zwei Perspektiven heraus betrachtet werden:

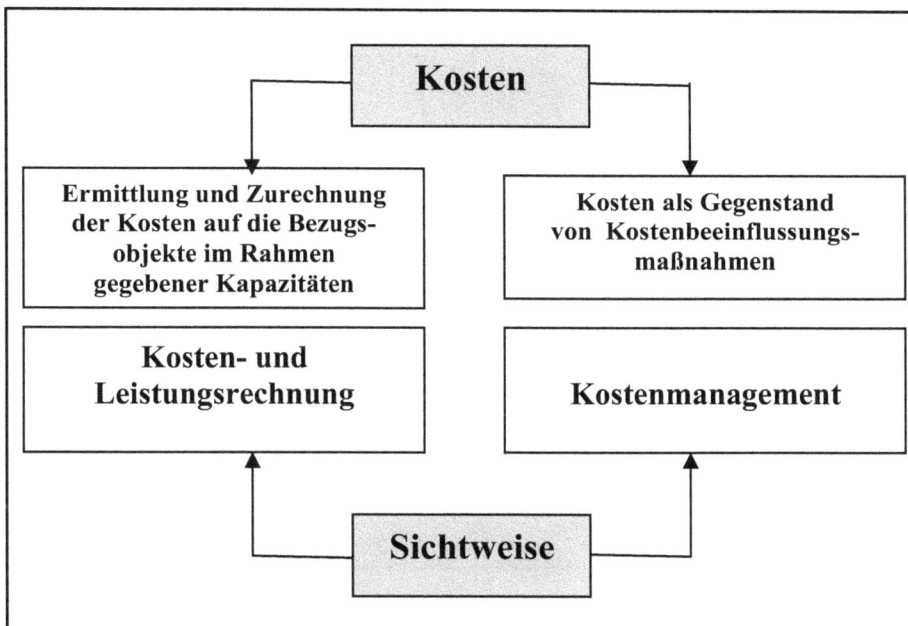

Abb. 3:
Kosten- und Leistungsrechnung und Kostenmanagement

Auf der einen Seite kann der Aspekt der Ermittlung und die Zurechnung der Kosten auf die Bezugsobjekte im Rahmen gegebener Kapazitäten, Produktionsverfahren und Produktspezifikationen im Mittelpunkt stehen. Das ist die Sichtweise der traditionellen Kostenrechnung. Auf der anderen Seite sind Kosten Gegenstand von Kostenbeeinflussungsmaßnahmen. Das ist die Sichtweise des Kostenmanagements (vgl. Abb. 3)

Das Kostenmanagement, als ein Aufgabenbereich der Unternehmensführung, befasst sich mit der zielorientierten Gestaltung der Kosten. Je nachdem, auf welcher Ziel- oder Planungsebene sich die Aktivitäten des Kostenmanagements bewegen, kann die Gesamtfunktion des Kostenmanagements in die Bereiche strategisches und operatives Kostenmanagement untergliedert werden:

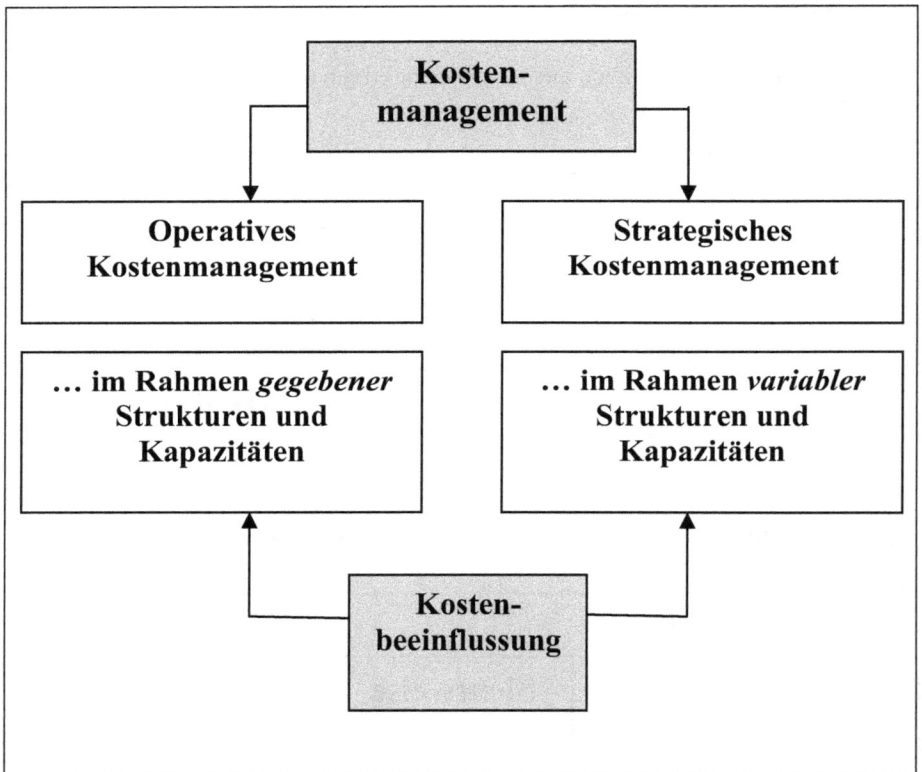

Abb. 4:
Operatives und strategisches Kostenmanagement

Ein operatives Kostenmanagement liegt dann vor, wenn die Maßnahmen der Kostenbeeinflussung sich im Rahmen gegebener Kapazitäten, d. h. Ausstattungen mit Potentialfaktoren, bewegen. Aufgrund der beschriebenen Kostenstrukturverschiebungen bzw. der absoluten und relativen Zunahme des Anteils der fixen Kosten an den Gesamtkosten wird die operative Beeinflussbarkeit der Kosten geringer. Damit steigt gleichzeitig die Bedeutung des strategischen Kostenmanagements, das durch variable Strukturen und Kapazitäten geprägt ist (vgl. Abb. 4)

Kostenmanagement ist auf eine zielorientierte Gestaltung der Kosten gerichtet. Das Hauptziel des Kostenmanagements liegt in der Optimierung der Kosten-/Nutzen-Verhältnisse im Unternehmen. Entsprechend dieser Zielsetzung sind natürlich auch Kostenerhöhungen möglich, sofern sie durch überproportionale Leistungssteigerungen kompensiert werden. Kostenmanagement ist somit immer zwingend auch mit einem Leistungsmanagement verbunden.

1.3 Aufgabenfelder des Kostenmanagements

Kostenmanagement zielt vor allem auf eine umfassende und frühzeitige Beeinflussung des Kostenniveaus, der Kostenstrukturen und des Kostenverhaltens (vgl. Abb. 5).

1.3.1 Beeinflussung des Kostenniveaus

Im Rahmen des Kostenniveau-Managements sollen entweder die Gesamtkosten oder die Kosten bestimmter Leistungsfelder zielorientiert beeinflusst werden. Kosten als bewerteter, sachzielbezogener Güterverzehr bieten grundsätzlich zwei Ansatzpunkte für ein Kostenniveau-Management: die Mengenkomponente und die Wertkomponente. Die Mengenkomponente setzt unmittelbar an den Verbrauchsmengen der zum Einsatz gelangenden Produktionsfaktoren an. Durch Kostengestaltungsmaßnahmen wird eine Senkung der Funktions-, Produktions- und Materialkosten angestrebt, indem z. B. aus der subjektiven Einschätzung der Kunden zur Leistungserstellung nicht notwendige Funktionen abgebaut werden. Einen zweiten Ansatzpunkt für das Kostenniveau-Management bietet die Wertkomponente bzw. das Wertgerüst, das z. B. durch eine kostenorientierte Standortwahl, das Auffinden günstiger Bezugsquellen sowie durch die Entscheidung zwischen Eigenfertigung und Fremdbezug beeinflusst werden kann. [Vgl. Burger 1999, S. 5]

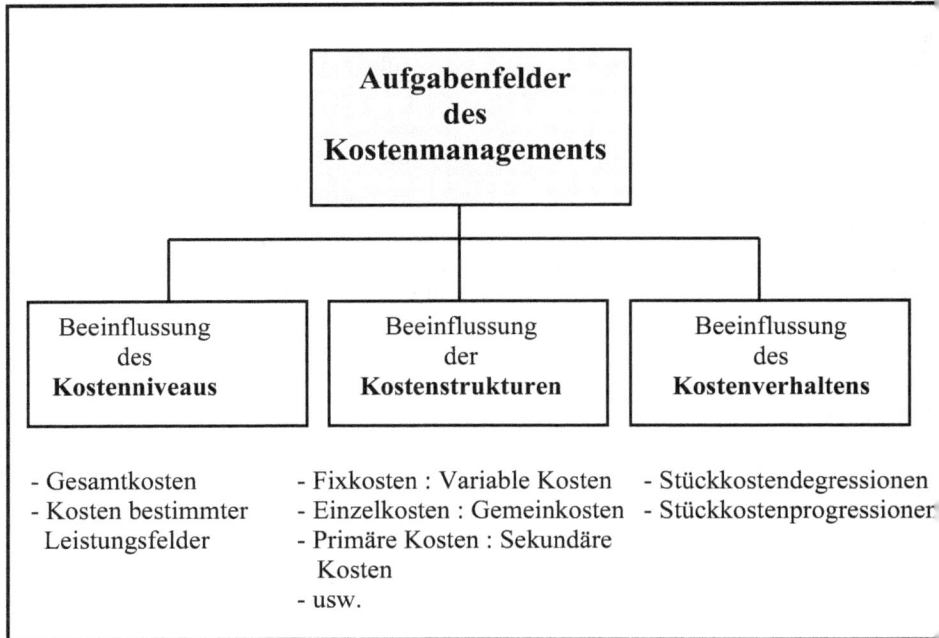

```
┌──────────────────────────────────────────────────────────────────┐
│                        ┌─────────────────────┐                     │
│                        │    Aufgabenfelder    │                     │
│                        │         des          │                     │
│                        │  Kostenmanagements   │                     │
│                        └─────────────────────┘                     │
│                                                                    │
│  ┌───────────────┐    ┌───────────────┐    ┌───────────────┐       │
│  │ Beeinflussung │    │ Beeinflussung │    │ Beeinflussung │       │
│  │      des      │    │      der      │    │      des      │       │
│  │ Kostenniveaus │    │ Kostenstrukturen│  │ Kostenverhaltens│     │
│  └───────────────┘    └───────────────┘    └───────────────┘       │
│                                                                    │
│  - Gesamtkosten      - Fixkosten : Variable Kosten  - Stückkostendegressionen │
│  - Kosten bestimmter - Einzelkosten : Gemeinkosten  - Stückkostenprogressionen │
│    Leistungsfelder   - Primäre Kosten : Sekundäre                  │
│                        Kosten                                      │
│                      - usw.                                        │
└──────────────────────────────────────────────────────────────────┘
```

Abb. 5:
Wichtige Aufgabenfelder des Kostenmanagements

1.3.2 Beeinflussung der Kostenstrukturen

Das auf die Optimierung von Kostenstrukturen ausgerichtete Kostenstruktur-Management beinhaltet die Beeinflussung verschiedener Kostenstrukturen, die sich aus den unterschiedlichen Kategorisierungen der Gesamtkosten ergeben: [Vgl. im Folgenden: Burger 1999, S. 5; Layer 1992, S. 69–70; Männel 1995, S. 30–33; Öcking 1995, S. 254]

Die Gesamtkosten eines Unternehmens können mit Hilfe verschiedener Einteilungskriterien kategorisiert werden. Nach dem Kriterium des Verhaltens der Kosten bei Beschäftigungsschwankungen können fixe und variable Kosten unterschieden werden. Daneben können die Kosten nach der Zurechenbarkeit der Kosten auf die einzelnen betrieblichen Leistungen in Einzel- und Gemeinkosten aufgeteilt werden. Des Weiteren lassen sich Kosten nach betrieblichen Funktionen gliedern, was z. B. zu einer Strukturierung in Logistikkosten, Produktionskosten, Forschungs- und Entwicklungskosten usw. führt.

Nach dem Kriterium der Art der verbrauchten Produktionsfaktoren können z. B. Personal- und Anlagenkosten unterschieden werden und nach der Art der Herkunft der Kostengüter lassen sich die Gesamtkosten eines Unternehmens in primäre und sekundäre Kosten gliedern.

Aus der Sicht des jeweiligen Unternehmens wesentliche Kostenstrukturkomponenten können z. B. die Primärkostenstruktur, das Verhältnis von Primär- und Sekundärkosten, die Relation von Einzel- und Gemeinkosten, die Gemeinkostenstruktur, das Verhältnis der fixen und variablen Kosten und die produktlebensspezifische Kostenstruktur sein.

Ein wesentlicher Ansatzpunkt zur Optimierung der Kostenstrukturen liegt in der strukturellen Zusammensetzung der gesamten Primärkosten. Im Sinne eines strategisch ausgerichteten Kostenstruktur-Managements werden steigende Preise für bestimmte Kostengüter (z. B. Material, Personal, Energie) zu Substitutionen dieser Güter führen. Die vorausschauende Aufdeckung knappheitsbedingter Preisentwicklungen sowie die Suche nach Faktorsubstitutionspotentialen bilden in diesem Zusammenhang wichtige Säulen zur Realisation einer optimalen Kostenstrukturpolitik. So können bspw. steigende Personal- und Energiekosten über den verstärkten Einsatz von Technologien durch geringere Technologiekosten ausgetauscht werden.

Eine weitere Möglichkeit zur Optimierung der Kostenstrukturen bietet die strukturelle Gestaltung des Verhältnisses der primären zu den sekundären Kosten. Hier geht es in erster Linie darum, dass die aus den innerbetrieblichen Leistungen resultierenden Sekundärkosten reduziert werden. Der Abbau der innerbetrieblichen Leistungen führt zu einer Verringerung der Komplexität, die schließlich zu einer Erhöhung der Kostentransparenz und zu einer Reduzierung der sekundären Kosten beiträgt.

Die strukturelle Gestaltung der funktionalen Kostenstruktur fällt ebenfalls in den Aufgabenbereich des Kostenstruktur-Managements. Im Sinne einer optimalen Allokation der Ressourcen kann z. B. über die Verlagerung, Substituierung und Intensivierung von Aktivitäten in und zwischen den Unternehmensbereichen eine Reduzierung der Gesamtkosten oder eine Erhöhung des Leistungsniveaus bei konstanten Gesamtkosten angestrebt werden.

Das Verhältnis zwischen Einzel- und Gemeinkosten bzw. dessen Beeinflussung ist aus kostenstrukturpolitischer Sicht ebenfalls von großer Bedeutung. Hierbei steht die Zielsetzung im Vordergrund, Gemeinkosten so weit wie möglich abzubauen oder ihren qualitativen Charakter den Einzelkosten anzunähern, indem eine Zuordnung von Gemeinkosten zu Ressourcenbereichen und Tätigkeitsfeldern angestrebt wird.

Die Ermittlung und Gestaltung der lebenszyklusspezifischen Kostenstruktur ist ein weiteres wichtiges Aktionsfeld des Kostenstruktur-Managements. Sowohl bei Konsum- als auch bei Investitionsgütern ist festzustellen, dass die Produktions- und Vermarktungsphasen dieser Güter immer kürzer werden, d. h. die Produkte werden immer schneller von ihren Nachfolgegenerationen abgelöst. Aus diesem Grunde dürfen sich Unternehmen nicht nur für die Entwicklung von Kosten, Erlösen und Erfolgen innerhalb der Produktions- und Vermarktungsphasen (auch: Marktzyklen) interessieren. Zu den Herstellungs- und Vertriebskosten, die innerhalb dieser Phase anfallen, kommen Vorlauf- und Nachlaufkosten, die in ihrer Höhe nicht unterschätzt werden dürfen. Das Ziel des Kostenstruktur-Managements ist es, die lebensspezifischen Kosten der Erzeugnisse unter Einbeziehung der Vorlauf- und Nachlaufkosten aktiv zu gestalten. So kann es sich bspw. als sinnvoll erweisen, Nachlaufkosten zu vermeiden, indem durch Intensivierung der Produktentwicklung ein entsorgungsfreundlicheres Produkt geschaffen wird.

Die Gestaltung des Verhältnisses zwischen fixen und variablen Kosten sowie die Beeinflussung der Fixkostenstruktur sind weitere bedeutsame Aufgabengebiete des Kostenstruktur-Managements. Gerade in Zeiten, in denen die Fixkostenlastigkeit der Unternehmen immer bedeutender wird, die Kostenreagibilität im Zuge dieser Entwicklung abnimmt und gleichzeitig eine zunehmende Produkt- und Produktionsflexibilität von den Unternehmen gefordert wird, steht die Beeinflussung der Fixkostenstruktur im Vordergrund des Kostenstruktur-Managements. Das Ziel besteht in diesem Zusammenhang darin, durch die zukunftsorientierte Gestaltung von Fixkostenpotentialen eine Steigerung der Flexibilität des Unternehmens zu bewirken. Beschäftigungsfixe Kosten sind dadurch charakterisiert, dass zu deren Veränderung eine Entscheidung der Unternehmensleitung notwendig ist, die sich nicht unmittelbar auf die Beschäftigung bezieht. Derartige Entscheidungen setzen voraus, dass die Beeinflussungsmöglichkeiten bekannt sind. Aus diesem Grunde ist im ersten Schritt die zeitliche Struktur der fixen Kosten transparent zu machen, damit vermeidbare fixe Kosten erkannt sowie mögliche Termine der Beeinflussbarkeit sowie die Mindestdauer der Unveränderlichkeit der fixen Kosten ausgewiesen werden können. Eine Fixkostenflexibilisierung ist bspw. durch eine frühzeitige Beeinflussung der Bindungsdauer von Fixkostenpotentialen zu erreichen. In diesem Zusammenhang kann z. B. statt einer durch Anlagenkauf ausgelösten langfristigen Investition das kurzfristige Leasing aus der Sicht des Kostenmanagements die günstigere Bereitstellungsalternative darstellen. Des Weiteren können Maßnahmen zur Dienstleistungstiefenoptimierung zu einem Abbau des Fixkostenblocks bzw. zu einer besseren Kostenflexibilisierung führen.

1.3.3 Beeinflussung des Kostenverhaltens

Beim Management des Kostenverhaltens steht die zielorientierte Beeinflussung des Kostenverhaltens in Abhängigkeit von der Beschäftigung (Outputmenge) im Vordergrund. Kostendegressionen und Kostenprogressionen stellen in diesem Zusammenhang die zentralen Ansatzpunkte des Kostenmanagements dar (vgl. Abb. 6): [Vgl. im Folgenden: Burger 1999, S. 5; Männel 1995, S. 32]

Ein degressiver Stückkostenverlauf liegt vor, wenn mit zunehmender Ausbringungsmenge die Stückkosten abnehmen [Reagibilität (R): $0 < R < 1$]. Die Nutzung von Kostendegressionen ist Gegenstand eines Chancenmanagements, mit dessen Hilfe in erster Linie Wachstumschancen ausgeschöpft werden sollen. Das Kostenmanagement hat auf eine gezielte Beeinflussung des Kostenverlaufs in Richtung sinkender Stückkosten hinzuwirken. Aus der Sicht des Kostenmanagements kann bspw. durch hohe Outputmengen eine Fixkostendegression genutzt werden.

Das zur Realisation dieser Beschäftigungsdegression erforderliche Kapazitätsauslastungsmanagement basiert z. B. auf einer Leerzeiten minimierenden Maschinenbelegungsplanung oder auf einer Ausdehnung von Betriebszeiten, indem von einem Einschicht- auf einen Mehrschichtbetrieb übergegangen wird. Ist eine Gestaltung des Kostenverlaufs in Richtung sinkender Stückkosten über eine hohe Outputmenge nicht möglich, so ist bei einem Kapazitätsüberhang durch das Kostenmanagement eine Fixkostenreduktion anzustreben, die z. B. durch eine endgültige Eliminierung Fixkosten verursachender Potentialfaktoren (Entlassung, Verkauf, Verschrottung usw.) oder durch Vermietung dieser Potentialfaktoren realisiert werden kann.

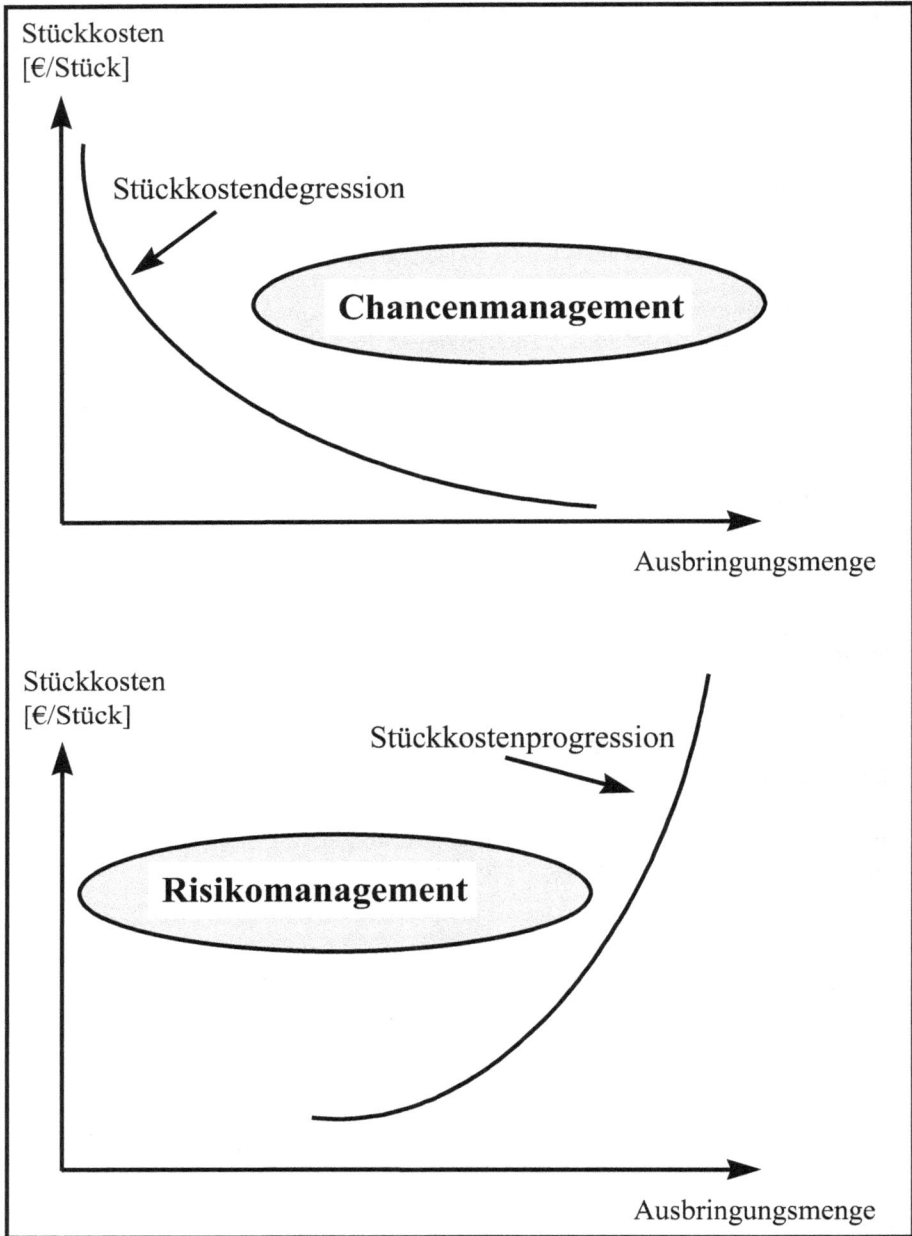

Abb. 6:
Chancen- und Risikomanagement

Steigen die Stückkosten mit zunehmender Ausbringung (R > 1), liegt ein progressiver Stückkostenverlauf vor. Ursachen hierfür können z. B. steigende Ausschusskosten, Kosten der Terminüberschreitung oder Komplexitätskosten sein. Die Handhabung der Kostenprogressionen steht im Mittelpunkt des kostenorientierten Risikomanagements. Das Kostenmanagement hat derartige Kostenprogressionen frühzeitig zu erkennen und entgegenwirkende Maßnahmen einzuleiten.

1.4 Ausgewählte Methoden und Instrumente des Kostenmanagements

Für die zielorientierte Gestaltung der Kosten im Sinne einer Optimierung der Kosten-/Nutzenverhältnisse im Unternehmen sind eine Vielzahl von Instrumenten und Methoden entwickelt worden. Im Folgenden werden mit Blick auf den Praxiseinsatz wichtige traditionelle und moderne Instrumente und Methoden des Kostenmanagements vorgestellt (vgl. Abb. 7).

Zu den traditionellen Instrumenten und Methoden werden nachstehend diejenigen gezählt, die mehr als 40 Jahre in der deutschen Unternehmenspraxis zum Einsatz gelangen. Für dieses Lehrbuch sind mit Blick auf die Relevanz im Rahmen des Kostenmanagements das Erfahrungskurvenkonzept, die Wertanalyse, die Gemeinkostenwertanalyse, das Zero-Base-Budgeting, das Betriebliche Vorschlagswesen, der klassische Produktlebenszyklus und die Kosten- und Leistungsrechnung als traditionelle Methoden und Instrumente ausgewählt worden. [Die Kosten- und Leistungsrechnung, der klassische Produktlebenszyklus und das Betriebliche Vorschlagswesen werden unter Kapitel 3 „Moderne Methoden und Instrumente des Kostenmanagements" den heutigen modernen und erweiterten Konzeptionen gegenübergestellt].

Die modernen Methoden und Instrumente sind in der deutschen Unternehmenspraxis erst seit wenigen Jahren oder noch gar nicht implementiert. Hier wurden beispielhaft das Benchmarking, das Target Costing, der Kontinuierliche Verbesserungsprozess, das Reformierte Betriebliche Vorschlagswesen, das Outsourcing, das Product Life Cycle Management bzw. der Integrierte Produktlebenszyklus, die Balanced Scorecard und das Intangible-Management sowie die prozessorientierte Kosten- und Leistungsrechnung für dieses Lehrbuch ausgewählt.

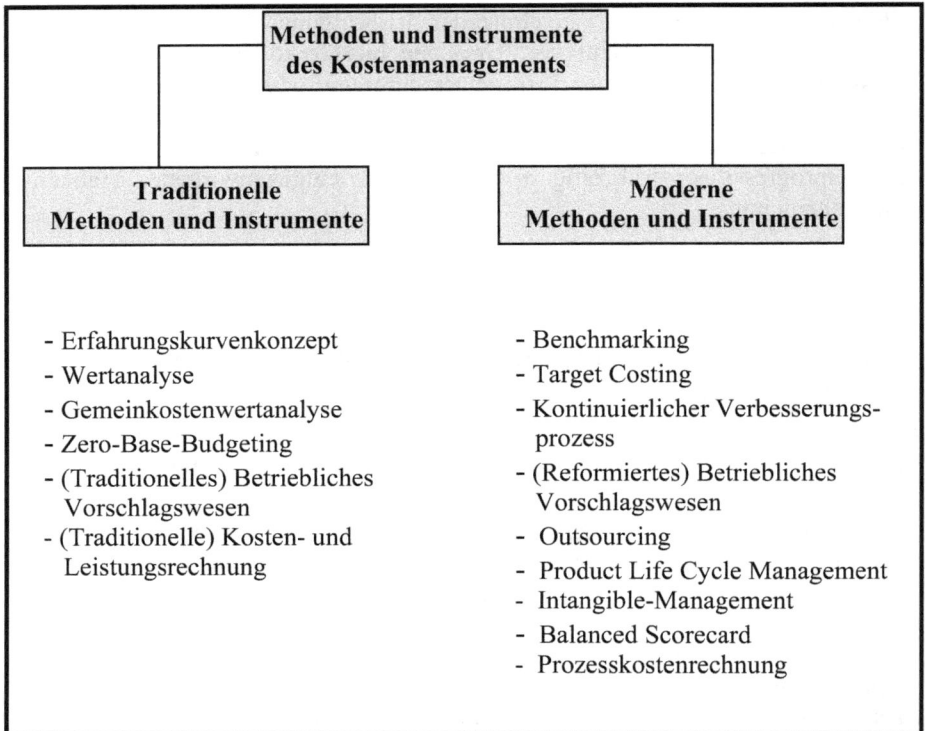

Methoden und Instrumente des Kostenmanagements	
Traditionelle Methoden und Instrumente	**Moderne Methoden und Instrumente**
- Erfahrungskurvenkonzept - Wertanalyse - Gemeinkostenwertanalyse - Zero-Base-Budgeting - (Traditionelles) Betriebliches Vorschlagswesen - (Traditionelle) Kosten- und Leistungsrechnung	- Benchmarking - Target Costing - Kontinuierlicher Verbesserungs-prozess - (Reformiertes) Betriebliches Vorschlagswesen - Outsourcing - Product Life Cycle Management - Intangible-Management - Balanced Scorecard - Prozesskostenrechnung

Abb. 7:
Traditionelle und moderne Methoden und Instrumente des Kostenmanagements

1.5 Lehrfragen und Übungen

1. Charakterisieren Sie ausführlich den Wettbewerb auf Käufermärkten mit Hilfe der nachstehenden Begriffe:

- Kostendruck
- Zunehmende Differenzierung der Kundenwünsche
- Erhöhung der Variantenvielzahl
- Verkürzte Produktlebenszyklen
- Steigende Qualitäts- und Leistungsanforderungen an die Produkte
- Veränderung der betrieblichen Prozessstruktur
- Kostenartensubstitutionen
- Flexible Automatisierung

- Kostenflexibilität/Kostenreagibilität
- Komplexitätskosten

2. Wie wirkt sich die in der Vergangenheit zu beobachtende Zunahme der Fixkostenintensität auf die Gewinnschwelle eines Unternehmens aus? Unterstreichen Sie Ihre Ausführungen grafisch.

3. Nehmen Sie ausführlich zu der Aussage Stellung: „Mit der Erhöhung des Fixkostenanteils steigt gleichzeitig die Bedeutung eines effektiven Kostenmanagements".

4. Einige Aufgaben des Kostenmanagements können unter dem Begriff *„Chancenmanagement"* zusammengefaßt werden. Was versteht man unter dem Begriff *„Chancenmanagement"* und welche Aufgaben hat das Kostenmanagement in diesem Zusammenhang zu erfüllen?

5. Einige Aufgaben des Kostenmanagements können unter dem Begriff *„Risikomanagement"* zusammengefaßt werden. Was versteht man unter dem Begriff *„Risikomanagement"* und welche Aufgaben hat das Kostenmanagement in diesem Zusammenhang zu erfüllen?

Literatur (Abgrenzung und Aufgabenfelder)

Burger, A.: Kostenmanagement, 3. Auflage, München/Wien 1999.
Haberstock, L.: Kostenrechnung I (Einführung), 12. Auflage, Berlin 2005.
Layer, M.: Deckungsbeitragsrechnung, in: Management-Enzyklopädie, 8. Auflage, München 1982, S. 748.
Layer, M.: Prognose, Planung und Kontrolle fixer Kosten, in: krp 2/92, S. 69–76.
Männel, W.: Ziele und Aufgaben des Kostenmanagements, in: Handbuch Kosten- und Erfolgs-Controlling, München 1995, S. 25–45.
Müller, A.: Gemeinkosten-Management: Vorteile der Prozesskostenrechnung, 2., vollständig überarbeitete und erweiterte Auflage, Wiesbaden 1998.
Öcking, G.: Kostenrechnung für das Fixkostenmanagement, in: krp 5/95, S. 253–259.
Remer, D.: Einführen der Prozesskostenrechnung, 2. Aufl., Stuttgart 2005.

2. Traditionelle Methoden und Instrumente des Kostenmanagements

2.1 Erfahrungskurvenkonzept

Das Erfahrungskurvenkonzept (EKK) ist eine Erweiterung des in den zwanziger Jahren bei der Wright Patterson Air Force Base beobachteten Lernkurveneffektes:

> Der Lernkurveneffekt besagt, dass die erforderliche Arbeitszeit für bestimmte Arbeitsprozesse mit zunehmender Ausführung bzw. zunehmender Übung sinkt. Die permanente Wiederholung der Arbeitsverrichtung führt im Ergebnis somit zu sinkenden Fertigungskosten. Ein derartiger Zusammenhang wurde durch umfangreiche Forschungen in der Psychologie und Arbeitsergonomie bestätigt. [Vgl. Baum/Coenenberg/Günther 2007, S. 91]

In den sechziger Jahren übertrug das Beratungsunternehmen Boston Consulting Group (BCG) diesen Effekt auf die Vollkostenentwicklung. Die ursprüngliche Zielsetzung bestand darin, eine langfristige Gesamtkostenentwicklung der von der BCG betreuten Unternehmen zu beschreiben. Mit Hilfe empirischer Studien konnte die BCG eine negative Korrelation zwischen Stückkosten und kumulierter Gesamtproduktion nachweisen. Da das EKK – im Gegensatz zur Lernkurve – nicht nur den Produktionsbereich, sondern das gesamte Unternehmen in die Analyse einbezieht, spricht das EKK nicht nur Industrieunternehmen, sondern auch Dienstleistungsunternehmen (z. B. Versicherungen, Banken) und Unternehmen des tertiären Sektors an. [Vgl. im Folgenden: Henderson, B.D. 1984]

> Konkret besagt der Erfahrungskurveneffekt, auch Boston-Effekt genannt, dass mit jeder Verdoppelung der im Zeitablauf kumulierten Ausbringungsmenge eines Produktes ein Stückkostensenkungspotential von 20 % bis 30 % besteht.

Das Ziel der Erfahrungskurve (EK) liegt in erster Linie in der Erfassung der Stückkostenverläufe. Das EKK ist allerdings nicht nur auf Produkte, Produktgruppen oder strategische Geschäftsfelder, sondern auch auf selbst gefertigte Bauteile und auf Teilaktivitäten anwendbar.

Bei der Transformation des EKKs in die Praxis sind zwei wesentliche Dinge zu beachten:

Zum einen verwenden die BCG und Henderson einen in der Betriebswirtschaftslehre nicht gebräuchlichen Kostenbegriff. Der gesamte zur Produktion erforderliche Faktoreinsatz setzt sich aus den vom Beschaffungsmarkt bezogenen Fremdbezügen (auch: Vorleistungen) und vom Unternehmen erbrachten Eigenleistungen (auch: Wertschöpfung) zusammen. Die kostenwirksamen Degressionsprozesse des EKKs beziehen sich nur auf die Eigenleistungen und somit auf die Wertschöpfung (auch: Mehrwert). Zum anderen verkörpert die EK kein empirisch prüfbares Gesetz, d. h. die beschriebene Kostensenkung ist lediglich von potentieller Natur. Es kann aber festgehalten werden, dass die EK als eine empirisch feststellbare und erklärbare Regelmäßigkeit aufgefasst werden kann.

Die Ausschöpfung des Kostenpotentials setzt voraus, dass das Management sämtliche Rationalisierungsreserven und Innovationsmöglichkeiten ausschöpft. Die Kenntnis der Ursachen der Kostenreduktion, sowie das richtige strategische Handeln bilden die Basis für die Gültigkeit des EKKs.

2.1.1 Verlauf und Ursachen der Erfahrungskurve

Die EK besagt, dass mit wachsender kumulierter Ausbringungsmenge die realen Stückkosten eines Produktes sinken. Zum Beispiel bedeutet eine 80%-EK, dass mit der Verdoppelung der Produktionsmenge die Stückkosten einer Periode auf 80 % der Stückkosten der jeweils vorangegangenen Periode sinken, d. h. die Erfahrungsrate α beträgt 20 %. Als Periode ist in diesem Fall derjenige Zeitraum gemeint, innerhalb dessen sich die Produktionsmenge verdoppelt hat (Vgl. Abb. 8).

Empirische Studien belegen, dass die Erfahrungsraten für Konsumgüter durchschnittlich bei 15 % und für Produktionsgüter im Mittel bei 25 % liegen.

Die empirisch nachweisbare Existenz des EKKs wirft die Frage nach seinen Ursachen bzw. nach den dafür verantwortlichen Faktoren auf. Die Gültigkeit des Erfahrungskurvenkonzeptes beruht im Wesentlichen auf den nachstehenden Faktoren: [Vgl. im Folgenden: Baum/Coenenberg/Günther 2007, S. 93–95]

€/Stück

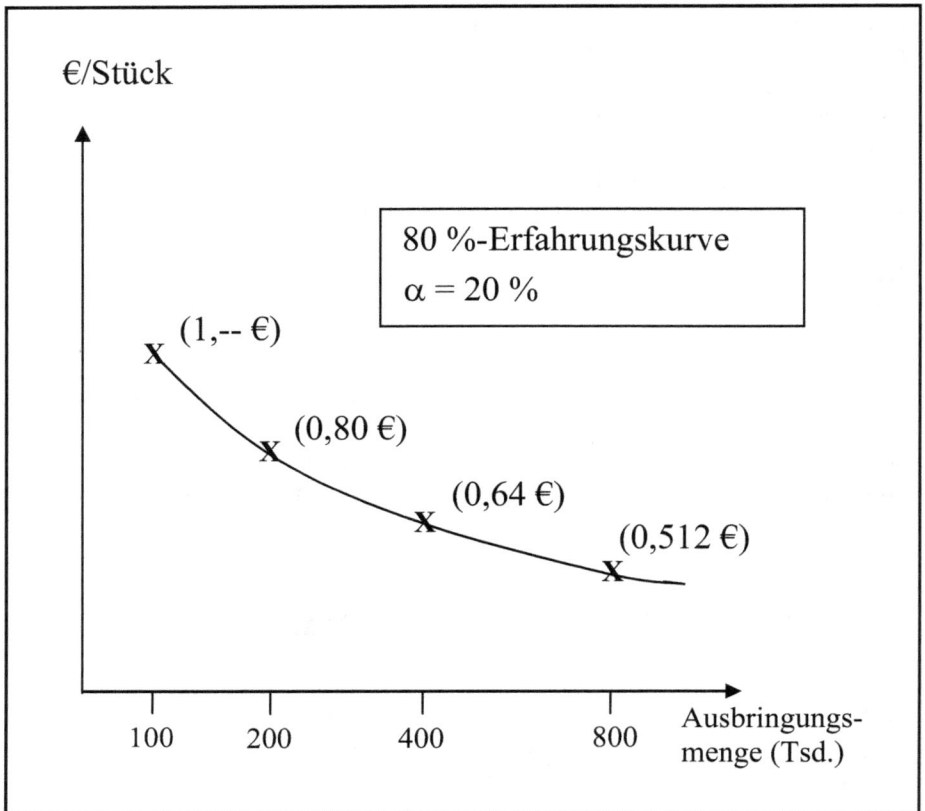

80 %-Erfahrungskurve
α = 20 %

(1,-- €)

(0,80 €)

(0,64 €)

(0,512 €)

100   200   400   800   Ausbringungsmenge (Tsd.)

Abb. 8:
Schematische Darstellung einer 80 %-Erfahrungskurve

Größendegression:
Eine Größendegression kommt grundsätzlich dann zustande, wenn die jährliche Ausbringungsmenge steigt. Die Basis dieses Effektes bildet die kumulierte Ausbringungsmenge. Hierbei werden zwei wesentliche Teileffekte unterschieden, die Fixkostendegression und Economies of Scale:

Der Fixkostendegression liegt ein stückzahlenabhängiger Mengeneffekt zugrunde. Hierbei wird stets von Unterbeschäftigung bzw. nicht oder nur teilweise ausgelasteten Kapazitäten ausgegangen. Steigende Ausbringungsmengen führen in diesem Fall zu einer höheren Kapazitätsauslastung. Bei Konstanz der Kapazitäten werden die ebenfalls konstanten fixen Kapazitäts-

kosten auf eine größere Stückzahl mit der Wirkung verteilt, dass die Stückkosten sinken.

Economies of Scale basieren auf einem stückzahlenabhängigen Betriebs-
größeneffekt. In diesem Fall führen – auch bei voller Kapazitätsauslastung –
absolute Kostenvorteile großer Unternehmen z. B. in den Bereichen Beschaffung, Produktion und Absatz zu einer Größendegression.

Lernkurveneffekt:
Beim Lernkurveneffekt wird davon ausgegangen, dass die Fertigungszeiten
mit zunehmender Stückzahl abnehmen. Dieser ursprünglich nur auf den Produktionsbereich bezogene Effekt wird auf individuelle Lernerfolge durch
Übung zurückgeführt. Kürzere Fertigungszeiten und geringere Fehlerquoten
wirken sich direkt und indirekt auf die betriebliche Wertschöpfung (z. B. in
den Bereichen Produktion, Personalwirtschaft, Kundendienst/Service) im
Sinne sinkender Gemeinkosten aus.

Technischer Fortschritt:
Der technische Fortschritt bezieht sich sowohl auf verbesserte Fertigungstech-
nologien als auch auf verbesserte Produkte. Der allgemeine technische Fort-
schritt ermöglicht die Einführung kostengünstiger und/oder leistungsfähigerer
Produktionsmittel und -prozesse. Auf die Produkte bezogen führen z. B.
Wertanalysen und Standardisierungen zu geringeren Stückkosten.

Rationalisierung:
Prozessoptimierungen und/oder Automatisierung der Fertigungsprozesse,
Rationalisierungsinvestitionen usw. führen im Ergebnis zu Kostensenkungen.
Allerdings sind Rationalisierungseffekte i. d. R. erst durch Lerneffekte und
durch technischen Fortschritt zu erzielen, d. h. eine Trennung dieser
Teileffekte kann häufig nur theoretisch erfolgen.

> Kostenantriebskräfte bzw. Erfolgsfaktoren wirken jedoch nicht automatisch.
> Die Vorteile aus der Erfahrungskurve stellen sich in jedem Fall nur ein, wenn
> die Unternehmensführung sich um deren Realisierung bemüht.

2.1.2 Ableitung von Handlungsempfehlungen

Als strategische Handlungsempfehlung kann aus dem Erfahrungskurvenkonzept die Strategie der Kostenführerschaft abgeleitet werden. [Vgl. im Folgenden: Baum/Coenenberg/Günther 2007, S. 98 ff.]

Gemäß dem Erfahrungskurvenkonzept kann sich ein Unternehmen von einem Konkurrenten (auch: Herausforderer) von Anfang an positiv abheben, indem es eher in den Markt eintritt. Für die Kosten- und Preispolitik wird häufig eine Politik der Marktdurchdringungspreise (auch: penetration pricing) empfohlen, die idealtypisch in vier Phasen unterteilt werden kann (vgl. Abb. 9):

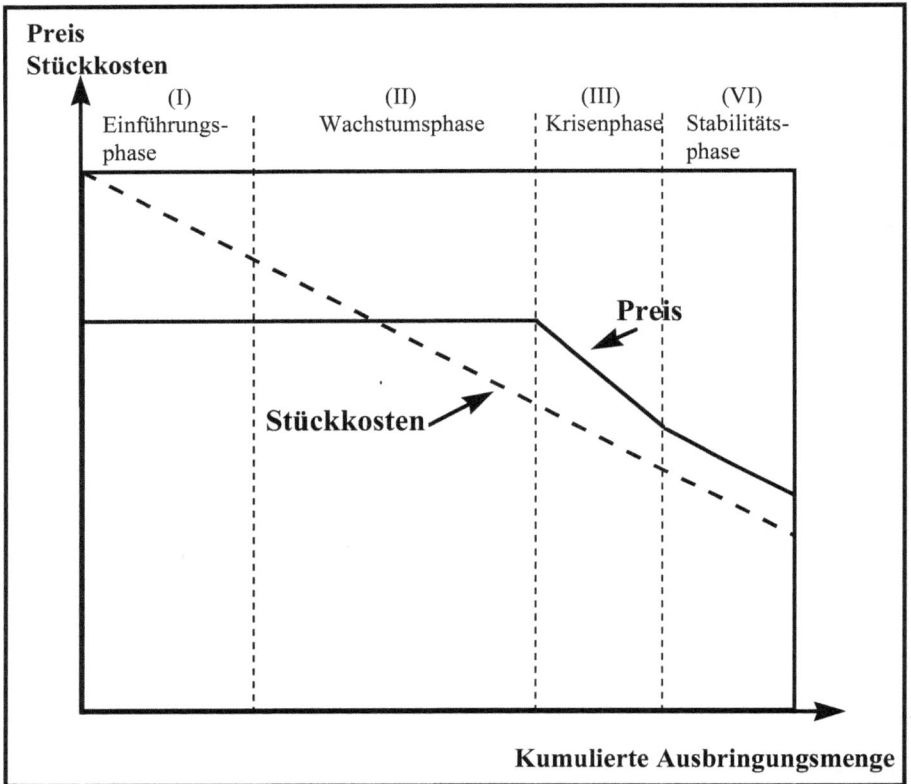

Abb. 9: Politik der Marktdurchdringungspreise

Einführungsphase (I):
In der Einführungsphase liegen die Preise unter den Stückkosten. Diese Niedrigpreispolitik ist notwendig, um über die Gewinnung einer großen Anzahl von Kunden eine hohe Marktwachstumsrate zu erzielen. Auf diese Weise können Erfahrungskurveneffekte bzw. sinkende Stückkosten frühzeitig realisiert werden. Daneben sollen potentielle Wettbewerber über niedrige Stück-

preise am Markteintritt und somit am Erwerb von Erfahrungswissen gehindert werden.

Wachstumsphase (II):
Zunehmende Ausbringungsmengen mit entsprechenden Erfahrungskurveneffekten führen zu Stückkostensenkungen, die - bei Konstanz der Preise – zu positiven Gewinnspannen führen. Es bildet sich ein so genannter Preisschirm, der andere Anbieter anlockt. Für den bereits im Markt befindlichen Anbieter (dem Innovator) bedeutet der Markteintritt eines jeden neuen Anbieters Marktanteilsverluste.

Krisenphase (III):
Je größer der Marktanteil, desto größer ist auch der Kostenvorteil gegenüber nachrangigen Konkurrenten. Mit dem Ziel einer nachhaltigen Sicherung des Marktanteilsvorsprungs wird das Marktwachstum forciert. Höhere Absatzmengen sind nach klassischem Marktverständnis über sinkende Preise realisierbar. Ein Preiskampf setzt mit der Wirkung ein, dass diejenigen Mitwettbewerber vom Markt verdrängt werden, die aufgrund ihrer eigenen Kostensituation den Preissenkungen des Marktführers nicht folgen können.

Stabilitätsphase (IV):
Da die Preise auf Dauer nicht stärker fallen können als die Stückkosten, stellt sich ab einem bestimmten Punkt ein dauerhaftes Kosten-/Preisgleichgewicht ein.

2.1.3 Grenzen des Erfahrungskurven-Konzeptes

In der Literatur wird vor einem unkritischen Umgang mit dem EKK gewarnt. Die wichtigsten Kritikpunkte sind nachstehend zusammengefasst: [Vgl. im Folgenden: Baum/Coenenberg/Günther 2007, S. 104 ff.]

Überbetonung des Preises als akquisitorisches Instrument:
Der Preis ist das dominante Wettbewerbsinstrument. Andere Marketing-Mixelemente, wie z. B. Qualitäts- und Servicepolitik sowie Produktinnovationen werden nicht berücksichtigt.

Unbegrenzter Absatz und unbegrenzte Kapazitätsausweitung:
Das EKK unterstellt, dass genügend potentielle Käufer mit einem relativ unspezifizierten Bedürfnis vorhanden sind. Größer werdende Absatzmengen bedingen letztlich Kapazitätserweiterungsmaßnahmen. Das EKK setzt voraus, dass z. B. zusätzliche Anlagen und zusätzliches Personal in quantitativer und

qualitativer Hinsicht ausreichend beschafft und ohne Probleme finanziert werden können.

Flexibilitätsverlust:
Kapazitätserweiterungsmaßnahmen sind mit der Gefahr verbunden, dass Beschäftigungsrückgänge aufgrund der hohen Fixkostenanteile nicht mehr ohne weiteres verkraftet werden. Spezialanlagen und die moderne Sozialgesetzgebung führen zu hohen Marktaustrittsbarrieren bzw. Kostenremanenzen, die eine Kostenstrukturanpassung an schrumpfende Märkte erschweren oder sogar unmöglich machen.

Die o. g. Kritikpunkte zum EKK ergeben sich aus der oben dargestellten Preis-Mengen-Strategie, die sowohl in der Theorie als auch in der Praxis häufig als zwangsläufige Handlungsempfehlung aus dem EKK abgeleitet wird. Einige zusätzliche aus der Perspektive des Kostenmanagements wichtige Anwendungsgrenzen des EKKs sind nachstehend zusammengefasst:

Komplexitätskosten kompensieren Kostendegressionen:
Komplexitätskosten sind zusätzliche (Gemein-)Kosten, die aus der steigenden Produkt- und Variantenvielfalt, der zunehmenden Vielfalt an Baugruppen, Komponenten und Teilen sowie aus der daraus resultierenden Vielfalt an Führungsaufgaben, Abläufen, Kunden und Lieferanten hervorgehen. Dem Charakter nach handelt es sich um Kostenprogressionen, die sich insbesondere bei den Kosten der Entwicklung von Produkt- und Prozesstechnologien, den Vor- und Anlaufkosten der eigentlichen Produktion, den Kosten der logistischen Planung und Steuerung und den Kosten der Qualitätssicherung auswirken. Der Anstieg dieser Kostenbestandteile führt zu einer Abflachung oder sogar zu einer Überkompensation der in Abhängigkeit von der Beschäftigung degressiv verlaufenden Stückkosten. Der im Extremfall auftretende U-förmige Stückkostenverlauf hat zur Folge, dass die im Zuge eines Beschäftigungszuwachses erreichbaren "Economies of Scale" sich durch eine Erhöhung der innerbetrieblichen Komplexität in "Diseconomies of Large Scale" umwandeln können. Aus dem EKK abgeleitete Degressionseffekte können aus den o. g. Gründen häufig erst verspätet, nur in einem geringeren Umfang oder gar nicht realisiert werden (vgl. Abb. 10). Das Kostenmanagement hat die Aufgabe die Komplexitätskosten zu erkennen und zielorientiert zu beeinflussen sowie im Rahmen des EKKs nicht realisierbare Kostensenkungspotentiale zwecks Vermeidung strategischer Fehlentscheidungen zu erfassen und auszuweisen. Diese umfassende Aufgabe setzt eine möglichst verursachungsgerechte Erfassung von Komplexitätskosten voraus.

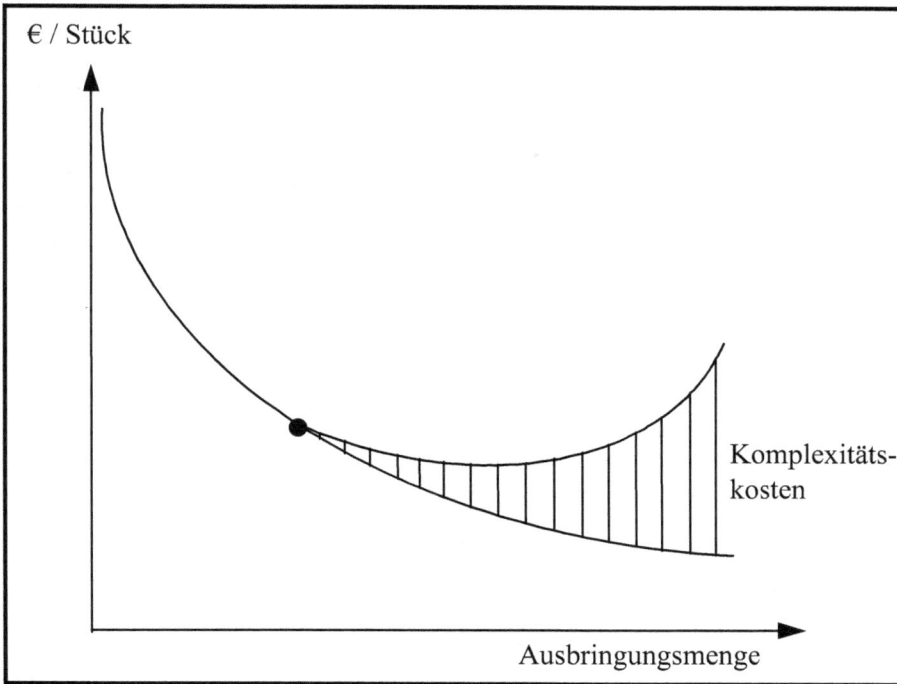

Abb. 10:
Veränderung des langfristigen Stückkostenverlaufs durch Komplexitätskosten

Wettbewerber besitzen unterschiedliche Wertschöpfungstiefen:
Das EKK setzt eine homogene Wettbewerbsstruktur voraus, indem für sämtliche Anbieter eine gleiche Wertschöpfungstiefe unterstellt wird. Die Möglichkeit, Erfahrungen zu kaufen, wird ausgeschlossen. Grundsätzlich ist aber für jeden Produktionsfaktor sowohl Eigenproduktion als auch Fremdbezug möglich. Hier sei als Beispiel an den Betriebsstoff Energie gedacht, der sowohl durch eigene Energieversorgungsquellen in vielen Industrieunternehmen selbst produziert und/oder fremdbezogen werden kann. Ferner hat das Unternehmen z. B. die Möglichkeit, Logistikleistungen selbst zu produzieren oder am Markt zu erwerben. Typische Fremdlogistikleistungen stellen bspw. Fremdtransporte und Fremdlagerungen dar. Die Realität zeigt, dass Erfahrungswissen käuflich mit der Wirkung erworben werden kann, dass den Imitatoren weniger Fehler als dem Innovator unterlaufen und Erfahrungsvorteile unmittelbar nachvollzogen und aufgeholt werden können.

Der mögliche Zukauf von Wertschöpfungsleistungen und die daraus resultierenden Kostenvorteile seitens der Imitatoren dürfen bei der Realisation und
Verteidigung einer Kostenführerschaftsstrategie nicht außer Acht gelassen
werden. Des Weiteren hat das Kostenmanagement im Rahmen von Outsourcing-Überlegungen zu überprüfen, inwieweit die unternehmensinterne Kostenstruktur durch den Fremdbezug von Wertschöpfungsleistungen positiv
beeinflusst werden kann. Fremdbezug von Wertschöpfungsleistungen kann zu
einer Dienstleistungsoptimierung, zu einem Abbau der fixen Kosten, zu einer
besseren Kostenflexibilisierung sowie zu einem Abbau der Komplexität
führen, so dass alle drei Aufgabenfelder des Kostenmanagements angesprochen sind.

Da der Zukauf von Wertschöpfungsleistungen definitionsgemäß den Vorleistungen und somit nicht den Kosten der Wertschöpfung zuzurechnen ist, muss
sich ein effektives Kostenmanagement von der durch das EKK lediglich auf
den Wertschöpfungsteil begrenzten Sichtweise lösen.

Wettbewerber besitzen unterschiedliche Synergieerfahrungen:
Im EKK werden keine Sortiments- und Synergieeffekte (auch: geteilte Erfahrung) berücksichtigt. Hier sei bspw. an die Mehrfachverwendung bestimmter
Komponenten und Leistungen gedacht. Sind in der Wertschöpfungskette
bereits Ressourcen (z. B. Servicenetz, Produktionslogistik, Qualitätssicherung,
Lagerhaltungssysteme) aufgebaut, die durch ein neues Produkt mit genutzt
werden können oder werden im Rahmen der Produktion und Montage eines
neuen (Primär-)Erzeugnisses standardisierte Normteile verwendet, die bereits
seit langer Zeit als (Sekundär-)Erzeugnisse für bereits im Produktionsprogramm befindliche Produkte beschafft, gelagert und ggf. sogar produziert
worden sind, kann das Unternehmen bereits gewonnene Erfahrungen für die
Herstellung und den Vertrieb eines neues Produktes nutzen. Die beschriebene
synergetische Nutzung bestimmter Teilbereiche in der Wertschöpfungskette
führt gegenüber Unternehmen, die über eine solche "geteilte Erfahrung" nicht
verfügen, zu nicht unerheblichen Kostenvorteilen. Synergiebedingte Kostenvorteile des Unternehmens und der Konkurrenz müssen beim Aufbau und der
erfolgreichen Verteidigung eines dauerhaften Kostenvorsprungs mit berücksichtigt werden.

**Berücksichtigung der Zielbeziehung zwischen dem Kostensenkungsziel
und dem Streben nach weiteren strategischen Wettbewerbsvorteilen:**
Im Mittelpunkt des EKKs steht die Kostensenkung. Häufig kann jedoch
beobachtet werden, dass Produktivitätssteigerungs- und Kostensenkungsbe-
mühungen nicht zu dem gewünschten Erfolg führen. Skinner untersuchte
Produktivitätssteigerungsprogramme von 25 amerikanischen Unternehmen,
die trotz größter Bemühungen um Kostensenkung die gewünschte Verbesserung ihrer Wettbewerbsposition verfehlten. Je intensiver sich die Unternehmen

um Produktivitätssteigerungen und Kostensenkungen bemühten, desto weniger erreichten sie paradoxerweise ihre wettbewerblichen Ziele. [Vgl. Jehle 1995, S. 147; Skinner 1986, S. 55 ff.] Kostensenkungsmaßnahmen können das Streben nach weiteren Wettbewerbsvorteilen nur bis zu einem bestimmten kritischen Zielerreichungsgrad Z_{krit} unterstützen; danach verlaufen beide strategischen Ziele konfliktär (vgl. Abb. 11).

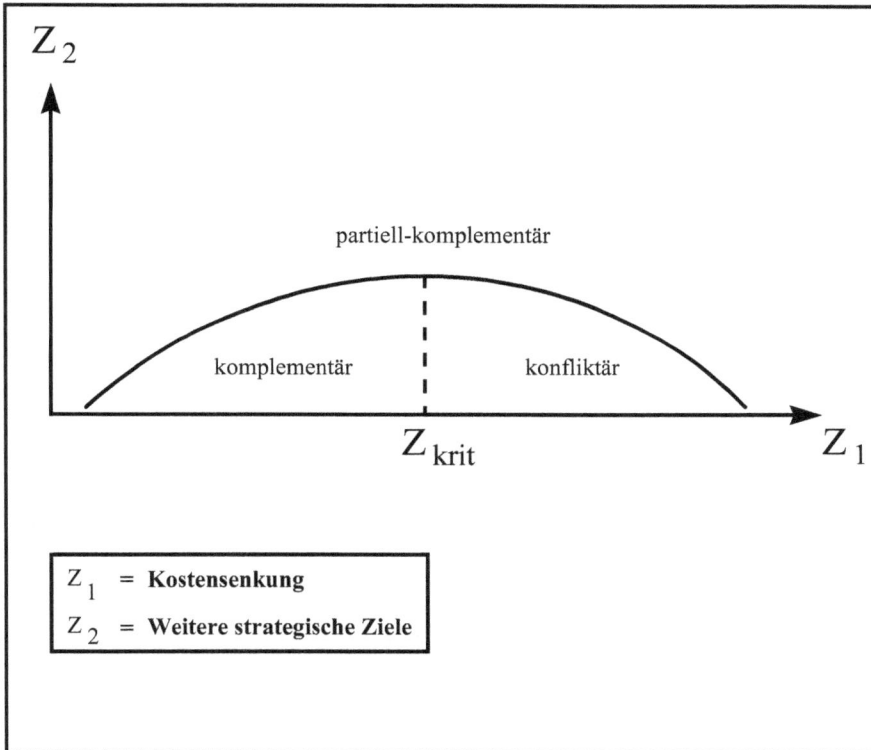

Abb. 11:
Zielbeziehung zwischen dem Kostensenkungsziel und dem Streben nach weiteren strategischen Wettbewerbsvorteilen
[In Anlehnung an: Jehle 1995, S. 148]

2.1.4 Beurteilung des Erfahrungskurven-Konzeptes

Das EKK stellt ein einfaches und nützliches Modell zur theoretischen Analyse von Erfolgsfaktoren und der Ableitung von strategischen Handlungsempfehlungen dar. Bei der Übertragung dieses Modells in die Praxis ist jedoch stets zu beachten, dass es aufgrund der beschriebenen Schwächen stets nur als Ausgangsbasis strategischer Überlegungen herangezogen werden darf.

Aufgrund der empirischen Relevanz gilt der Grundsatz: „Ein Unternehmen sollte nie annehmen, seine Kosten seien niedrig genug." Kosten sinken aber nicht automatisch oder zufällig, sondern durch „harte Arbeit" und „stetige Aufmerksamkeit".

Hier ist die Aufgabe des Kostenmanagements angesprochen, das im Rahmen seiner Aufgabenfelder für eine frühzeitige Beeinflussung des Kostenniveaus, der Kostenstrukturen und des Kostenverhaltens verantwortlich ist.

2.1.5 Lehrfragen und Übungen

1. Stellen Sie den Lernkurveneffekt und den Erfahrungskurveneffekt gegenüber, indem Sie die wesentlichen Unterschiede herausarbeiten.

2. Die kostenwirksamen Degressionseffekte des Erfahrungskurveneffektes beziehen sich <u>nicht</u> auf die Gesamtkosten eines Unternehmens; welche Kosten werden im Rahmen des Erfahrungskurven-Konzeptes betrachtet und welche Probleme ergeben sich daraus aus der Perspektive des Kostenmanagements?

3. Beschreiben Sie den Erfahrungskurveneffekt. Unterstützen Sie Ihre Ausführungen graphisch.

4. Was sagt eine 80%-Erfahrungskurve aus?

5. Nehmen Sie ausführlich zu der nachstehenden Aussage Stellung: „Die Kenntnis der Ursachen der Kostenreduktion sowie das richtige strategische Handeln bilden die Basis für die Gültigkeit des Erfahrungskurven-Konzeptes."

6. Erklären Sie die Begriffe Fixkostendegression und Economies of Scale.

7. Leiten Sie mit Hilfe des Erfahrungskurven-Konzeptes strategische Handlungsempfehlungen ab.

8. Beschreiben Sie die Politik der Marktdurchdringungspreise (auch: penetration pricing). Unterstreichen Sie Ihre Ausführungen graphisch.

9. In der Literatur wird vor einem unkritischen Umgang mit dem Erfahrungskurven-Konzept gewarnt. Zeigen Sie die Grenzen des Erfahrungskurven-Konzeptes auf.

Literatur (Erfahrungskurvenkonzept)

Baum, H.-G./Coenenberg, A. G./Günther, Th.: Strategisches Controlling, 4. Auflage, Stuttgart 2007.

Bauer, H.H.: Das Erfahrungskurvenkonzept: Möglichkeiten und Problematik der Ableitung strategischer Handlungsalternativen, Frankfurt/Main 1986.

Jehle, E.: Wertanalyse und Kostenmanagement, in: Handbuch Kosten- und Erfolgscontrolling, hrsg. v. Th. Reichmann, München 1995, S. 145–165.

Henderson, B. D.: Die Erfahrungskurve in der Unternehmensstrategie, Frankfurt/Main 1984.

Hieber, W.: Lern- und Erfahrungskurveneffekte und ihre Bestimmung in der flexibel automatisierten Produktion, München 1991.

Männel, W.: Ziele und Aufgaben des Kostenmanagements, in: Handbuch Kosten- und Erfolgs-Controlling, München 1995, S. 25–45.

Porter, M.E.: Wettbewerbsvorteile: Spitzenleistungen erreichen und behaupten, 6. Auflage, Frankfurt/Main 2000.

Porter, M.E.: Competitive Advantage: creating and sustaining superior performance, 1st export edition, New York 2004.

Skinner, W.: The productivity paradox, in: Harvard Business Review, July-August 1986, S. 55–59.

2.2 Wertanalyse (Value Management)

Die Grundlagen der Wertanalyse (WA) [auch: Value Management], wurden im Jahre 1947 in Amerika bei General Electric unter dem Begriff Value Analysis von dem damaligen Chefeinkäufer Lawrence D. Miles entwickelt. [Vgl. im Folgenden: Bühner 2004, 345 ff., VDI-Gesellschaft 2006, 1 ff., Zentrum Wertanalyse 1995, 10 ff.]

Die (ursprüngliche) WA von Miles kann als ein systematischer, kreativer Ansatz zur Kostensenkung vorhandener materieller Produkte auf primär operativer Ebene definiert werden.

Die Methode der WA erfuhr aufgrund ihrer Erfolge eine schnelle Verbreitung. 1959 kam es in den USA zur Gründung der Society of American Value Engineers (SAVE), die sich auf breiter Basis für die WA-Ausbildung, den Erfahrungsaustausch und die Weiterentwicklung der WA-Methode einsetzt. Ähnliche Funktionen übernahm 1975 für den deutschsprachigen Raum der VDI-Gemeinschaftsausschuss „Wertanalyse", dessen Aktivitäten 1984 für die Bundesrepublik Deutschland durch das Zentrum Wertanalyse (ZWA) der VDI-GSP übernommen und verstärkt wurden.

Bis zu ihrer gegenwärtigen Erscheinungsform hat die WA mehrere Entwicklungsphasen durchlaufen:

Das Konzept der WA wird heute als ein Instrument zur Wertverbesserung bestehender Produkte und Prozesse (Value Analysis) und als Instrument zur Wertgestaltung für noch zu entwickelnde Produkte und Prozesse (Value Engineering) eingesetzt.

In der heutigen Ausprägung wird die WA wissenschaftlich-theoretisch als System charakterisiert. Die Definition der WA nach DIN 69910 lautet: [Vgl. Zentrum Wertanalyse 1995, 17]

Die WA ist ein System zum Lösen komplexer Probleme, die nicht oder nicht vollständig algorithmisierbar sind. Sie enthält das Zusammenwirken der Systemelemente Methode, Verhaltensweisen, Management bei deren gleichzeitiger Beeinflussung mit dem Ziel einer Optimierung des Ergebnisses.

2.2.1 Wertanalytische Grundbegriffe

Die WA lässt sich beschreiben als eine

- schrittweise, anwendungsneutrale Vorgehensweise,
- bei der die Funktionen eines Objektes
- unter Vorgabe von Wertzielen
- durch interdisziplinäre Teamarbeit,
- ganzheitliche Problembetrachtung und
- mit Hilfe von Ideenfindungsmethoden
- hinsichtlich Nutzen und Aufwand

entwickelt bzw. verbessert werden.

Bevor die charakteristischen Merkmale der WA, nämlich die anwendungs-neutrale Vorgehensweise, die interdisziplinäre Teamarbeit, die ganzheitliche Problembetrachtung und die Ideenfindungsmethoden beschrieben werden, sollen zum besseren Verständnis in Anlehnung an DIN 69910 zunächst die wichtigsten wertanalytischen Grundbegriffe (Objekte, Funktionen und der zugrunde gelegte Wertbegriff) erläutert werden. [Vgl. im Folgenden: Zentrum Wertanalyse 1995, 16 ff.]

2.2.1.1 Objekte der Wertanalyse

WA-Objekte sind entstehende oder bestehende Funktionenträger. WA-Objekte können z. B. Erzeugnisse, Dienstleistungen, Produktionsmittel und -verfahren, Organisations- und Verwaltungsabläufe sowie Informationsinhalte und Prozesse sein.

Geht es bei der WA bspw. um die Verbesserung der Haltbarkeit eines bereits im Produktionsprogramm befindlichen Massenerzeugnisses, spricht man von Wertverbesserung (Value Analysis). Besteht die Aufgabe der WA z. B. in der Entwicklung eines neuen Produktes, neuer Kommunikationsabläufe oder einer neuen Leistung, so spricht man von Wertgestaltung (Value Engineering). Als WA-Objekte kommen auch Abläufe in der öffentlichen Verwaltung (z. B. Bearbeitung und Ausgabe von Berechtigungen, Abwicklung des Lohnsteuer-jahresausgleichs) sowie Geschäftsprozesse zwischen öffentlichen und privatwirtschaftlichen Bereichen (z. B. Leistungsverrechnung zwischen Patienten, Ärzten und Versicherungsanstalten) in Betracht.

2.2.1.2 Funktionenbetrachtung der Wertanalyse

Im Rahmen der WA wird von der Annahme ausgegangen, dass die WA-Objekte Bündel von Funktionen darstellen, die Nutzen stiften, indem sie Bedürfnisse der jeweiligen Nutznießer befriedigen. Dabei wird unter Funktion jede einzelne Wirkung verstanden, die von dem WA-Objekt ausgeht. Jede Funktion wird mit einem nach Möglichkeit quantifizierbaren Substantiv und mit einem Verb im Infinitiv beschrieben; die Funktion einer Uhr kann dementsprechend mit „Zeit anzeigen" umschrieben werden.

Die Funktionen werden im wertanalytischen Schrifttum nach Funktionsarten, Funktionsklassen und „unerwünschte Funktionen" untergliedert (vgl. Abb. 12).

Die Funktionen eines WA-Objektes lassen sich in die Funktionsarten Gebrauchs- und Geltungsfunktionen differenzieren. Gebrauchsfunktionen sind zur sachlichen Nutzung des WA-Objektes (technischer und/oder organisatorischer Art) notwendig und im Allgemeinen aufgrund physikalischer und/oder wirtschaftlicher Daten bzw. Qualitäts- und/oder Verhaltensstandards quantifizierbar. Geltungsfunktionen hingegen sind ausschließlich durch den Objektnutzer wahrnehmbare, personenbezogene Wirkungen (z. B. Aussehen, Komfort, Prestige); ihre Bewertung ist allenfalls mit Methoden der Marktforschung möglich.

Bei Investitionsgütern überwiegen Gebrauchsfunktionen, bei Luxusgütern dominieren Geltungsfunktionen und bei Konsum- und Dienstleistungen stehen Gebrauchs- und Geltungsfunktionen nebeneinander (vgl. Abb. 13).

Die Funktionen eines WA-Objektes können des Weiteren in die Funktionsklassen Haupt-, Neben-, Gesamt und Teilfunktionen untergliedert werden. Die Differenzierung zwischen Haupt- und Nebenfunktionen knüpft an die Wichtigkeit einer Funktion für den Benutzer des WA-Objektes an. Jedes WA-Objekt dient einem Hauptzweck, d. h. es hat eine Hauptfunktion zu erfüllen. Werden darüber hinaus gleichzeitig noch weitere, weniger wichtige Funktionen erfüllt, handelt es sich um Nebenfunktionen. So ist z. B. die Hauptfunktion eines Taschenfeuerzeuges „Entzündungstemperatur erzeugen", als Nebenfunktionen kommen bspw. „Einhandbedienung ermöglichen", „Prestige verleihen" und „Sicherheit gewährleisten" in Betracht.

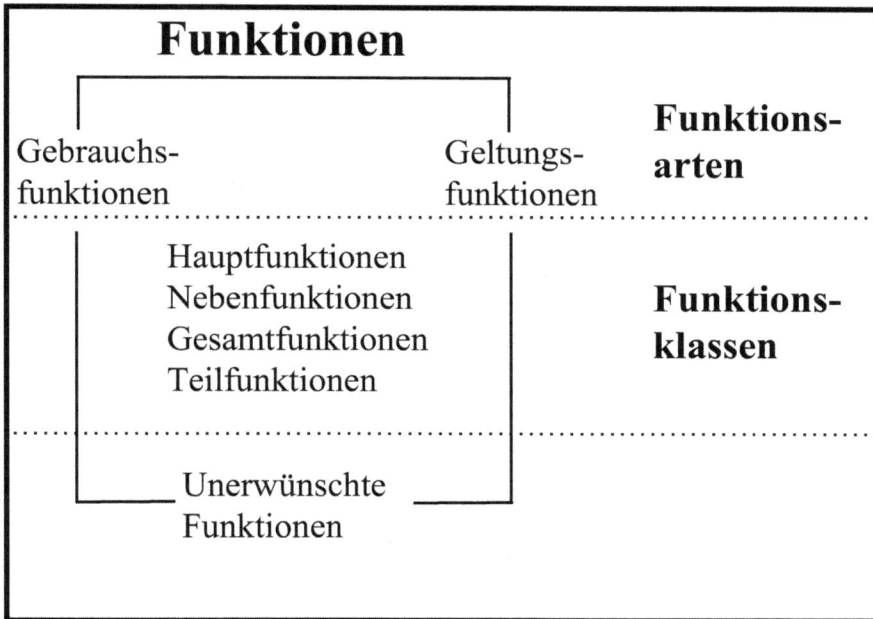

Funktionen

Gebrauchs- funktionen	Geltungs- funktionen	**Funktions- arten**
Hauptfunktionen Nebenfunktionen Gesamtfunktionen Teilfunktionen		**Funktions- klassen**
Unerwünschte Funktionen		

Abb. 12:
Einteilung der Funktionen
[In Anlehnung an: Jehle 1991, 291]

Die Gesamtfunktion ist die Gesamtwirkung aller Funktionen. Als Teilfunktionen werden diejenigen Funktionen bezeichnet, deren Zusammenwirken die jeweilige Gesamtfunktion ergibt.

Eine unerwünschte Funktion ist eine unvermeidbare, nicht gewünschte Wirkung oder eine vermeidbare Wirkung eines WA-Objekte. Zum Beispiel kann bei einer Glühbirne die Nebenfunktion „Wärme erzeugen" absolut unvermeidbar und unerwünscht sein, während bei einer Pumpe die Nebenfunktion „Geräusch erzeugen" bis zu einem bestimmten Grad erwünscht sein kann, da sie eine Kontrolle des Betriebszustandes ermöglicht.

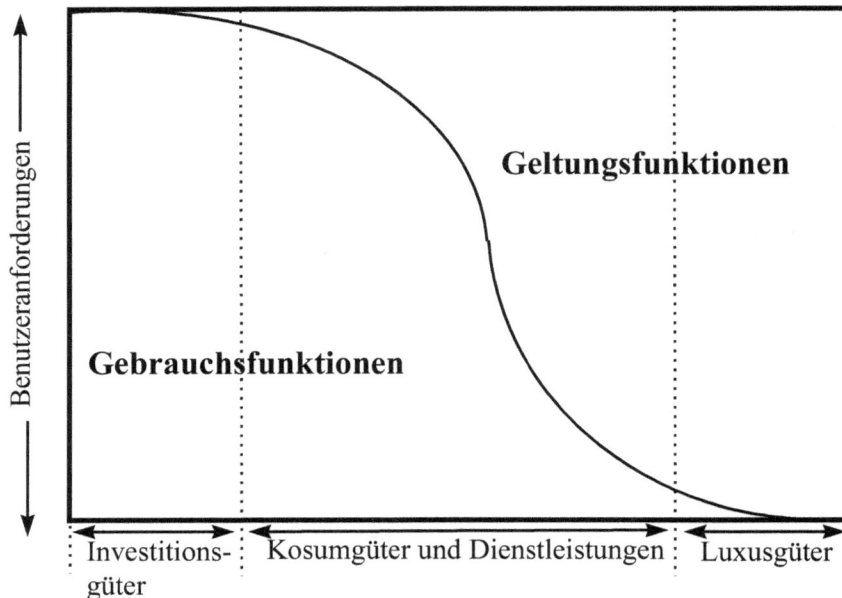

Abb. 13:
Benutzeranforderungen bei verschiedenen Wertanalyse-Objekten in Abhän-
gigkeit von Gebrauchs- und Geltungsfunktionen
[In Anlehnung an: Zentrum Wertanalyse 1995, 19]

2.2.1.3 Wertbegriff im Rahmen der Wertanalyse

Der Wertbegriff im Sinne der WA drückt den Erfüllungsgrad bzw. Nutzen der
Funktion eines WA-Objektes im Vergleich zum dazugehörigen Gesamtauf-
wand aus.

> Aus der Sicht des Herstellers geht es beim Wert um die niedrigsten Kosten,
> die anfallen, wenn die betrachtete Produktfunktion zuverlässig erfüllt wird;
> hier interessieren die Kosten pro (Einheit der) Funktion.

> Aus der Sicht des Leistungsnutzers geht es um die Erfüllung von Produkt-
> funktionen im Verhältnis zum dafür aufzuwendenden Geldbetrag; hier interes-
> sieren die Anschaffungs- und laufenden Auszahlungen pro (Einheit der)
> Funktion.

Für die Bestimmung des Wertes des WA-Objektes werden in der Literatur zwei Schritte vorgeschlagen: Erstens wird der Erfüllungsgrad bestimmt, zweitens werden die Beurteilungskriterien gewichtet.

1. Bestimmung des Erfüllungsgrades

Der Erfüllungsgrad stellt das Verhältnis der erreichten bzw. erreichbar erscheinenden Realität zu einem vorgegebenen Ziel dar:

$$Erfüllungsgrad = \frac{Realität}{Ziel}$$

Der optimale Erfüllungsgrad weist eine Ausprägung von 1, schlechtere Erfüllungsgrade weisen einen Wert von kleiner als 1 auf. Die Berechnung erfordert die Quantifizierung der realisierten und angestrebten Beurteilungskriterien. Ist eine Quantifizierung nicht möglich, so können die WA-Objekte mit Hilfe von Punkten bewertet werden. Die Funktionen erhalten die Höchstzahl der zu vergebenden Punkte im Fall der sehr guten Erfüllung und die Punktzahl 0 im Fall der völlig unbefriedigenden Erfüllung:

Zum Beispiel:

Bewertung	Punkt(e)
sehr gut (ideal)	4
gut	3
ausreichend	2
gerade noch tragbar	1
völlig unbefriedigend	0

Die vorstehende Beurteilung kann sich z. B. auf die Erfüllung von Gebrauchs- und Geltungsfunktionen aber auch auf die Erfüllung wirtschaftlicher Vorgaben beziehen.

Wird die WA als Instrument zur Wertverbesserung (also für eine schon bestehende Leistung) durchgeführt, so kann die bereits erreichte oder erreichbar scheinende Kosteneinsparung dem Kostensenkungsziel gegenübergestellt werden. Der wirtschaftliche Erfüllungsgrad (E_w) lautet dann:

$$E_W = \frac{reale\ Kosteneinsparung}{angestrebte\ Kosteneinsparung}$$

oder:

$$E_W = \frac{K_{IST} - K_{L\ddot{O}S}}{K_{IST} - K_{SOLL}}$$

mit:

K_{IST} =   Kosten im Ist-Zustand

$K_{L\ddot{O}S}$ =   Kosten der zu beurteilenden Lösungsalternative

K_{SOLL} =   Kosten im Soll-Zustand (Kostenziel)

Zusätzlich zum wirtschaftlichen Erfüllungsgrad (E_w) kann die wirtschaftliche Wertigkeit (W_w) bestimmt werden. Bei der wirtschaftlichen Wertigkeit geht man über die reine Produktions- und Kostenorientierung hinaus und nimmt den Funktionsbezug explizit auf:

$$W_W = \frac{Kostenziel}{reale\ Objekt\text{-}\ bzw.\ Funktionskosten}$$

Durch die Aufnahme des Kostenziels in den Zähler und der Kosten des betrachteten Lösungsweges in den Nenner wird sichergestellt, dass der Quotient maximal den Wert 1 aufweist. Die wirtschaftliche Wertigkeit ist umso näher bei der Ausprägung 1, je weniger sich das Kostenziel von den realen Objekt- bzw. Funktionskosten unterscheidet. Bei einer wirtschaftlichen Wertigkeit von größer als 1 liegt eine ökonomisch „unsinnige" Kostenzielvorgabe vor, da dadurch das ökonomische Prinzip in Gestalt des Minimumprinzips verletzt würde, also Faktorverschwendung entstünde.

2.   Gewichtung der Beurteilungskriterien

Erfüllt eine Produktidee (P_i) insgesamt n Funktionen, so kann ein Gesamterfüllungsgrad E_i ermittelt werden, der sich z. B. aus der Summe der einzelnen Erfüllungsgrade w_{ij} zusammensetzen kann:

$$E_i = \sum_{j=1}^{n} w_{ij}$$

Die additive Verknüpfung sämtlicher Beurteilungskriterien einer Produktidee liefert im Allgemeinen keine gezielte Aussage darüber, welche Funktionen aus der Perspektive der jeweiligen Zielpersonen bzw. Zielgruppe wichtiger bzw. weniger bedeutend sind.

Durch Festlegung von Gewichtungsfaktoren g_j für jedes einzelne Kriterium K_j kann die Relevanz der Produktfunktionen objekt- und anwenderbezogen ausgewiesen werden.

In Abbildung 14 ist eine solche Nutzwertanalyse ausschnittsweise dargestellt.

Bei der Ermittlung des Gesamtnutzwertes N_i einer Produktidee P_i wird für jedes Kriterium K_j der Erfüllungsgrad w_{ij} mit dem Gewichtungsfaktor g_j multipliziert; das ergibt zunächst den Teilnutzwert N_{ij}:

$$N_{ij} = g_j \cdot w_{ij}$$

Die Teilnutzwerte N_{ij} der Produktidee P_i ergeben in der Summe schließlich den Gesamtnutzwert N_i der Produktidee P_i:

$$N_i = \sum_{j=1}^{n} N_{ij} = \sum_{j=1}^{n} (g_j \cdot w_{ij})$$

Für die Gewichtung von Beurteilungskriterien kann es hilfreich sein, wenn die Zielvorgaben in:

- Festforderungen (z. B. „viersitziger Pkw"),
- Mindestforderungen (z. B. „Höchstgeschwindigkeit mind. 140 km/h") und
- Wünsche (z. B. „Wartungsfreundlichkeit", „hoher Sitzkomfort")

unterteilt werden.

Die Nichterfüllung einer Festforderung bedeutet die völlige Untauglichkeit des betreffenden Objektes bzw. ObjektbereicheDie gleiche Aussage kann beim Unterschreiten einer Mindestforderung getroffen werden. Fest- und Mindestforderungen führen im Fall ihrer Nichterfüllung zur Ablehnung der betrachteten Alternative, so dass hierfür keine besonderen Gewichtungsfaktoren ermittelt werden müssen.

Zusammenfassend sei darauf hingewiesen, dass die vorstehenden Ausführungen vor allem das <u>Prinzip</u> der Wert-Bestimmung eines Objektes aufzeigen sollen. Die Wert-Bestimmung kann in detaillierter oder formalisierter Weise realisiert werden, aber auch als nicht so stark quantifizierte Vorgehensweise verstanden werden. Auch hier ist – wie in der gesamten WA – eine pragmatische Beschränkung auf das Notwendige angezeigt.

Kriterium	Gewichtung	Produkt-Ideen $(P_i; \; i = 1, 2, 3,....,m)$				
		P_1		P_2		
			P_3			
K_1	g_1	W_{11}	$g_1 W_{11}$	W_{21}	$g_1 W_{21}$	W_3
K_2	g_2	W_{12}	$g_2 W_{12}$	W_{22}	$g_2 W_{22}$	W
.	.	.	.	.	.	
.	.	.	.	.	.	
K_j	g_j	W_{1j}	$g_j W_{1j}$	W_{2j}	$g_j W_{2j}$	W_{3j}
.	.	.	.	.	.	
.	.	.	.	.	.	
K_n	g_n	W_{1n}	$g_n W_{1n}$	W_{2n}	$g_n W_{2n}$	
	100	$N_1 = \sum\limits_{j=1}^{n} g_j \, w_{1j}$		$N_2 = \sum\limits_{j=1}^{n} g_j \, w_{2j}$		

P_i = Produktidee	g_j = Gewichtung	$g_j w_{ij}$ = Teilnutzwert
K_j = Kriterium	w_{ij} = Erfüllungsgrad	N_i = Gesamtnutzwert

<u>Abb. 14</u>: Gewichtung der Beurteilungskriterien
[In Anlehnung an: Zentrum Wertanalyse 1995, 64]

2.2.2 Charakteristische Merkmale der Wertanalyse

Im Rahmen der WA können sechs charakteristische Merkmale unterschieden werden: [Vgl. im Folgenden: Zentrum Wertanalyse 1995, 94 ff.]

- Strukturierung durch Arbeitsplan
- Ganzheitliche und systemische Betrachtungsweise
- Funktions- und kostenorientiertes Arbeiten
- Anwendung von Regeln und Techniken für schöpferisches Arbeiten
- Anwendungsneutraler Einsatz
- Quantifizierte Zielvorgabe

2.2.2.1 Strukturierung durch Arbeitsplan

Die wertanalytische Arbeit wird durch den in DIN 69910 formalisierten WA-Arbeitsplan sichergestellt, der die Struktur des Arbeitsablaufes sowie den Arbeitsinhalt enthält (vgl. Abb. 15a und 15 b).

Der WA-Arbeitsplan gliedert sich in sechs Grundschritte:

(1) Projektvorbereitung,
(2) Objektsituation bzw. Ist-Zustand analysieren,
(3) Soll-Zustand beschreiben,
(4) Lösungsideen entwickeln,
(5) Lösungen festlegen,
(6) Lösungen verwirklichen.

Grundschritt	Teilschritt (Die Bearbeitungsintensität und ggfs. auch die Reihenfolge der Teilschritte innerhalb eines jeden Grundschritts sind projektabhängig)	Anmerkungen zu den Grundschritten
1. Projektvorbereitung	1.1 Moderator benennen. 1.2 Auftrag übernehmen, Grobziel mit Bedingungen festlegen. 1.3 Einzelziele setzen. 1.4 Untersuchungsrahmen abgrenzen. 1.5 Projektorganisation festlegen. 1.6 Projektablauf planen.	Die Projektorganisation ist Voraussetzung für einen gesicherten Ablauf und gute Ergebnisse.
2. Objektsituation bzw. IST-Zustand analysieren	2.1 Objekt- und Umfeldinformationen beschaffen. 2.2 Kosteninformationen beschaffen. 2.3 Funktionen ermitteln. 2.4 Lösungsbedingende Vorgaben ermitteln. 2.5 Kosten den Funktionen zuordnen.	Das Analysieren der Ausgangssituation des WA-Objektes bedeutet deren umfassendes Erkennen mit dem Zweck, durch Abstrahieren in Form von Funktionen ein *möglichst breites Lösungsfeld* zu erschließen. (Bei vorhandenem IST-Zustand stellt dieser die Objektsituation im Ausgangszustand dar.)
3. SOLL-Zustand beschreiben	3.1 Informationen auswerten. 3.2 SOLL-Funktionen festlegen. 3.3 Lösungsbedingende Vorgaben festlegen. 3.4 Kostenziele den SOLL-Funktionen zuordnen.	Mit dem Beschreiben des SOLL-Zustandes wird die *Grundlage für die Ideensuche* und für die *Auswahl der Lösungen* zum Erreichchen der Einzelziele gegeben.

Abb. 15 a: Wertanalyse-Arbeitsplan nach DIN 69910
[In Anlehnung an: Zentrum Wertanalyse 1995, 95–97]

Grundschritt	Teilschritt (Die Bearbeitungsintensität und ggfs. auch die Reihenfolge der Teilschritte innerhalb eines jeden Grundschritts sind projektabhängig)	Anmerkungen zu den Grundschritten
4. Lösungsideen entwickeln	4.1 Vorhandene Ideen sammeln. 4.2 Neue Ideen entwickeln.	Dieser Grundschritt ist der schöpferische Schwerpunkt der Wertanalyse. *Kreativitätsfördernde Maßnahmen* und die Nutzung von Informationsquellen steigern die Qualität der Ideen. Eine *große Ideenquantität* erhöht die Wahrscheinlichkeit, über eine große Anzahl von Lösungsansätzen qualitativ *hochwertige Lösungen* zu finden.
5. Lösungen festlegen	5.1 Bewertungskriterien festlegen. 5.2 Lösungsideen bewerten. 5.3 Ideen zu Lösungsansätzen verdichten und darstellen. 5.4 Lösungsansätze bewerten. 5.5 Lösungen ausarbeiten. 5.6 Lösungen bewerten. 5.7 Entscheidungsvorlage erstellen. 5.8 Entscheidungen herbeiführen.	Dieser Schritt führt von der Ideensammlung durch Verdichten und Bewerten stufenweise zu einer *nachvollziehbaren Entscheidung*.
6. Lösungen verwirklichen	6.1 Realisierung im Detail planen. 6.2 Realisierung einleiten. 6.3 Realisierung überwachen. 6.4 Projekte abschließen.	Die Umsetzung der verabschiedeten Lösungen in die Praxis stellt das Arbeitsergebnis sicher und schließt das WA-Projekt ab.

Abb. 15 b: Wertanalyse-Arbeitsplan nach DIN 69910
[In Anlehnung an: Zentrum Wertanalyse 1995, 95–97]

Der Arbeitsplan muss bei jedem WA-Projekt strikt eingehalten werden. Die Reihenfolge und die Bearbeitungsintensität der einzelnen Teilschritte innerhalb eines Grundschrittes können dagegen projektspezifisch variiert werden.

Die Schrittfolgen des WA-Arbeitsplans werden mehrfach (iterativ) durchlaufen, wenn sich Zielabweichungen ergeben und/oder neue Einsichten und Erkenntnisse dies zweckmäßig erscheinen lassen.

2.2.2.2 Ganzheitliche und systemische Betrachtungsweise

Die äußerst komplexe und dynamische Problemlandschaft, der sich die Führung heute gegenübersieht, ist nicht mehr mit analytischem Denken allein lösbar. Es muss vielmehr ergänzt werden durch eine ganzheitliche und integrierende Betrachtungsweise. Notwendig wird ein umfassendes systemisches Denken, das ein gedankliches Einordnen von Teilerkenntnissen in Gesamtkonzepte sowie ein wechselseitiges Denken auf unterschiedlichen Abstraktionsebenen erlaubt.

Das Gesamtsystem WA ist gekennzeichnet durch das Zusammenwirken der Systemelemente Methode, Verhaltensweisen (Mensch) und Management bei gleichzeitiger gegenseitiger Beeinflussung. Das heißt der Erfolg der WA ist in entscheidendem Maße von der Beherrschung der Methode, der Unterstützung durch das Management und den Verhaltensweisen der am WA-Prozess beteiligten Menschen abhängig. Jehle (1991, 289) bezeichnet die drei Komponenten Methode, Management und Mensch aus diesem Grunde als die 3-M-Erfolgsfaktoren der wertanalytischen Arbeit (vgl. Abb. 16).

Durch interdisziplinäre Gruppenarbeit wird sichergestellt, dass im Rahmen des WA-Prozesses sämtliche relevanten Einflüsse vollständig berücksichtigt werden und die in diesem Zusammenhang artikulierten, oft konfliktären Abteilungsinteressen zu einem gemeinsamen Brennpunkt, dem Gesamtoptimum, gebündelt werden.

Mit dem Ziel, einen möglichst hohen Grad an Interdisziplinarität zu erreichen, werden verschiedene WA-Teams gebildet. Ein Team besteht aus vier bis acht Mitgliedern. Wichtig ist, dass in jedem Team alle Bereiche vertreten sein müssen, die am Untersuchungsobjekt funktionserstellend bzw. kostenverursachend beteiligt sind. Die Teams sollten fachlich heterogen, hierarchisch aber

homogen zusammengesetzt sein und von einem in der Methodik der WA er-
fahrenen Moderator geleitet werden. Die Koordination der WA-Teams kann
durch die Einrichtung einer WA-Stelle realisiert werden, die außerdem auch
für die Ausbildung der Mitarbeiter in der Methodik der WA und für die Be-
richterstattung über die WA-Aktivitäten verantwortlich sein sollte.

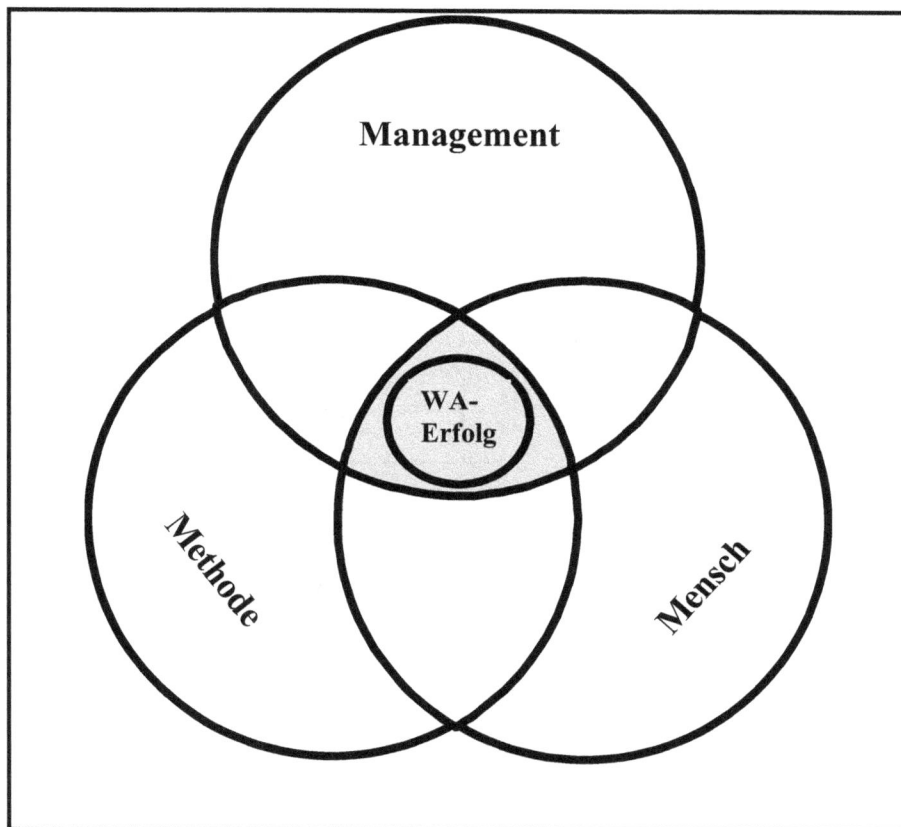

Abb. 16: Die 3-M-Erfolgsfaktoren der Wertanalyse
[In Anlehnung an: Jehle 1995, 150]

Das angestrebte Ergebnis sind erfolgreiche Problemlösungen. WA-Projekte
mit positiven sowie negativen Ergebnissen wirken jeweils positiv oder negativ
auf die Systemelemente Verhaltensweisen und Management und damit auf das
Gesamtsystem zurück. Negative Ergebnisse können neben negativen auch
positive Folgen nach sich ziehen, wie z. B. Lerneffekte. Umgekehrt können
positive Ergebnisse neben positiven auch negative Folgen haben (z. B. Über-

mut). Eine Rückwirkung positiver oder negativer Ergebnisse auf das System-element Methode erfolgt nicht unmittelbar bei jedem WA-Projekt, sondern nur auf längere Sicht im Rahmen der Weiterentwicklung der Methode.

2.2.2.3 Funktions- und kostenorientiertes Arbeiten

Das Herzstück der WA bildet zweifelsohne die Funktionenanalyse. Die WA kennzeichnende Funktionenorientierung hat zur Folge, dass den einzelnen Funktionen Kostengrößen zugeordnet werden müssen:

Die Zuordnung der Kosten zu den Funktionen ist in Anlehnung an Jehle (1991, 290) am Beispiel eines Knopfes in Abbildung 17 dargestellt.

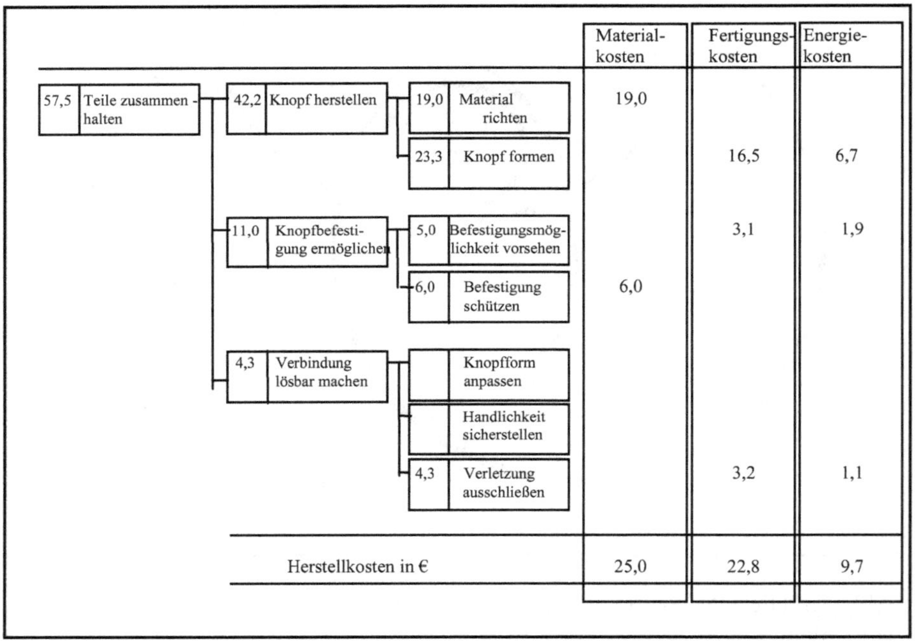

						Material-kosten	Fertigungs-kosten	Energie-kosten
57,5	Teile zusammen-halten	42,2	Knopf herstellen	19,0	Material richten	19,0		
				23,3	Knopf formen		16,5	6,7
		11,0	Knopfbefesti-gung ermöglichen	5,0	Befestigungsmög-lichkeit vorsehen		3,1	1,9
				6,0	Befestigung schützen	6,0		
		4,3	Verbindung lösbar machen		Knopfform anpassen			
					Handlichkeit sicherstellen			
				4,3	Verletzung ausschließen		3,2	1,1
Herstellkosten in €						25,0	22,8	9,7

Abb. 17:
Zuordnung der Kosten nach Funktionen (Untersuchungsobjekt „Knopf")
[In Anlehnung an: Jehle 1991, 291]

Die Zurechnung der Kosten zu den einzelnen Funktionen bereitet in der Praxis häufig Probleme, da die traditionelle Kosten- und Leistungsrechnung produkt- und kostenstellenbezogene Kosten und keine Funktionskosten ausweist. Aus diesem Grunde wird zur Verbesserung der informatorischen Voraussetzungen der Funktionenanalyse die Implementierung einer Prozesskostenrechnung empfohlen.

Mit der Funktionenanalyse wird die Ausgangsbasis für die Verbesserung des Funktionsbündels geschaffen. Zum einen können im Rahmen der Funktionenanalyse wichtige, unwichtige und evtl. unnötige Funktionen eines WA-Objektes separiert und Wege zur Vereinfachung und Verbesserung aufgezeigt werden. Zum anderen können Kostenschwerpunkte und – in Folge – Ansatzpunkte zur Kostensenkung und Effizienzsteigerung transparent gemacht werden.

2.2.2.4 Anwendung von Regeln und Techniken für schöpferisches Arbeiten

Der Bedarf nach neuen, kreativen Problemlösungen im Unternehmen ist groß. Kreativität stellt sich jedoch nicht von selbst ein:

> „Kreatives Denken ist seit jeher unbequem gewesen oder sogar als Gefährdung vorhandener Machtstrukturen empfunden und bekämpft worden." [Zentrum Wertanalyse 1995, 76]

Aus diesem Grunde bedarf es gezielter Anstöße und großer Anstrengungen des Managements, um der Kreativität im Unternehmen zum Durchbruch zu verhelfen. Ohne diese Bemühungen besteht die Gefahr, dass sich das Denken der Unternehmensmitglieder in eingefahrenen Gleisen bewegt und traditionelle Problemlösungsmuster bevorzugt werden. Die WA ist eine der wenigen Problemlösungsmethoden, die die Anwendung von Regeln und Techniken zum schöpferischen Denken und Arbeiten explizit fordern und fördern. [Vgl. im Folgenden: Zentrum Wertanalyse 1995, 71–76]

Abbildung 18 zeigt ein stark vereinfachtes Schema des Ablaufs der Phasen und Schritte beim Problemlösungsprozess im Sinne der WA. Mit welchen Hilfsmitteln und Techniken und mit welchem Aufwand die Einzelschritte realisiert werden, hängt vom jeweiligen Projekt ab.

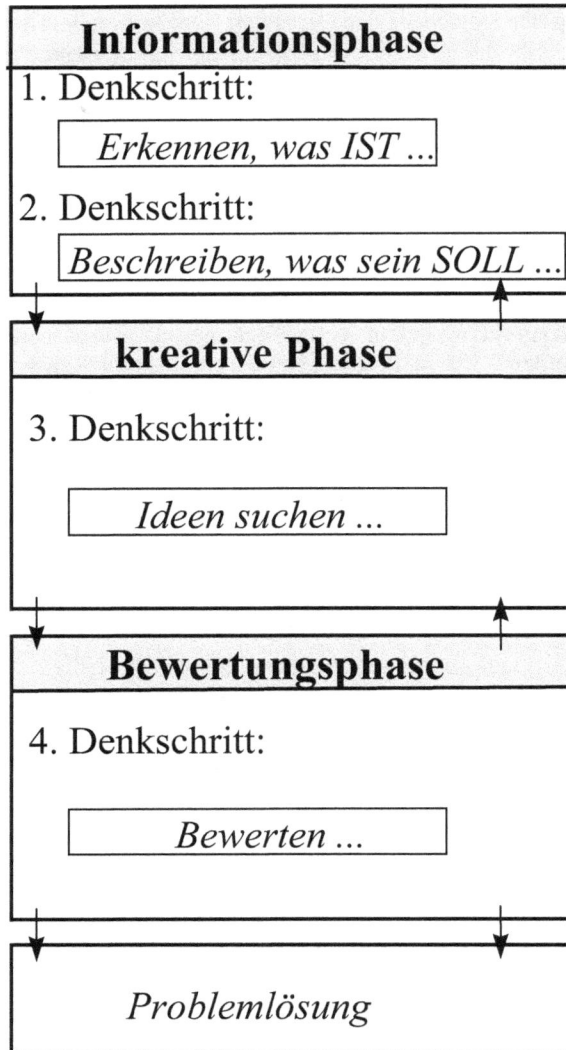

Informationsphase

1. Denkschritt:

> *Erkennen, was IST ...*

2. Denkschritt:

> *Beschreiben, was sein SOLL ...*

kreative Phase

3. Denkschritt:

> *Ideen suchen ...*

Bewertungsphase

4. Denkschritt:

> *Bewerten ...*

Problemlösung

Abb. 18:
Ablauf der Phasen und Schritte beim Problemlösungsprozess im Sinne der Wertanalyse

Die beiden ersten in der Informationsphase ablaufenden Denkschritte „Erkennen, was IST ..." und „Beschreiben, was sein SOLL ..." werden durch die Grundschritte 1 bis 3 des WA-Arbeitsplans festgeschrieben. Sie gehören nicht direkt zum kreativen Prozess, bilden jedoch die unabdingbare Voraussetzung für das Auslösen der „Ideenproduktion".

In der zweiten so genannten kreativen Phase, die im Grundschritt 4 des WA-Arbeitsplanes verankert ist, werden die Ideenelemente der WA-Teammitglieder miteinander zu Ideen kombiniert. Hierbei handelt es sich um den eigentlichen kreativen ProzesDa dieser in der Regel intuitiv und im Unterbewusstsein abläuft, können z. B. durch geeignete Ideenfindungs-techniken sowie des Schaffens einer geeigneten, kreativitätsfördernden Umgebung (durch Abbau von Ideenbremsen, Ängsten und Sorgen usw.) Voraussetzungen für eine quantitativ und qualitativ optimierte „Ideenproduktion" geschaffen werden.

Liegen ausreichend viele Ideen vor, ist die Kreativitätsphase abgeschlossen. Um „ideenbremsende" Auswirkungen auf die „Ideenproduktion" zu vermei-den, ist es wichtig, dass die Bewertung der Ideen erst nach Abschluss der Kreativitätsphase erfolgt.Vorzeitige Bewertung muss daher unbedingt vermie-den werden und ist in den Regeln für Kreativitätstechniken verboten. Die Bewertung der Ideen, die dem Grundschritt 5 des WA-Arbeitsplanes ent-spricht, erfolgt aus diesem Grunde in der Bewertungsphase, die deutlich von der kreativen Phase zu trennen ist. Lösungsvorschläge ohne Abweichung von den Soll-Vorgaben werden als Problemlösung zur weiteren Bearbeitung an die anschließende Realisierungsphase weitergegeben.

2.2.2.5 Anwendungsneutraler Einsatz

Die WA kann ohne Schwierigkeiten für Probleme, Aufgaben und Bereiche unterschiedlichster Art eingesetzt werden (vgl. Abb. 19). Wesentlich ist, dass der WA-Arbeitsplan bei jedem WA-Projekt strikt eingehalten wird.

2.2.2.6 Quantifizierte Zielvorgabe

Die Vorgabe quantifizierter Ziele zählt zu den wesentlichen Grundsätzen der WA.

Eine quantifizierte Zielvorgabe ist auch für WA-Projekte aufrechtzuerhalten, deren Bewältigung wegen Zielunklarheit Probleme bereitet; eine derartige Zielsituation ist häufig bei strategischen und nicht-gegenständlichen WA-Projekten anzutreffen. In derartigen Fällen kann die Bildung einer zusätzlichen Arbeitsgruppe zur Konkretisierung eines verbindlichen WA-Zieles zweckmäßig sein.

Wertanalyse für sämtliche Wirtschaftsbereiche	z. B. - Maschinenbau - Metallverarbeitung - Elektroindustrie - Automobilindustrie - Feingerätebau - Energieversorgung - Kunststoffverarbeitung - Chemische Industrie
Wertanalyse für jede Fertigungsstückzahl	z. B. - Massenproduktion - Großserienfertigung - Kleinserienfertigung - Einzelanfertigung
Wertanalyse in jedem Unternehmensbereich	z. B. - Erzeugnisentwicklung - Erzeugnisverbesserung - Verwaltung - Logistik - Instandhaltung - Einkauf

Abb. 19: Anwendungsneutralität der Wertanalyse
[In Anlehnung an: Wiest 1981, 133]

2.2.3 Beurteilung der Wertanalyse

Die WA wird in zahlreichen Unternehmen jeder Größe im In- und Ausland routinemäßig eingesetzt. Die durch den Einsatz der WA erzielten Kosteneinsparungen schwanken bei Unternehmen verschiedener Wirtschaftszweige zwischen 13 und mehr als 60 %. [Vgl. Schröder 1994, 153]

Die WA wird oft als reine Kostensenkungsmethode fehlinterpretiert, da es sich bei ca. 90 % der WA-Einsätze in der Praxis um Kostensen-kungsprogramme handelt. [Vgl. im Folgenden: Jehle 1991, 292 ff.; Jehle 1992, 73] Das Hauptziel der WA liegt jedoch in der Wertsteigerung der WA-Objekte, die sowohl durch eine Senkung der Kosten als auch durch eine Erhöhung der Funktionserfüllung eines WA-Objektes erreicht werden kann. Darüber hinaus werden durch den konsequenten und sachgerechten Einsatz der WA noch weitere schwer zu quantifizierende positive Nebenwirkungen erzielt, wie z. B.:

- Begeisterung für Teamarbeit,
- vermehrtes Denken der Mitarbeiter in Systemzusammenhängen,
- höhere Arbeitszufriedenheit,
- effizientere Zusammenarbeit zwischen den Mitarbeitern im Unternehmen,
- Förderung von schöpferischem Denken (mehr Lösungsvorschläge für ein Problem),
- gesteigerte Motivation,
- zunehmende Identifikation mit den Unternehmenszielen,
- Verbesserung des „Mannschaftsgeistes" (Wir-Gefühl) und
- Abbau von Widerständen bei der Einführung von Neuerungen im Unternehmen.

> Die WA ist eine wirkungsvolle Rationalisierungs- und Problemlösungsmethode des Kostenmanagements, die bewusst auf Genauigkeit und Tiefgang im Sinne einer systematischen Erforschung der tiefer liegenden Kostenursachen und auf eine volle Ausschöpfung des kreativen Potentials der Teammitglieder und des WA-Umfeldes angelegt ist.

Der mit der Durchführung eines WA-Projektes verbundene Aufwand amortisiert sich in der Regel nach weniger als einem Jahr. Aufgrund dieser verhältnismäßig geringen Amortisationszeit und der im Vergleich zu anderen Kostenmanagementmethoden relativ hohen Akzeptanz, welche die WA bei den Betroffenen, Beteiligten und beim Management aufgrund seiner humanzentrierten Struktur genießt, lässt sich die WA in den Unternehmen relativ leicht institutionalisieren und damit als ständige Einrichtung des Kostenmanagements in den Unternehmen etablieren. Durch die Kombination mit anderen Instrumenten des Kostenmanagements, wie z. B. der Prozesskostenrechnung,

Outsourcing, Kaizen und Benchmarking, kann eine Erhöhung des Wirkungs-
grades des Wertanalyse-Einsatzes erreicht werden.

2.2.4 Lehrfragen und Übungen

1. Bis zu ihrer heutigen Erscheinungsform hat die WA mehrere Entwicklungsphasen durchlaufen. Im Verlaufe dieser Entwicklung hat sich die
   Konzeption einschließlich der dahinter stehenden Zielsetzung der WA
   verändert. Stellen Sie das ursprüngliche und das heutige Konzept der
   Wertanalyse gegenüber.

2. Im Rahmen der WA steht die Funktionenbetrachtung im Mittelpunkt.
   Erläutern Sie die Funktionenbetrachtung der WA, indem Sie den zugrunde
   liegenden Funktionenbegriff abgrenzen und systematisieren.

3. Erläutern Sie den im wertanalytischen Schrifttum verwendeten Wertbegriff.

4. Die WA ist ein ganzheitliches System zum Lösen komplexer Probleme, die
   nicht oder nicht vollständig algorithmisierbar sind. Auf welche Weise wird
   die ganzheitliche und systemische Betrachtungsweise der WA sichergestellt?

5. Die WA kennzeichnende Funktionenorientierung hat zur Folge, dass den
   einzelnen Funktionen Kostengrößen zugeordnet werden müssen. Welche
   Probleme ergeben sich in diesem Zusammenhang aus der Sicht der traditionellen Kosten- und Leistungsrechnung?

Literatur (Wertanalyse)

Bühner, R.: Betriebswirtschaftliche Organisationslehre, 10. überarb. Aufl., München 2004.

Burger, A.: Kostenmanagement, 3. Auflage, München/Wien 1999.

Deutscher Normenausschuss (Hrsg.): DIN 69910, Wertanalyse-Begriffe, Methode, August 1973.

Deutscher Institut für Normung e.V. (Hrsg.): DIN 69910, Wertanalyse August 1987.

Deutscher Normenausschuss (Hrsg.): DIN EN 1325-1: Value Management, Wertanalyse, Funktionenanalyse, Wörterbuch – Teil 1: Wertanalyse und Funktionenanalyse; Deutsche Fassung EN 1325-1:1996, Ausgabe 1996-11.

Deutscher Normenausschuss (Hrsg.): DIN EN 1325-2: Value Management, Wertanalyse, Funktionenanalyse, Wörterbuch – Teil 2: Value Management; Deutsche Fassung EN 1325-2:2004, Ausgabe 2004-11.

Deutscher Normenausschuss (Hrsg.): DIN EN 12973: Value Management; Deutsche Fassung EN 12973:2000, Ausgabe 2002-02.

Deutscher Normenausschuss (Hrsg.): DIN EN 12973 Berichtigung 1: Berichtigung zu DIN EN 12973:2002-02; Ausgabe 2003-12.

Götz, R.: Einführung von Wertanalyse als Innovations- und Kostensenkungsmethode im Unternehmen – Mit Value-Management die Wertschöpfung steigern, in: VDI-Berichte, Düsseldorf 2006, Band 1955, S. 59–70.

Jehle, E.: Wertanalyse: Ein System zum Lösen komplexer Probleme, in: WiSt 6/91, S. 287–294.

Jehle, E.: Value-Management (Wertanalyse) als Instrument des Logistik-Controlling, in: krp-Sonderheft 1/92, 68–75.

Jehle, E.: Wertanalyse und Kostenmanagement, in: Handbuch Kosten- und Erfolgscontrolling, hrsg. v. Th. Reichmann, München 1995, 145–165.

Schröder, H.H.: Wertanalyse als Instrument optimierender Produktgestaltung, in: Handbuch Produktionsmanagement: Strategie – Führung – Technologie – Schnittstellen, hrsg. v. H. Corsten, Wiesbaden 1994.

VDI-Gesellschaft Systementwicklung und Projektgestaltung [Hrsg.]: Standort sichern mit Wertanalyse, VDI-Berichte Nr. 1955, Düsseldorf 2006.

Wiest, R.: Einführung der Wertanalyse in ein mittelständisches Unternehmen, in: VDI-Berichte Nr. 430, 1981, 133–142.

Zentrum Wertanalyse der VDI-Gesellschaft Systementwicklung und Projektgestaltung (VDI-GSP) [Hrsg.]: Wertanalyse: Idee – Methode – System, 5., überarbeitete Auflage, Düsseldorf 1995.

Zernke, M.: Die Wertanalyse zur Kostenoptimierung im Projektmanagement im Unternehmen FAURECIA, Düsseldorf 2004, Band 1583, 77–81.

2.3 Gemeinkostenwertanalyse (Overhead Value Analysis)

Die Gemeinkostenwertanalyse (GWA) wurde zu Beginn der 70er Jahre entwickelt. Vorreiter dafür war das Beratungsunternehmen McKinsey, das Anfang der 70er Jahre in den Vereinigten Staaten von Amerika eine Methode zur Kostensenkung konzipierte, die McKinsey „Overhead Value Analysis" (OVA) nannte. Im deutschsprachigen Raum wurde dieses Kostensenkungsverfahren als GWA bekannt. [Vgl. im Folgenden: Burger 1999, S. 220 ff.; Meyer-Piening 1994, S. 137 ff., Müller 1998, S. 39 ff.]

Die GWA wird heute - in fast identischer Form - von unterschiedlichen Beratungsunternehmen als „Administrative Wertanalyse", „Strukturkosten-Wertanalyse", „Funktionsanalyse" oder „Leistungsuntersuchung" bezeichnet.

Der konzeptionelle Verdienst der GWA besteht darin, dass die Leistungen im Gemeinkostenbereich durch die Führungskräfte mit methodischer Unterstützung durch ein Beratungsunternehmen systematisch auf vorhandene Kostensenkungspotentiale untersucht werden. Im Rahmen der GWA wird unter dem Begriff Leistung die Gesamtheit von innerbetrieblichen Verwaltungstätigkeiten verstanden. In diesem Zusammenhang interessiert der betriebswirtschaftliche Verwaltungsbegriff, der aus funktionaler Perspektive sämtliche notwendigen innerbetrieblichen Handlungen und Tätigkeiten zur Sicherstellung des betrieblichen Kombinationsprozesses umfasst. In diesem Sinne werden durch die Verwaltung die anderen Leistungen des Betriebes gesichert, geschützt, betreut, geordnet, überwacht und geprüft. Administrative Leistungen sind damit Innenleistungen, die die primären Marktleistungen unterstützen.

Das Hauptziel der GWA liegt in der Durchsetzung von Kostensenkungen im Gemeinkostenbereich, indem nicht unbedingt erforderliche Aktivitäten reduziert oder eliminiert werden. Dabei werden zu Beginn sehr hohe, meist bei 40 % liegende Einsparquoten als Sollvorgabe für eine GWA vorgegeben. Neben der Kostensenkung wird häufig eine Nutzensteigerung verlangt. Denkbar sind sogar erweiterte Verwaltungsleistungen, wenn die Nutzensteigerung höher ist als der Kostenzuwachs. Die im Rahmen der GWA gewonnenen Daten sollen zudem organisatorische Veränderungen erleichtern und die Personalbedarfsplanung verbessern. Des Weiteren kann die GWA dazu dienen, bei den Mitgliedern des Unternehmens ein größeres Kostenbewusstsein zu schaffen.

Die Ziele der GWA beziehen sich auf die Effizienz und auf die Effektivität von Tätigkeiten im Gemeinkostenbereich (vgl. Abb. 20). Effizienz ist eine Maßgröße für die Beziehung zwischen Mitteleinsatz (Input) und Leistungsergebnis (Output). Effektivität ist eine Maßgröße für die Beziehung zwischen Leistungsergebnis (Output) und den Zielen des Unternehmens; Effektivität kann in diesem Kontext auch als Ziel-Wirksamkeit interpretiert werden.

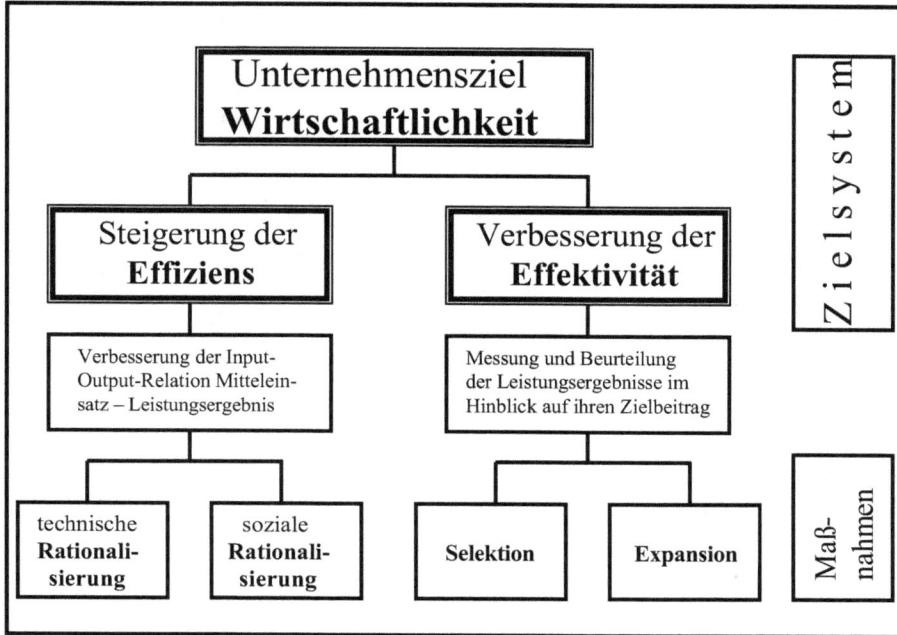

Abb. 20:
Ziele der Gemeinkostenwertanalyse

Im Prinzip handelt es sich bei der GWA um die Übertragung des Konzeptes der Wertanalyse auf den Gemeinkostenbereich einer Unternehmung. Die GWA unterscheidet sich in ihrem Vorgehen von der Wertanalyse nach DIN 69910 lediglich in den Grundschritten 2 bis 4 (vgl. Abb. 21). In diesen Punkten wird bewusst auf Genauigkeit, Tiefe und volle Ausschöpfung des kreativen Potentials zugunsten von Umfang und Schnelligkeit der Analyseabwicklung verzichtet.

Grundschritte des Analyse-Ablaufs	Ausprägungen nach	
	WA	**GWA**
1. Projektvorbereitung	●	●
2. Objektsituation bzw. IST-Zustand analysieren	●	◑
3. SOLL-Zustand beschreiben	●	◑
4. Lösungsideen entwickeln	●	◑
5. Lösungen festlegen	●	◑
6. Lösungen verwirklichen	●	●

Abb. 21:
Methodenvergleich zwischen Wertanalyse (DIN 69910) und Gemeinkosten-
wertanalyse
[In Anlehnung an: Zentrum Wertanalyse 1995, S. 479]

2.3.1 Aufbau und Ablauf der Gemeinkostenwert-
analyse

Mit dem Ziel, die angestrebte Kostenreduktion zu erreichen, sind die Ausfüh-
rungsbestimmungen für die GWA sorgfältig entwickelt und permanent verfei-
nert worden: [Vgl. im Folgenden: Meyer-Piening 1994, S. 137 ff.; Zentrum
Wertanalyse 1995, S. 480 ff.]

Die GWA ist heute durch eine speziell entwickelte Projektorganisation sowie
eine klar strukturierte Vorgehensweise, die in drei Phasen (Vorbereitungs-,
Durchführungs- und Realisationsphase) unterteilt werden kann, charakterisiert.

2.3.1.1 Projektorganisation

Funktionenträger der GWA sind folgende Organe:

- die Geschäfts- oder Bereichsleitung eines Unternehmens,
- der Lenkungsausschuss,
- die Betreuerteams und
- die Leiter der Untersuchungseinheiten.

Auftraggeber einer GWA ist üblicherweise die Geschäfts- oder Bereichsleitung eines Unternehmens. Diese entscheidet über den Umfang und die Durchführung des GWA-Projektes, informiert die Führungskräfte und die Mitarbeiter, den Betriebs- bzw. Personalrat über die Ziele des Projektes und die grundsätzliche Art der Durchführung. Sie ernennt den Lenkungsausschuss, der das GWA-Projekt steuert und über die erarbeiteten Vorschläge entscheidet.

Der Lenkungsausschuss vertritt die Geschäfts- oder Bereichsleitung in Fragen des GWA-Projektes. In kleineren Unternehmen kann diese Funktion durch die Geschäftsleitung selbst übernommen werden; in größeren Unternehmen wird der Lenkungsausschuss mit profilierten Führungskräften des Unternehmens besetzt. Der Lenkungsausschuss ernennt die Mitglieder der Betreuerteams, legt die Reihenfolge der zu untersuchenden Einheiten und die Soll-Ziele (i. d. R. 40 % Kostenreduzierung) fest und kontrolliert die von den Betreuerteams erarbeiteten Ergebnisse. Er entscheidet über bereichsübergreifende Maßnahmen, berichtet der Geschäftsführung über den Projektstand, informiert den Betriebs- oder Personalrat über die beschlossenen Maßnahmen und holt gegebenenfalls die erforderliche Zustimmung ein.

Die Betreuerteams sind für den Projekterfolg in ihren Untersuchungsbereichen verantwortlich. Sie werden in Abhängigkeit von der Anzahl der zu analysierenden Untersuchungseinheiten gebildet. Ein Betreuerteam setzt sich aus drei bis zehn Führungskräften zusammen, bei denen es sich um qualifizierte Spezialisten bzw. Spezialistinnen des Unternehmens handeln sollte, die für die Dauer des GWA-Projektes von ihren bisherigen Aufgaben freigestellt werden. Die Mitglieder der Betreuerteams sind durch den Lenkungsausschuss einstimmig zu wählen. Die Betreuerteams werden im Regelfall jeweils zusätzlich durch drei bis fünf externe Berater(innen) ergänzt. Ein externes Teammitglied übernimmt die Leitung des Betreuerteams sowie die organisatorische und die beratende Betreuung der Teammitglieder.

Die Leiter der Untersuchungseinheiten (LUE) sind die eigentlichen Träger der Analyse. Die Untersuchungseinheiten (UE) sind in der Regel mit den vorhandenen Abteilungen oder Kostenstellen identisch; die Verantwortlichen dieser Unternehmensteilbereiche werden als Träger der Untersuchung benannt. Die LUE analysieren die Ist-Situation und entwickeln die Einsparungsideen. LUE werden - im Gegensatz zu den Mitgliedern der Betreuerteams - nicht von ihren eigentlichen Aufgaben entbunden, die Projektaufgaben werden also neben den normalen Tätigkeiten der Geschäftsabwicklung durchgeführt.

2.3.1.2 Phasen der Gemeinkostenwertanalyse

Neben der oben beschriebenen Projektorganisation ist im Rahmen der GWA auch die Vorgehensweise sehr präzise zu planen. [Vgl. im Folgenden: Bühner 2004, S. 350 ff.]

Die Umsetzung der GWA kann in die nachstehenden drei Phasen untergliedert werden:

- Vorbereitungsphase,
- Durchführungsphase und
- Realisierungsphase.

Da die Gesamtdauer der GWA bis auf Stunden genau im Voraus festgelegt wird, muss jede einzelne Phase zeitlich exakt geplant werden. Bei der Umsetzung jeder Phase ist der Grundsatz einzuhalten, keine Terminverschiebungen zuzulassen.

2.3.1.2.1 Vorbereitungsphase

Im Rahmen der Vorbereitungsphase erfolgt eine präzise Aufgabendefinition. Es werden die zu untersuchenden Unternehmenseinheiten abgegrenzt, wobei in der Regel sämtliche Gemeinkostenbereiche des Unternehmens in die Untersuchung einbezogen werden. Ebenso werden in dieser Phase quantitative Ziele vorgegeben, die Teammitglieder und die LUE festgelegt, die Ablauffolgen des Projektes bestimmt, der Betriebsrat bzw. der Personalrat und die betroffenen Mitarbeiter(innen) informiert sowie die Projektbeteiligten geschult. Die Ablauffolge des GWA-Projektes richtet sich nach vier Grundschritten, die üblicherweise auf jeweils eine Woche begrenzt werden. Auf diese Grundschritte wird in den anschließenden Ausführungen zur Durchführungsphase näher eingegangen.

2.3.1.2.2 Durchführungsphase

Die Durchführung des GWA-Projektes erfolgt in mehreren Takten, die jeweils einen Zeitraum von vier bis maximal sechs Wochen umfassen. Diese Takte werden in vier Grundschritte aufgegliedert, die ca. jeweils eine Woche dauern und aus dem WA-Arbeitsplan ableitbar sind:

- Schritt 1: Strukturierung der Kosten und Leistungen
(Aufnahme des Ist-Zustandes),
- Schritt 2: Entwicklung von Einsparungsideen,
- Schritt 3: Bewertung der Einsparungsideen,
- Schritt 4: Dokumentation der Ergebnisse und Beantragen der Maß-nahmen.

Die vier Grundschritte, die in der Summe einen Takt bilden, werden zeitlich versetzt in jeder Untersuchungseinheit durchgeführt. Daher hängt die Projekt-dauer im Wesentlichen von der Anzahl der UE ab.

Die Strukturierung der Kosten und Leistungen je UE wird von den zuständi-gen LUE durchgeführt. Das Ergebnis ist ein Leistungskatalog mit den entspre-chenden Kosten. Zu diesem Zweck werden sämtliche Leistungen (Tätigkeiten) der UE in einem Formular festgehalten und mit Mann-Jahren (oder besser: Personal-Jahren) bewertet. Ausgehend von dieser Tätigkeits- und Zeitstrukturanalyse bzw. Input-Output-Struktur können entsprechende Verbesserungsvorschläge zur rationelleren Bearbeitung der Aufgaben abge-leitet werden (vgl. Abb. 22).

Die Entwicklung von Einsparungsideen erfolgt auf der Grundlage der vorhan-denen Input-Output-Struktur durch die LUE in Zusammenarbeit mit den je-weiligen Leistungsempfängern. Die LUE werden hierbei durch das zuständige Betreuerteam, ggf. den Fachabteilungen sowie durch das zuständige Mitglied des Lenkungsausschusses unterstützt. Die Erarbeitung der konkreten Einspa-rungsideen ist jedoch Aufgabe der LUEs, die letztlich entscheiden müssen, ob die Einsparungsideen tragbar sind oder nicht. Mit dem Ziel, möglichst viele Einsparungsideen zu gewinnen, wird für jede UE ein Kostensenkungspotential von 40 % vorgegeben.

Die erarbeiteten Lösungsideen müssen innerhalb von zwei Jahren durchführ-bar und im Verhältnis zum Nutzen kostengünstiger als die bisherige Lösung sein, außerdem dürfen sie nur ein akzeptables Risiko in sich bergen.

Abteilung: Mitarbeiteranzahl: Kostenstellengesamtkosten:		Fertigungssteuerung 2 1,5 Mio. €	
Funktions- Nr.	Funktions- beschreibung **(Output)**	Personal- Jahre **(Input)**	Kosten (T€) **(Input)**
1	Sortieren der Werkstatt- papiere	0,15	112,50
2	Terminierung	0,25	187,50
3	Kapazitätsbedarfsrech- nung	0,50	375,00
4	Terminkartei pflegen	0,125	93,75
5	Fertigungsbelegerstel- lung	0,125	93,75
6	Arbeitsverteilung	0,30	225,00
7	Rückmeldungen bear- beiten	0,30	225,00
8	Arbeitsablaufplanung	0,25	187,50

Abb. 22: Beispiel für einen mitarbeiterbezogenen Tätigkeitskatalog

Die Bewertung der Einsparungsideen erfolgt in Form einer ABC-Analyse,
d. h. die Lösungsvorschläge werden unter Risiko- und Nutzenerwägungen in
drei Gruppen unterteilt:

- A-Ideen:
  A-Ideen sind mit geringem Risiko innerhalb der kommenden zwei Jahre zu
  realisieren.

- B-Ideen:
  Für B-Ideen sind noch abschließende Analysen und Befragungen durchzu-
  führen, innerhalb derer geklärt werden muss, ob die B-Ideen zu A- oder C-
  Ideen werden.

- C-Ideen:
  C-Ideen sind aus Risiko- und Nutzenüberlegungen heraus abzulehnen.

Im vierten Schritt werden die ausgewählten Einsparungsideen den Betreuer-teams zur Prüfung übergeben. Im Anschluss daran sind die Lösungsideen dem Lenkungsausschuss unter Einschaltung des Betriebs- bzw. Personalrats zur Verabschiedung vorzulegen.

2.3.1.2.3 Realisationsphase

Haben die Einsparungsvorschläge den Lenkungsausschuss und den Betriebs-bzw. Personalrat passiert, beginnt die Realisierung. Im Rahmen dieser Phase hat der Lenkungsausschuss dafür zu sorgen, dass die Voraussetzungen zur Durchführung der Maßnahmen geschaffen werden. Mit Hilfe einer detaillier-ten Realisierungsplanung sollen die verabschiedeten Maßnahmen in die Praxis umgesetzt werden. Die Durchführung der Maßnahmen liegt im Zuständig-keitsbereich der LUEs. In der Regel ist eine Kosteneinsparung nicht ohne Personalabbau möglich, so dass die Realisierung der beschlossenen Maßnah-men im Allgemeinen mit personellen Konsequenzen verbunden ist. Die Maß-nahmen sollen in einem Zeitraum von ca. zwei Jahren abgeschlossen sein. Üblicherweise lassen sich die Voraussetzungen zur Realisierung rasch erfül-len, so dass etwa 60–70 % der Maßnahmen bereits nach Ablauf eines Jahres ausgeführt sein können. Da jedoch nach einer Grundregel der GWA die per-sonelle Realisierung ohne zumutbare Härten für die Beteiligten zu geschehen hat, kann der Umsetzungsprozess bis zu drei Jahre dauern. Während des rela-tiv langen Realisierungszeitraumes ist es wichtig, dass die Maßnahmen einer ständigen Überwachung unterzogen werden.

2.3.2 Beurteilung der Gemeinkostenwertanalyse

Die GWA hat sich wegen der guten Strukturierung ihrer Vorgehensweise und der hohen Wirksamkeit, die insbesondere aus dem damit verbundenen Perso-nalabbau resultiert, vor allem in Großunternehmen durchgesetzt.

Der Einsatz einer GWA führt nachweislich mindestens zu einer Kostenredu-zierung von 10 %, üblicherweise liegen die Einsparungen aber durchschnitt-lich zwischen 15 und 20 % des ursprünglichen Kostenniveaus. Die Erfolge der GWA führen dazu, dass innerhalb kürzester Zeit die Eigenfinanzierungskraft des Unternehmens gestärkt und konkurrenzfähige Preiskalkulationen möglich werden. [Vgl. Bühner 2004, S. 352]

Im Gegensatz zur WA verzichtet die GWA bewusst auf Genauigkeit, Tiefe und volle Ausschöpfung des kreativen Potentials zugunsten von Umfang und Schnelligkeit der Analyseentwicklung. Die GWA schöpft ihren Erfolg aus diesem Grunde mehr aus der Breite als aus der Tiefe ihrer Kostensenkungsprogramme:

Die inhaltliche Begrenzung der Ideenfindung liegt in erster Linie in der extrem knapp bemessenen Zeitspanne von einer Woche, in der weiterreichende Konzepte zur Verlagerung von Arbeiten, zur Systemverbesserung sowie zum ergänzenden Technologieeinsatz nicht durchdacht werden können: [Vgl. Meyer-Piening 1994, S. 143]

Es bleibt nur die Kostensenkung!

Kostensenkung ist jedoch kein Strategieersatz! Oft liegen die Ursachen von Unwirtschaftlichkeiten viel tiefer, bspw. im Management selbst, in der Zielsetzung oder in bestimmten Funktionen, die in der Vergangenheit nicht ausreichend wahrgenommen wurden, wie bspw. strategische Unternehmensplanung, Forschung und Entwicklung, Technologieentwicklung und Marketing.

Kritisch hervorzuheben ist, dass über den Einsatz einer GWA häufig der leichte Weg der Mitarbeiterabbauplanung beschritten wird, ohne einen selbständigen, aktiven Beitrag des Managements zu fordern, da dass Management als „unbeteiligter Beobachter" außerhalb der Untersuchung steht, soweit es nicht im Lenkungsausschuss vertreten ist.

Konsequente Personalabbaumaßnahmen sind außerdem mit der Gefahr einer Leistungsniveauverschlechterung verbunden, da häufig hervorragende Mitarbeiter ausscheiden und aufgrund eines quantitativen Einstellungsstopps nicht ersetzt werden dürfen.

Aufgrund der mit dem Einsatz einer GWA verbundenen Unruhen im Unternehmen sowie hohe Durchführungs- und Folgekosten, die zwischen 0,5 und 3 Millionen Euro liegen können, ist die GWA als dauerhafte Einrichtung nicht geeignet. Vielmehr wird empfohlen, die GWA alle drei bis fünf Jahre als Einmalaktion zu wiederholen. Die Kosten müssen jedoch dauerhaft unter Kontrolle gehalten werden, da sie sonst zu einem späteren Zeitpunkt wieder ansteigen. Dieses den Kosten innewohnende Wachstumsgesetz führt dazu, dass die gewonnenen Ergebnisse bei der GWA häufig nicht sehr nachhaltig sind. Aus diesem Grunde muss für ein permanentes (Gemein-) Kostenmanagement gesorgt werden, das u. a. über die Implementierung eines Kontinuierlichen Verbesserungsprozesses (KVP) bzw. eines integrierten Ideenmanagements unterstützt werden kann.

2.3.2 Lehrfragen und Übungen

1. Stellen Sie die WA und die GWA in ihren Gemeinsamkeiten, Stärken und Schwächen gegenüber.

2. Üblicherweise lassen sich die Voraussetzungen zur Realisierung der Einsparungsideen im Rahmen eines GWA-Projektes rasch erfüllen, so dass etwa 60 bis 70 % der Einsparungsmaßnahmen nach Ablauf eines Jahres ausgeführt sein können. Welche Probleme ergeben sich bei der Umsetzung der Einsparungsideen in der Praxis?

3. Kommentieren und beurteilen Sie die nachstehende Aussage: „Im Gegensatz zur Wertanalyse verzichtet die GWA bewusst auf Genauigkeit, Tiefe und volle Ausschöpfung des kreativen Potentials zugunsten von Umfang und Schnelligkeit der Analyseentwicklung. Es bleibt nur die Kostensenkung!"

Literatur (Gemeinkostenwertanalyse)

Bühner, R.: Betriebswirtschaftliche Organisationslehre, 10., bearb. Aufl. München 2004.

Burger, A.: Kostenmanagement, 3. Auflage, München/Wien 1999.

Franz, K.-P.: Die Gemeinkostenwertanalyse als Instrument des Kostenmanagements, in: Strategisches Personalmanagement: Konzeptionen und Realisationen, hrsg. v. Christian Scholz, Stuttgart 1995.

Jehle, E.: Gemeinkostenmanagement, in: Handbuch Kostenrechnung, hrsg. v. W. Männel, Wiesbaden 1992, S. 1506–1523.

Küpper, H.-U.: Controlling: Konzeption, Aufgaben und Instrumente, Stuttgart 2005.

Meyer-Piening, A.: Zero Base Planning als analytische Personalplanungsmethode im Gemeinkostenbereich: Einsatzbedingungen und Grenzen der Methodenanwendung, Stuttgart 1994.

Müller, A.: Gemeinkosten-Management: Vorteile der Prozesskostenrechnung, 2., vollständig überarbeitete und erweiterte Auflage, Wiesbaden 1998.

Streitfeldt, L.: Kostenmanagement im Produktionsbereich, in: Handbuch Produktionsmanagement: Strategie – Führung – Technologie - Schnittstellen, hrsg. v. H. Corsten, Wiesbaden 1994, S. 475–495.

Zentrum Wertanalyse der VDI-Gesellschaft Systementwicklung und Projektgestaltung (VDI-GSP) [Hrsg.]: Wertanalyse: Idee – Methode – System, 5., überarbeitete Auflage, Düsseldorf 1995.

2.4 Zero-Base-Budgeting

Das Konzept des Zero-Base-Budgeting (ZBB) bzw. Zero-Base-Planning (ZBP) wurde Ende der 60er Jahre bei Texas Instruments in den USA unter der Regie von P. A. Phyhrr entwickelt. [Vgl. im Folgenden insbesondere: Meyer-Piening 1994, S. 163 ff.; Jehle 1992, S. 1512 ff.; vgl. auch: Bühner 2004, S. 348 ff.]

ZBB ist eine Planungs-, Analyse- und Entscheidungstechnik, die zum Ziel hat, die Gemeinkosten zu senken und die verfügbaren Ressourcen im Gemeinkostenbereich möglichst wirtschaftlich einzusetzen. Im Rahmen dieser Zielsetzung steht eine Umverteilung der verfügbaren Ressourcen von operativen Aufgaben auf strategische Projekte im Vordergrund.

ZBB bedeutet Null-Basis-Planung und -Analyse, d. h. ausgehend von der Basis "Null" sollen sämtliche Gemeinkostenbereiche auf ihre Notwendigkeit, Art und Umfang ihrer Leistungen und auf die Wirtschaftlichkeit der Leistungserstellung analysiert werden. ZBB geht somit von dem Grundgedanken aus, dass sämtliche Aktivitäten im Gemeinkostenbereich eines Unternehmens "auf der grünen Wiese" neu geplant werden können. Ausgangspunkt aller Überlegungen ist die Basis "Null", also nicht das Bestehende, nicht das Budget des Vorjahres, nicht die Ist-Kosten und Leistungen der Vergangenheit, sondern das Unternehmensziel.

Ebenso wie bei der WA und der GWA handelt es sich bei der ZBB-Technik um ein heuristisches Problemlösungsverfahren, das der Effizienzsteigerung im Gemeinkostenbereich dient. Zwischen den drei Verfahren bestehen jedoch signifikante Unterschiede:

Während die WA in erster Linie als spezielle Methode zur Lösung bekannter Einzelprobleme eingesetzt wird, handelt es sich bei der GWA und der ZBB-Technik um allgemeine Analysemethoden, bei denen Effizienzverbesserungen im Gemeinkostenbereich ganzer Unternehmen oder Organisationsbereiche bewirkt werden sollen, wobei die Ansatzpunkte zur Effizienzverbesserung und die Prioritäten hierfür noch unbekannt sind.

Grundlegendes heuristisches Prinzip ist bei allen drei Verfahren die Funktionenanalyse, die im Rahmen der WA einen unverzichtbaren und theoretisch untermauerten Baustein darstellt. Bei der GWA sowie bei der ZBB-Technik hingegen werden funktionsanalytische Denk- und Strukturierungsprinzipien nur mehr oder weniger rudimentär angewandt.

Bei der GWA steht eindeutig das Kostensenkungsziel im Vordergrund, dagegen werden beim Einsatz der WA und bei Anwendung der ZBB-Technik in der Regel auch signifikante Leistungsverbesserungen angestrebt. Grundsätzlich können alle drei Verfahren zur Lösung strategischer Probleme eingesetzt werden; die strategische Orientierung im Rahmen des Problemlösungsprozesses ist bei der ZBB-Methode jedoch am stärksten ausgeprägt.

2.4.1 Aufbau und Ablauf des Zero-Base-Budgeting

Ebenso wie bei der Durchführung einer GWA kann die erfolgreiche Umsetzung eines ZBB-Projektes nur über eine sorgfältige Projektorganisation und eine klar strukturierte Vorgehensweise sichergestellt werden. Allerdings ist für ZBB-Projekte keine spezielle Projektorganisation entwickelt worden, so dass die Empfehlungen zu deren Gestaltung in der Literatur etwas allgemeiner gehalten sind. Die Vorgehensweise der Zero-Base-Technik geht auf den WA-Arbeitsplan zurück, der, ebenso wie bei der GWA, in verkürzter Form angewandt wird. Da die Verfahrensschritte im Rahmen des ZBB – im Gegensatz zur GWA – auf eine Umverteilung der Ressourcen ausgerichtet sind, ergeben sich jedoch signifikante Unterschiede bei der Umsetzung der beiden genannten wertanalytischen Verfahren.

2.4.1.1 Projektorganisation

Der ZBB-Prozess soll weitgehend von den eigenen Führungskräften getragen werden, damit die Kenntnisse und Erfahrungen auch über den Projektzeitrahmen von etwa einem Vierteljahr hinaus im Unternehmen wirken. Für die erfolgreiche Durchführung eines ZBB-Projektes bildet die Unternehmensleitung ein Projektteam, das aus herausragenden Mitarbeitern des Unternehmens besteht und die unternehmensspezifischen Funktionen, wie z. B. Forschung, Entwicklung, Controlling, Personalwesen und Materialwirtschaft, repräsentiert. Die Mitglieder der Projektteams stammen in der Regel aus der mittleren Führungsebene. Aufgrund der Unabhängigkeit von den internen Macht- und Organisationsstrukturen wird eine externe Projektleitung empfohlen. Die Projektleitung ist für die Projektplanung und -durchführung sowie für die Schulung der Teammitglieder verantwortlich. Die Schulung der Teammitglieder bezieht sich nicht nur auf die Vorgehensweise der ZBB-Analyse, vielmehr stehen die Vermittlung von Zusammenhängen und Querverbindungen im Unternehmen sowie die Verbesserung der Teamfähigkeit im Vordergrund. Die

Teammitglieder unterstützen das Projekt methodisch, stimulieren den kreativen Veränderungsprozess und moderieren bei strittigen Fragen.

2.4.1.2 Phasen des Zero-Base-Budgeting

Bei der Umsetzung eines ZBB können drei Phasen,

* die Vorbereitungsphase,
* die Durchführungsphase und
* die Realisationsphase

unterschieden werden.

2.4.1.2.1 Vorbereitungsphase

In dieser Phase hat die Unternehmensleitung das ZBB-Projektteam zu bilden, die relevanten Untersuchungsbereiche abzugrenzen, den Betriebs- bzw. Personalrat und die von der Analyse betroffenen Unternehmensmitglieder zu informieren.

Ausgangspunkt der ZBB-Analyse ist die strategische Unternehmensplanung mit den daraus abgeleiteten strategischen Zielen. Zur Sicherstellung, dass die geringen verfügbaren strategischen Ressourcen so auf die strategischen Programme und Vorhaben aufgeteilt werden, dass langfristig der größtmögliche Erfolg erzielt wird, muss über sämtliche Hierarchieebenen hinweg bezüglich der angestrebten Zielvorstellungen als auch bezüglich der verfolgten Strategien (z. B. Ausbau, Halten oder Rückzug aus bestimmten Produkt-/Marktsegmenten) Klarheit bestehen.

2.4.1.2.2 Durchführungsphase

Nach Abschluss der Vorbereitungsphase werden die durch die Unternehmensleitung abgegrenzten Unternehmensbereiche in Entscheidungseinheiten aufgeteilt. Eine Entscheidungseinheit ist die Summe bestimmter, inhaltlich zusammenhängender Aktivitäten, die im Rahmen des ZBB-Prozesses analysiert werden soll; sie umfasst eine Gruppe von Mitarbeitern, die gemeinsame Aufgaben wahrnehmen und ein gemeinsames Ziel haben. Entscheidungseinheiten können z. B. Abteilungen, Kostenstellen, Mitarbeitergruppen, Funktionen, Projekte oder Dienstleistungen sein.

Im nächsten Schritt sind für jede Entscheidungseinheit im Rahmen einer Ist-Analyse die derzeit vorhandenen Ziele, die erbrachten Leistungen, die Kosten der Leistungen und die Leistungsempfänger festzustellen. Die Kosten- und Leistungsstrukturen sind aus der Kosten- und Leistungsrechnung abzuleiten. Der Grundgedanke des ZBB verlangt eine zweifache Gliederung der Gemeinkosten. Zum einen sind sie nach den eingesetzten Ressourcen in Kostenarten zu differenzieren und zum anderen werden sie einzelnen Entscheidungseinheiten zugerechnet. Da die traditionelle Kosten- und Leistungsrechnung lediglich produkt- und kostenstellenbezogene Kosten ausweist, kann sich die zusätzliche Implementierung einer Prozesskostenrechnung als hilfreich erweisen.

Im Anschluss an die Ist-Analyse werden sämtliche Entscheidungseinheiten kritisch in Brainstorming-Sitzungen analysiert. Hierbei stehen, dem Null-Basis-Gedanken folgend, nachstehende Fragen im Vordergrund: [Vgl. Meyer-Piening 1994, S. 192]

- Ist die Leistung überhaupt erforderlich?
- In welchem Umfang ist die Leistung notwendig?
- Könnte die Leistung auf andere Weise wirtschaftlicher durchgeführt werden?
- Welche Leistungen sollen zukünftig verstärkt durchgeführt werden?

Für jede Entscheidungseinheit sind schließlich drei Ergebnisniveaus (auch: Leistungsniveaus) festzulegen: [Vgl. Meyer-Piening 1994, S. 192]

- Das Ergebnisniveau 1 beschreibt das geringst mögliche Arbeitsergebnis. Es handelt sich hierbei um das so genannte Minimumsniveau, mit dem im Hinblick auf die Unternehmenszielsetzung eine gerade noch sinnvolle Leistung erbracht werden kann.
- Das Ergebnisniveau 2 beschreibt Arbeitsergebnisse, die über das Ergebnisniveau 1 hinaus wünschenswerte Leistungen erbringen. Das Ergebnisniveau 2 bringt in der Regel die Arbeitsergebnisse zum Ausdruck, die dem gegenwärtig vorhandenen Ist-Zustand entsprechen.
- Das Ergebnisniveau 3 umfasst die kurz-, mittel- und langfristig wünschenswerten Leistungen einer Entscheidungseinheit. In diesem Ergebnisniveau werden im Vergleich zum Ergebnisniveau 2 zusätzlich Ressourcen benötigt, die normalerweise um 20 % über dem Durchschnitt des Vorjahresbudgets liegen (vgl. Abb. 23).

Bei der Bestimmung der Ergebnisniveaus ist zu prüfen, welche Tätigkeiten in welchem Umfang wirklich benötigt werden oder für eine bessere Zielerreichung wünschenswert sind. Ferner ist zu untersuchen, welche Verfahren für ihre Erbringung am effizientesten sind.

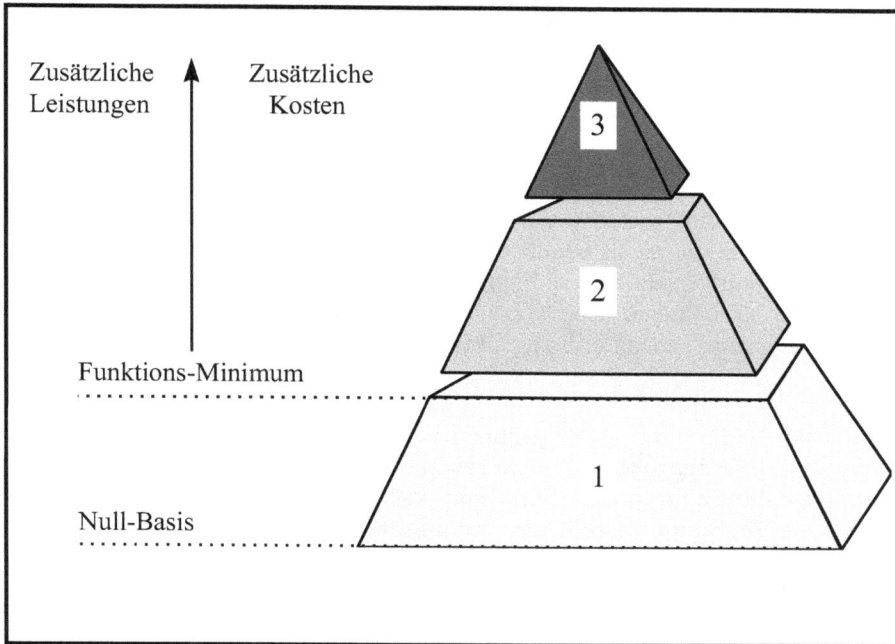

Zusätzliche Leistungen | Zusätzliche Kosten

3

2

Funktions-Minimum

1

Null-Basis

Abb. 23: Drei Ergebnisniveaus einer Entscheidungseinheit
[In Anlehnung an: Meyer-Piening 1994, S. 192]

Für die Phase der Ideenfindung stehen ca. sieben Wochen zur Verfügung. Innerhalb dieser Zeitspanne müssen sämtliche Ideen so konkretisiert werden, dass Vor- und Nachteile, wirtschaftliche Verfahren und Wirkungen auf andere Unternehmensbereiche so beschrieben werden können, dass sie in so genannten Entscheidungspaketen (decision-packages) zusammengefasst werden können.

„Ziel der Ausarbeitung alternativer Entscheidungspakte ist, die Leistungsempfänger und die Führungsebenen bis hinaus zur Unternehmensleitung zu
einer klaren Entscheidung zu veranlassen, welches Ergebnisniveau unter Ab-
wägen von Nutzen und Kosten für das Unternehmen das jeweils zweck-
mäßigste ist." [Meyer-Piening 1994, S. 194]

Im folgenden Schritt des ZBB-Prozesses erfolgt die schwierige Aufgabe für
die Entscheidungsträger, sämtliche Entscheidungspakete nach ihrer Priorität
zu ordnen. Die Bildung der Rangordnungen beginnt auf der unteren Führungsebene. Die Verantwortlichen der Entscheidungseinheiten ordnen zusammen mit ihrem verantwortlichen Abteilungsleiter sowie den wichtigsten Leistungsempfängern die Entscheidungsvorlagen zu einer Rangfolge, indem das
relativ wichtigste Entscheidungspaket an die erste und das relativ unwichtigste
an die letzte Stelle gesetzt wird. Aus den Vorschlägen der verschiedenen Abteilungen bildet die nächsthöhere Hierarchieebene (z. B. Hauptabteilungslei-
ter) eine übergreifende Rangordnung. Aus den Rangordnungen dieser Ebene
schafft die nächsthöhere Ebene (z. B. Bereichsleiter) bis hin zur Unternehmensleitung eine Gesamtordnung über alle vorgeschlagenen Entscheidungspakete.

Nach Bildung der Rangordnungen hat die oberste Führungsebene die Aufgabe,
einen angemessenen „Budgetschnitt" zu ziehen, d. h. für jeden Bereich und für
das Unternehmen insgesamt muss man sich darüber klar werden, wie viel
Mittel zur Verfügung gestellt werden können, um den Gemeinkostenbereich
zu bezahlen.

Die Unternehmensleitung entscheidet mit dem „Budgetschnitt" darüber, in
welchem Umfang Ressourcen für den Gemeinkostenbereich bereitgestellt werden sollen. Unter Nutzen- und Kostenabwägungen wird festgestellt, welche
Entscheidungspakete zukünftig realisiert werden sollen bzw. auf welche Leistungen unter dem Zwang der Kosteneinsparung künftig verzichtet werden
muss (vgl. Abbildung 24).

Schließlich müssen die zukünftig zu realisierenden Entscheidungspakete im
Rahmen der Maßnahmenplanung in periodisierte Budgetvorgaben umgesetzt
werden. Nach dem Budgetschnitt durch die oberste Führungsebene steht fest,
in welchen Gemeinkostenbereichen zukünftig wie viel Mitarbeiter tätig sein
sollen und welche finanziellen Ressourcen den Bereichen zur Verfügung stehen. Das kann im Einzelfall bedeuten, dass in einem Bereich zuviel Mitarbeiter vorhanden sind, in einem anderen Bereich dagegen Mitarbeiter fehlen.
Dementsprechend müssen Mitarbeiter versetzt und umgeschult oder entlassen
und ggf. neue Mitarbeiter eingestellt werden. Diese Veränderungen müssen

den Führungskräften und den verantwortlichen Mitarbeitern mitgeteilt und in konkrete, nachvollziehbare, kontrollierbare Maßnahmenpakete umgewandelt werden. Im Rahmen der Maßnahmenplanung ist die konstruktive Mitarbeit des Betriebs- bzw. Personalrates besonders wichtig. Aus diesem Grunde ist es erforderlich, dass die Arbeitnehmervertreter von Anfang an in den ZBB-Prozess eingebunden werden.

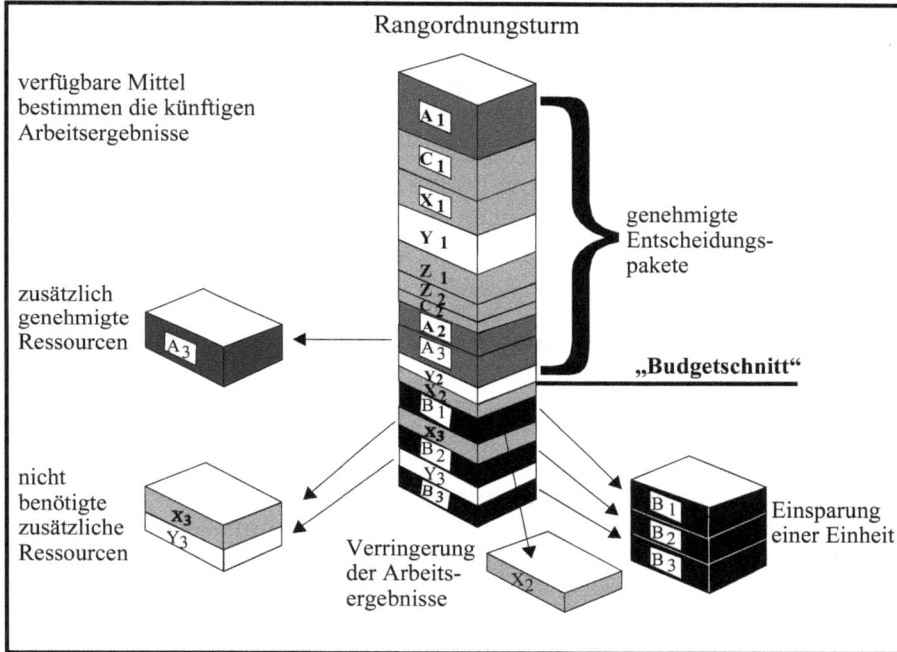

Abb. 24: Budgetschnitt durch die Unternehmensleitung
[In Anlehnung an: Meyer-Piening 1994, S. 200]

2.4.1.2.3 Realisationsphase

Jede ZBB-Analyse hat einen stichtagsbezogenen Ausgangspunkt. Die beschlossenen Maßnahmen erfordern jedoch in der Durchführung in der Regel einen Zeitbedarf von ca. 1 bis 2 Jahren. Während dieses Zeitraumes verändern sich naturgemäß die internen und externen Unternehmensbedingungen. Während also auf der einen Seite das Interesse besteht, das einmal Beschlossene unbedingt durchzuführen, muss auf der anderen Seite berücksichtigt werden, dass die notwendigen vom Markt ausgehenden Änderungen gleichermaßen mit eingearbeitet werden.

Das Kostenmanagement hat in diesem Zusammenhang die Aufgabe, die Kostenwirkungen der beschlossenen Maßnahmen unter Berücksichtigung geänderter Markt- und Produktionsbedingungen transparent zu machen ggf. Anpassungs- und Verbesserungsmaßnahmen einzuleiten.

2.4.2 Beurteilung des Zero-Base-Budgeting

Die Verbesserung der Kosten-Leistungs-Relation im Gemeinkostenbereich steht im Mittelpunkt des ZBB. Die Effizienz einer bestimmten Leistung wird hierbei ausschließlich an einem angestrebten Ziel gemessen, wobei auch höhere Kosten in Kauf genommen werden. [Vgl. Jehle 1992, S. 1518]

Die Sicherstellung des strategischen und operativen Mitteleinsatzes unter Kostenaspekten ist ein konstruktives Merkmal des ZBB und stellt daher hohe Anforderungen an das Management, das – im Gegensatz zur GWA – aktiv über sämtliche Führungsebenen hinweg in den Rangordnungsprozess eingebunden wird.

Ebenso wie bei der GWA werden beim ZBB die Entscheidungsvorlagen von den unteren Führungsebenen erarbeitet und an die nächsthöhere Projektorganisations- bzw. Hierarchieebene zur Entscheidung weitergereicht. Da naturgemäß Hemmungen bestehen, übergeordnete Ebenen in ihrer Existenzberechtigung zu kritisieren, enthalten ZBB-Entscheidungspakete z. B. regelmäßig keinen Hinweis zum Abbau übergeordneter Hierarchie-Ebenen.

Die Umsetzung einer ZBB-Analyse ist häufig mit tiefen Einschnitten in bestehende Organisationsstrukturen bzw. mit Versetzungen und Entlassungen von Mitarbeitern verbunden. Aus diesem Grunde ist es nicht verwunderlich, dass die Durchführung eines ZBB bei den Mitarbeitern, beim Betriebs- bzw. Personalrat und den Gewerkschaften häufig mit gravierenden Akzeptanzproblemen verbunden ist. Demotivation und Unruhen unter den Mitarbeitern sowie relativ hohe Durchführungs- und Folgekosten führen dazu, dass die ZBB-Methode, ebenso wie die GWA, als dauerhafte Einrichtung nicht empfohlen werden kann. Aus diesem Grunde wird ein ZBB im Allgemeinen alle drei bis fünf Jahre als Einmalaktion wiederholt. [Vgl. Meyer-Piening 1994, S. 216]

Zusammenfassend kann festgehalten werden, dass das ZBB ein Instrument des Kostenmanagements darstellt, mit dessen Hilfe die Ressourcen im Gemeinkostenbereich optimal verteilt werden können.

Am Beispiel des ZBB wird deutlich, dass eine zielorientierte Beeinflussung des Kostenniveaus, des Kostenverhaltens und der Kostenstrukturen durch das Kostenmanagement nicht ausschließlich über kostenreduzierende Maßnahmen erfolgen darf, d. h. Kostenbeeinflussungsmaßnahmen müssen sich immer an den Zielen des Unternehmens orientieren; die durchaus auch Kostensteigerungen rechtfertigen können.

2.4.3 Lehrfragen und Übungen

1. Stellen Sie das ZBB, die GWA und die WA gegenüber (Gemeinsamkeiten, Unterschiede, Stärken und Schwächen).

2. Im Rahmen der ZBB-Analyse sind jeder Entscheidungseinheit (z. B. Abteilungen, Kostenstellen, Mitarbeitergruppen) Leistungen und Kosten zuzuordnen. Welche Probleme ergeben sich in diesem Zusammenhang aus der Perspektive der tradititionellen Kosten- und Leistungsrechnung.

3. Warum werden innerhalb des ZBB-Prozesses für jede Entscheidungseinheit verschiedene Ergebnisniveaus gebildet? Beschreiben Sie die verschiedenen Niveaustufen.

Literatur (Zero-Base-Budgeting)

Bühner, R.: Betriebswirtschaftliche Organisationslehre, 10., bearb. Aufl., München 2004.

Jehle, E.: Gemeinkostenmanagement, in: Handbuch Kostenrechnung, hrsg. v. W. Männel, Wiesbaden 1992, S. 1506–1523.

Küpper, H.-U.: Controlling: Konzeption, Aufgaben und Instrumente, Stuttgart 2005.

Müller, A.: Gemeinkosten-Management: Vorteile der Prozesskostenrechnung, 2., vollständig überarbeitete und erweiterte Auflage, Wiesbaden 1998.

Meyer-Piening, A.: Zero-Base-Budgeting-erprobte Technik, zur Senkung der Gemeinkosten und zur Steigerung der Effizienz, in: Das Management der Gemeinkosten, Wien 1982, S. 63–95.

Meyer-Piening, A.: Zero Base Planning als analytische Personalplanungsmethode im Gemeinkostenbereich: Einsatzbedingungen und Grenzen der Methodenanwendung, Stuttgart 1994.

3. Moderne Methoden und Instrumente des Kostenmanagements

3.1 Benchmarking

Beim Benchmarking handelt es sich um eine Weiterentwicklung verschiedener Instrumente und Techniken. Die Ursprünge des Benchmarking liegen im Reverse Engineering und in der Konkurrenzanalyse. [Zur historischen Entwicklung des Benchmarking vgl. ausführlich: Watson 1993, S. 23 ff.; Winter 2007, S. 4 ff.]

Das Reverse Engineering vergleicht Produkteigenschaften, -funktionalität und -leistungsfähigkeit mit gleichartigen Produkten oder Dienstleistungen von Wettbewerbern. Zur besseren Bewertung dieser Gestaltungsmerkmale werden die Konkurrenzprodukte in ihre Einzelteile zerlegt. Im Rahmen des Benchmarking wird die Idee des komponentenbezogenen Produktvergleichs von der reinen Produktebene auf die Prozessebene ausgedehnt, d. h. nicht allein die Produkte, sondern vor allem die Geschäftsprozesse der Konkurrenz werden in Teilaktivitäten zerlegt und mit den eigenen Aktivitäten verglichen. Im Gegensatz zur traditionellen Konkurrenzanalyse bindet das Benchmarking sämtliche Unternehmen, die Spitzenleistungen erbringen, in den Benchmarkingprozess ein. Charakteristisch für das Benchmarking ist somit, dass auch Nicht-Konkurrenten in die Analyse einbezogen werden. [Vgl. Mertins/Kohl 2004 (I), S. 18 –19] Prägnante Praxisbeispiele für den Vergleich mit „Nicht-Konkurrenten" bietet z. B. das amerikanische Unternehmen Xerox: [Vgl. Winter 2007, S. 5 ff.]

- Vergleich mit American Express bei der Fakturierung,
- Vergleich mit Sony bezüglich der Kapitalumschlaghäufigkeit und
- Vergleich mit L. L. Bean in der Funktion Logistik/Vertrieb.

> Benchmarking ist ein Instrument, das die weltweit besten Unternehmen („best practice") als Maßstab für die Leistungsfähigkeit des eigenen Unternehmens betrachtet. [Vgl.Horváth/Lamla 1995, S. 66]

> Die Zwecksetzung des Benchmarking liegt in dem Ziel, „der Beste der Besten" zu werden. [Vgl. Hoffjan 1995, S. 156; Winter 2007, S. 16–17]

3.1.1 Merkmale des Benchmarking

Als charakteristische Merkmale des Benchmarking können Prozessorientierung, Kontinuität, Partnerschaft, Maßgrößen und Ganzheitlichkeit genannt werden: [Vgl. im Folgenden: Hoffjan 1995]

Prozessorientierung:
Das Benchmarking soll die Prozesse im Unternehmen identifizieren, verfeinern und managen. Zu diesem Zweck werden als kritisch eingestufte Prozesse präzise definiert und mit Hilfe geeigneter Maßgrößen quantifiziert. Operationale Maßgrößen bilden die Basis für den Vergleich der betriebsinternen Prozesse mit den Prozessen der Benchmarking-Partner. Aus dieser gegenüberstellenden Analyse sollen Anhaltspunkte gewonnen werden, warum vergleichbare Unternehmensprozesse beim Benchmarking-Partner besser gelöst werden.

Kontinuität:
Benchmarking versteht sich als kontinuierlicher Prozess der Selbststeuerung und -verbesserung. Aus diesem Grunde reicht es nicht aus, die durch Benchmarking erzielten Vorgaben lediglich zu erreichen, da diese bei Erreichung bereits wieder überholt sein können. Was vor kurzem noch als Spitzenleistung galt, wird schnell zum Standard oder sinkt sogar darunter. Aus diesem Grund ist regelmäßig zu überprüfen, ob die ermittelten Spitzenleistungen noch aktuell sind. Benchmarking ist folglich kein einmaliger Prozess. Erst eine wiederholte Anwendung des Instrumentes führt zu optimalen Ergebnissen.

Partnerschaft:
Die Kooperation zwischen Unternehmen im Sinne eines Austausches von Informationen über Geschäftspraktiken und Techniken zur Prozessverbesserung erfordert eine veränderte Sichtweise der Konkurrenzbeziehungen. Aus Wettbewerbern werden Partner, die im Rahmen ihrer Zusammenarbeit auf der Basis gemeinsamer Prozesse Informationen über Ablaufverbesserungen austauschen.

Benchmarks (Maßgrößen):
Der Erfolg des Benchmarking basiert im Wesentlichen auf der Festlegung geeigneter Leistungsbeurteilungsgrößen (Benchmarks) für sämtliche relevanten Aktivitäten.

Der Begriff „Benchmark" kommt ursprünglich aus dem Bereich des Vermessungswesens und bedeutet „Festpunkt". Im Rahmen des Benchmarking versteht man mit Blick auf die „best practice" unter „Benchmark" das beste Leistungsniveau des Vergleichsobjektes, so dass „Benchmark" mit „Bestmarke" übersetzt werden kann. [Vgl. Burckhardt 2004, S. 59 f.]

Während ein Benchmark der einzelne Weg ist, nach dem gestrebt wird, kann Benchmarking als Prozess verstanden werden, der notwendig ist, um die Bestmarke (Benchmark) zu erreichen

Es gilt, nur was gemessen wird, kann auch beurteilt werden!
Quantifizierbare Leistungsniveaus erleichtern es, die eigenen Unternehmensaktivitäten besser zu verstehen und zu beurteilen sowie andere Unternehmen, die Spitzenleistungen erbringen, zu identifizieren.

Mit der Einführung des Benchmarking werden Prozesse und andere Bezugsobjekte häufig erstmals quantifiziert. Die Quantifizierung der Leistungen erfolgt in der Regel mit Hilfe von Kennzahlen. Typische Benchmarks stellen z. B. Gewinn-, Kosten- und Rentabilitätsgrößen, das Preis-Leistungsverhältnis, die Gemeinkostenstruktur, den Input eines Prozesses, den Prozess selbst, den Output und/oder die Kundenzufriedenheit sowie den Logistikservice in Frage.

Ganzheitlichkeit:
Das Benchmarking beschränkt sich nicht nur auf ein eng umgrenztes Anwendungsfeld, es kann vielmehr für die gesamte Wertschöpfungskette des Unternehmens eingesetzt werden. Als Gegenstand des Benchmarking eignen sich z. B. die Prozesse Eingangslogistik, Produktion, Ausgangslogistik, Vertrieb, Kundendienst ebenso wie die Aktivitäten Personalwirtschaft, Technologieentwicklung und Beschaffung.

3.1.2 Formen des Benchmarking

Trotz der aufgeführten Merkmalsübereinstimmung wird in der Literatur eine Vielzahl von Erscheinungsformen des Benchmarking diskutiert. Die zahlreichen Formen des Benchmarking können nach verschiedenen Kriterien systematisiert werden (vgl. Abb. 25). Nach dem Kriterium „Benchmarking-Objekt" werden z. B. das Produkt-Benchmarking, das Prozess-Benchmarking, das Funktionale Benchmarking und das Strategische Benchmarking unterschieden.

Nach dem Kriterium „Ziele" lassen sich z. B. das Allgemeine Benchmarking und das Cost-Benchmarking unterscheiden. Bei der Form des Allgemeinen Benchmarking werde die Zielgrößen Qualität, Kundenzufriedenheit, Kosten und Zeit gleichermaßen berücksichtigt. Die Benchmarkingvariante, die lediglich die Kostenreduktion als Zielgröße heranzieht, wird als Cost-Benchmarking bezeichnet. [Vgl. Hoffjan 1995, S. 159 ff.; Horváth/Lamla 1995, S. 63 ff.; Mertins/Kohl 2004 (I), S. 27 ff.; Mertins/Kohl 2004 (II), S. 74 ff.; Watson 1993, S. 107 ff.; Winter 2007, S. 23 ff.]

Die wichtigsten Formen des Benchmarking können nach dem Kriterium der Benchmarking-Partner differenziert werden. Hierbei handelt es sich um die Formen des Internen und Externen Benchmarking, die nachstehend beschrieben werden.

3.1.2.1 Internes Benchmarking

Beim Internen Benchmarking werden die Aktivitäten und Verfahrensweisen innerhalb des eigenen Unternehmens gegenübergestellt. [Vgl. im Folgenden: Hoffjan 1995, S. 159 f.; Mertins/Kohl (II) 2004, S. 82 ff.; Watson 1993, S. 107; Winter 2007, S. 33 ff.] Hierbei können z. B. ein einzelnes Werk, mehrere zum Unternehmen gehörenden Werke und mehrere Tochtergesellschaften in die Analyse einbezogen werden. Das Interne Benchmarking kann nach dem Kriterium „Standort" weiter in ein unternehmensbezogenes und konzernbezogenes Benchmarking untergliedert werden. Beim unternehmensbezogenen Benchmarking werden vergleichbare Benchmarkingobjekte an einem Standort miteinander verglichen; in diesem Fall spricht man auch vom standortabhängigen Benchmarking. Das konzernbezogene Benchmarking wird hingegen zur Identifkaton der „best practice" innerhalb der gesamten Organisation eingesetzt; in diesem Fall spricht man vom standortunabhängigen Benchmarking.

Das wesentliche Charakteristikum des Internen Benchmarking ist darin zu sehen, dass sämtliche Benchmarking-Partner zum selben Unternehmen gehören.

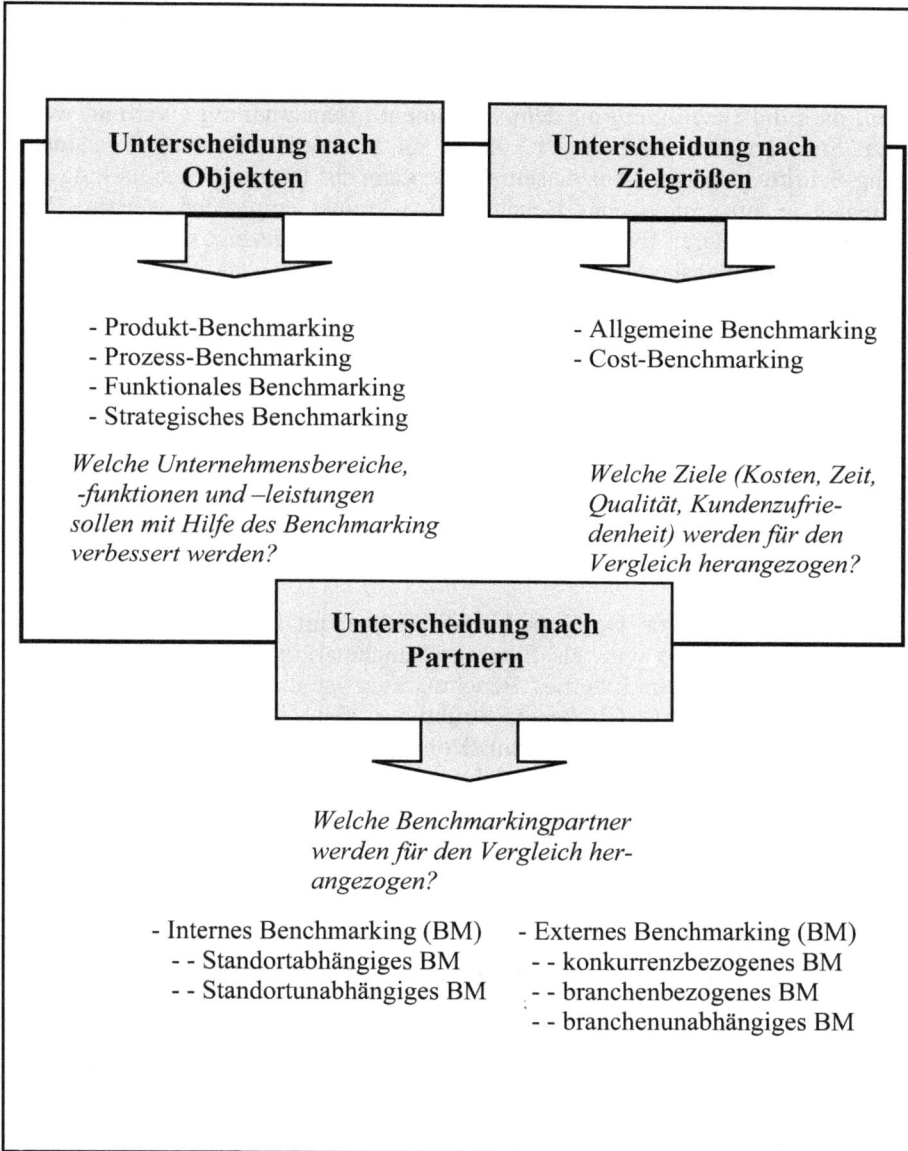

Unterscheidung nach Objekten	Unterscheidung nach Zielgrößen
- Produkt-Benchmarking - Prozess-Benchmarking - Funktionales Benchmarking - Strategisches Benchmarking	- Allgemeine Benchmarking - Cost-Benchmarking
Welche Unternehmensbereiche, -funktionen und –leistungen sollen mit Hilfe des Benchmarking verbessert werden?	*Welche Ziele (Kosten, Zeit, Qualität, Kundenzufrie-denheit) werden für den Vergleich herangezogen?*

Unterscheidung nach Partnern

Welche Benchmarkingpartner werden für den Vergleich her-angezogen?

- Internes Benchmarking (BM)
  - - Standortabhängiges BM
  - - Standortunabhängiges BM

- Externes Benchmarking (BM)
  - - konkurrenzbezogenes BM
  - - branchenbezogenes BM
  - - branchenunabhängiges BM

Abb. 25:
Unterscheidung des Benchmarking nach Objekten, Partnern und Zielen

Die Vorteile des Internen Benchmarking ergeben sich aus dem problemlosen Zugang zu den benötigten Informationen, der relativ schnellen Fertigstellung und der hohen Präzision des Vergleichs. Ein weiterer Vorteil ist darin zu sehen, dass die Beteiligten mit dem Instrument „Benchmarking" vertraut werden. Erste positive Erfahrungen können zur Motivation weiterer Benchmarking-Schritte beitragen. Aus diesem Grund kann das Interne Benchmarking als Einstieg in ein umfassendes Benchmarking-Projekt empfohlen werden. Des Weiteren kann durch Internes Benchmarking objektiv gezeigt werden, in welchen Unternehmensbereichen „best practice" vorhanden sind. Auf diese Weise kann ein interner Wettbewerb gefördert werden, der wiederum den Veränderungsprozess im Sinne eines wertschöpfenden, kontinuierlichen Verbesserungsprozesses vorantreibt. Die Wahrscheinlichkeit, mit Hilfe des Internen Benchmarking globale Spitzenleistungen aufzufinden, ist jedoch äußerst gering.

3.1.2.2 Externes Benchmarking

Die Durchführung von Benchmarking-Projekten mit Partnern außerhalb der eigenen Organisation wird als Externes Benchmarking bezeichnet. Zentrale Voraussetzung für ein Externes Benchmarking ist die Vergleichbarkeit der Benchmarking-Objekte (Prozesse, Strukturen, Funktionen usw.). [Vgl. im Folgenden: Hoffjan 1995 ff.; Mertins/Kohl (II) 2004, S. 84 ff.; Watson 1993, S. 107 ff.; Winter 2007, S. 32 ff.] Das Externe Benchmarking wird in der Literatur in konkurrenzbezogenes, branchenbezogenes und branchenunabhängiges Benchmarking unterteilt.

3.1.2.2.1 Konkurrenzbezogenes Benchmarking

Bei diesem in der Literatur auch als „wettbewerbsorientiertes Benchmarking" oder „marktbezogenes Benchmarking" bekanntem Verfahren findet ein Vergleich mit der direkten Konkurrenz statt.

Das Auffinden von Vergleichspartnern kann jedoch erhebliche Probleme bereiten, da kein Unternehmen daran interessiert ist, seinen eigenen Wettbewerbsvorteil zu gefährden, indem es seinem direkten Konkurrenten das eigene Erfolgsrezept offenbart. Letztlich muss die Konkurrenz davon überzeugt werden, dass die Benchmarkingaktivitäten zu beiderseitigem Nutzen führen. In der Praxis – und hier insbesondere in der Automobilindustrie – wird in diesem Zusammenhang auch häufig von „Co-opetition" gesprochen, einer Wortschöpfung, die sich aus den Teilen der Wörter Cooperation (Zusammenarbeit) und Competition (Wettbewerb) zusammensetzt. [Vgl. Karlöf/Östblom 1994, S. 124] Im Rahmen der Benchmarking-Kooperation gilt der Grundsatz, dass ein Benchmarking-Partner niemals detailliertere Informationen fordern darf, als er selbst bereit ist, seinem Kooperations-Partner preiszugeben.

Ein konkurrenzbezogenes Benchmarking befähigt das Unternehmen, von der Konkurrenz zu lernen, Verbesserungen einzuleiten und die Marktsituation objektiv im Auge zu behalten. Ein Nachteil dieser Benchmarkingvariante ist darin zu sehen, dass es dem Unternehmen bestenfalls gelingen wird, sich den Standards der Konkurrenz anzupassen, da eine Beschränkung auf die Konkurrenz per Definition gegeben ist. Das Auffinden der weltweiten „best practice" ist bei dieser Benchmarking-Form so gut wie nicht möglich.

3.1.2.2.2 Branchenbezogenes Benchmarking

Beim branchenbezogenen Benchmarking werden Unternehmen der gesamten Branche zum Vergleich herangezogen. Der Schwerpunkt dieser Benchmarking-Form liegt dabei in der Suche nach Trends bei Produkten und Dienstleistungen.

> Branchenbezogenes Benchmarking sucht nach Trends statt nach Wettbewerbspositionen und dient zur Leistungsanalyse von Subsystemen.

Ein wesentlicher Vorteil des branchenbezogenen Benchmarking gegenüber dem konkurrenzbezogenen Benchmarking ist darin zu sehen, dass vielfach keine unmittelbare Wettbewerbssituation zwischen den Benchmarking-Partnern besteht. Der Informationsaustausch gestaltet sich daher meist offener und einfacher. Da die Unternehmen derselben Branche angehören, gibt es dennoch viele ähnliche Merkmale, die die Vergleichbarkeit gewährleisten.

Bei dieser Variante des Benchmarking geht der Betrachtungshorizont zwar über die direkte Konkurrenz hinaus, indem die Unternehmen der gesamten Branche in die Analyse einbezogen werden (z. B. Automobilhersteller und Automobilzulieferunternehmen). Das Auffinden der weltweiten „best practice" ist aber auch bei dieser Benchmarking-Variante unwahrscheinlich.

3.1.2.2.3 Branchenunabhängiges Benchmarking

Beim branchenunabhängigen Benchmarking wird der Betrachtungshorizont gegenüber dem konkurrenz- und branchenbezogenen Benchmarking erweitert. Es geht darum, branchenunabhängig für bestimmte, anhand geeigneter Kriterien vergleichbare Prozesse die „best practice" zu finden und für die eigene Organisation zu nutzen. Dabei ist es wichtig, diejenigen Unternehmen zu identifizieren, für die eine Vergleichbarkeit und logische Gleichartigkeit der untersuchten Benchmarking-Objekte gewährleistet werden kann.

Die Beschaffung relevanter Informationen ist beim branchenunabhängigen Benchmarking relativ unproblematisch, da diese nicht vom direkten Wettbewerber bereitgestellt werden.

Ein weiterer wesentlicher Vorteil des branchenunabhängigen Benchmarking ergibt sich daraus, dass aufgrund der logischen Gleichartigkeit von Betriebsabläufen branchenübergreifende Lernprozesse erlaubt und gewünscht sind. Das branchenunabhängige Benchmarking verspricht das größte Potential für Leistungssteigerungen, da die Konkurrenten nicht nur eingeholt, sondern überholt werden können. Allerdings kommt es gerade bei dieser Form des Benchmarking bei den Mitarbeitern häufig zu Akzeptanzproblemen, da diese nicht ohne weiteres bereit sind, ähnliche Geschäftsabläufe von artfremden Branchen zu übernehmen.

3.1.3 Beurteilung des Benchmarking

Benchmarking ist ein Instrument zur Verbesserung der Leistungsfähigkeit sämtlicher Unternehmensbereiche. Das Benchmarking deckt verbesserungsfähige Betriebsabläufe auf, ermittelt Unternehmen, die ähnliche Probleme hervorragend zu lösen vermögen, gibt Aufschluss über das Erfolgsrezept des Best-in-Class-Unternehmens. Insbesondere für indirekte, unterstützende Unternehmensbereiche (z. B. Verwaltung und Vertrieb) werden durch den Benchmarking-Prozess Impulse zur Leistungsverbesserung ausgelöst. Da Benchmarking auf Unternehmen ausgedehnt wird, die den Untersuchungsgegenstand am besten beherrschen, unabhängig davon, ob es sich um Konkurrenten handelt oder nicht, besteht über branchenübergreifende Lernprozesse die Möglichkeit, dass die Konkurrenten nicht nur eingeholt, sondern überholt werden. Benchmarking lässt sich sinnvoll mit anderen Instrumenten des Kostenmanagement, wie z. B. Prozesskostenrechnung, Target Costing, Outsourcing und insbesondere einem Kontinuierlichen Verbesserungsprozess (KVP), im Rahmen eines umfangreichen Kostenmanagementsystems kombinieren.

3.1.4 Lehrfragen und Übungen

1. Als charakteristische Merkmale des Benchmarking können Prozessorientierung, Kontinuität, Partnerschaft, Benchmarks und Ganzheitlichkeit genannt werden. Erläutern Sie diese Merkmale.

2. Interpretieren Sie die nachstehende Aussage aus der Sicht des Kostenmanagements: „Benchmarking erfordert eine veränderte Sichtweise der Konkurrenzbeziehungen."

3. Grenzen Sie das interne und das externe Benchmarking ausführlich ab.

4. Begründen Sie, warum Fachexperten die wiederholte Anwendung des Benchmarking empfehlen.

Literatur (Benchmarking):

Burckhardt, W.: Der Benchmarking-Prozess, in: in: Bechmarking – Leitfaden für den Vergleich mit den Besten, hrsg. v. K. Mertins, Düsseldorf 2004, S. 59–72.

Hoffjan, A.: Cost Benchmarking als Instrument des strategischen Kostenmanagements, in: ZP (1995), S. 155–166.

Horváth, P./Lamla, J.: Cost Benchmarking und Kaizen Costing, in: Handbuch Kosten- und Erfolgs-Controlling, hrsg. v. Th. Reichmann, München 1995, S. 63–88.

Karlöf, B./Östblom, S.: Das Benchmarking-Konzept: Wegweiser zur Spitzenleistung in Qualität und Produktivität, München 1994.

Mertins, K.: Benchmarking – Leitfaden für den Vergleich mit den Besten, Düsseldorf 2004.

Mertins, K./Kohl, H. (I): Benchmarking – der Vergleich mit den Besten, in: Bechmarking – Leitfaden für den Vergleich mit den Besten, hrsg. v. K. Mertins, Düsseldorf 2004, S. 15–57.

Mertins, K./Kohl, H. (II): Benchmarking-Techniken, in: Bechmarking – Leitfaden für den Vergleich mit den Besten, hrsg. v. K. Mertins, Düsseldorf 2004 S. 73–96.

Schermer, H.: Business-Excellence-Benchmarking: Konzeption und Durchführung, Saarbrücken 2007.

Twardowski, D.: Innovation durch Benchmarking, Berlin 2006.

Watson, G. H.: Benchmarking – Vom Besten lernen, Landsberg/Lech 1993.

Wilken, R.: Dynamisches Benchmarking, Wiesbaden 2007.

Winter, W.-C.: Benchmarking als Instrument der strategischen Planung, Saarbrücken 2007.

Zdrowomyslaw, N./Kasch, R.: Betriebsvergleiche und Benchmarking für die Managementpraxis, München 2002.

3.2 Outsourcing

Die Notwendigkeit, starre Kostenstrukturen langfristig flexibler zu gestalten und globaler Kostendruck, führt in vielen Unternehmen dazu, in zunehmendem Maße über Make-or-Buy-Alternativen nachzudenken. Im Rahmen von Fremdbezugsentscheidungen wird in der Literatur und in der Praxis häufig auch von Outsourcing gesprochen.

Der Begriff „Outsourcing" setzt sich aus den Begriffen „Outside Resource Using" zusammen und bedeutet im Allgemeinen die Substitution bisher unternehmensintern erbrachter Leistungen durch externe Marktteilnehmer. [Vgl. Bliesener 1994, S. 278; Clement/Natrop 2004, S. 519; Wullenkord 2005 (I), S. 3]

Prinzipiell kann sich der Outsourcing-Begriff somit auf alle denkbaren Sach- oder Dienstleistungen beziehen. Damit tritt das Problem der Abgrenzung zum Make-or-Buy-Begriff auf. Nach herrschender Meinung beziehen sich Outsourcing-Überlegungen immer auf im eigenen Unternehmen bereits durchgeführte Leistungen, während Make-or-Buy-Entscheidungsprozesse im Gegensatz dazu häufig schon vor der Entwicklung eines Produktes durchgeführt werden. In einer weiterführenden, engen Sichtweise wird der Make-or-Buy-Begriff als übergeordneter Begriff aufgefasst, der den gesamten potentiellen und vorhandenen Leistungsumfang (Sachgüter und Dienstleistungen) umfasst, während der Outsourcing-Begriff ausschließlich nur auf Dienstleistungen bezogen wird. [Vgl. Bliesener 1994, S. 278–281]. Im Rahmen der nachfolgenden Ausführungen wird die enge Sichtweise zugrunde gelegt.

Lange galt das Kostenmotiv als das zentrale Outsourcing-Argument. Fest steht, dass dem Kostenmotiv bei Outsourcing-Projekten eine überragende Bedeutung zukommt. „Die realistische Aussicht auf Kostensenkungen gibt in vielen Unternehmen überhaupt erst den Impuls, sich mit diesem Thema auseinanderzusetzen." [Wullenkord 2005 (I) , S. 3]. Erhebliche und für viele Unternehmen existenziell notwendige Kostenvorteile ergeben sich insbesondere aus der Verlagerung von Dienstleistungen in Niedriglohnländer [vgl. hierzu Pkt. 3.2.1.2]. Aus der Sicht des Kostenmanagements spielt der Kostenaspekt im Rahmen des Kostenniveau-, Kostenstruktur- und Kostenverhaltensmanagements ebenfalls eine herausragende Rolle, da es durch Outsourcing möglich wird, die Komplexität der Leistungserstellung zu reduzieren bzw. Komplexitätskosten abzubauen, die Fixkosten – zumindest teilweise – zu variabilisieren und somit die Transparenz und Beeinflussbarkeit der Kostenstruktur eines Unternehmens zu erhöhen. Outsourcing allein auf Kostenreduktion und die damit zusammenhängenden Vorteile zu beschränken, greift jedoch zu kurz. Im Mittelpunkt jeder Outsourcing-Überlegung steht die Konzentration auf Kernleistungen (auch: Kernkompetenzen), die aufgrund ihrer strategischen Bedeutung nicht fremdvergeben werden sollten. [Vgl. z. B. Bliesener 1994, S. 281, Scholtissek 2005, S. 36–38, Wullenkord 2005 (I), S. 3].

„Immer mehr Unternehmen gelangen zu der Erkenntnis, dass die Konzentration auf das Kerngeschäft der Schlüssel zum Erhalt der Wettbewerbsfähigkeit und damit auch zum Erhalt des Standortes ist." [Scholtissek 2005, S. 40]

„Durch die Konzentration auf das Wesentliche lassen sich Wettbewerbsvorteile ausbauen und strategische Themen nachhaltiger vorantreiben. In einer globalisierten Welt ist dies letztlich entscheidend für die Überlebensfähigkeit von Unternehmen." [Guth/Sieben 2005, S. 97]

Kernkompetenzen können als dauerhafte Ursache für den Wettbewerbsvorteil einer Unternehmung verstanden werden. Als Ursache für den Wettbewerbsvorteil müssen die Kernkompetenzen kundenrelevant sein und auch vom Unternehmensumfeld als relevant wahrgenommen werden. [Vgl. Baum/ Coenenberg/Günther 2007, S. 250 ff.; Scholtissek 2005, S. 36 ff.]

Zusammenfassend sind Kernleistungen solche Leistungen, bei denen das eigene Unternehmen besonders leistungsfähig ist und deren Bedeutung als Differenzierungsmerkmal aus der Sicht der Abnehmer und des Unternehmensumfeldes sehr hoch ist.

Unter Berücksichtigung der vorgenannten Ausführungen kann der Outsourcing-Begriff wie folgt abgegrenzt werden:

„Unter Outsourcing können alle Entscheidungsprozesse verstanden werden, die darauf abzielen, durch Verlagerung von Dienstleistungen Kostenvorteile und langfristige Wettbewerbsvorteile zu erzielen." [Bliesener 1994, S. 282]

3.2.1 Formen des Outsourcing

In der Literatur werden zahlreiche Outsourcingformen unterschieden. Nachstehend werden die in der Literatur am häufigsten beschriebenen Outsourcingvarianten erläutert.

3.2.1.1 Grundsätzliche Formen des Outsourcing

Grundsätzlich kann zwischen internem und externem Outsourcing unterschieden werden. Internes Outsourcing (auch: Inhouse-Outsourcing) umfasst die Verlagerung von Dienstleistungsaktivitäten von einem Bereich auf einen anderen Bereich des Unternehmens. Der die Dienstleistungen übernehmende Bereich kann im Unternehmen integriert sein; er kann aber auch in unterschiedlichem Ausmaß selbständig sein (z. B. eine Tochter- oder Beteiligungsgesellschaft). Werden Dienstleistungsfunktionen an ein rechtlich und kapitalmäßig unabhängiges Unternehmen abgegeben und bei Bedarf in Anspruch genommen, so spricht man von externem Outsourcing. [Vgl. Bliesener 1994, S. 282 ff.]

Nach dem Umfang und der Dauer der Auslagerung werden drei weitere Formen des Outsourcing unterschieden: Übergangs-Outsourcing (auch: temporäres Outsourcing), Komplett-Outsourcing (auch: totales Outsourcing) und Moduloutsourcing (auch: partielles Outsourcing). [Vgl. im Folgenden: Bühner/Tuschke 1997, S. 21–22]

Übergangs-Outsourcing bezeichnet die zeitlich begrenzte Auslagerung von Dienstleistungen. Temporäres bzw. Übergangs-Outsourcing wird von Unternehmen bspw. für den Zeitraum der Umstellung der unternehmensinternen EDV auf neue Systeme (Technologiewechsel) oder bei einem Ausfall der internen Informationsverarbeitung in Anspruch genommen.

Komplett-Outsourcing (auch: totales Outsourcing) charakterisiert die Auslagerung eines gesamten Aufgabenbereiches. Sämtliche Aufgaben, die ein indirekt wertschöpfender Bereich bisher im Unternehmen erbracht hat, werden ausgelagert bzw. über den Markt bezogen. Die ausgelagerte Funktion wird im Unternehmen stillgelegt. Die Schließung und Auslagerung einer Steuerabteilung an einen externen Steuerberater oder die vollständige Auflösung und Auslagerung der Informationsverarbeitungs-Abteilung sind typische Beispiele für ein Komplett-Outsourcing.

Wird lediglich ein Teil eines Aufgabenbereiches oder eine einzelne Tätigkeit ausgelagert, so spricht man von Modul-Outsourcing. In dieser Form des Outsourcings werden vornehmlich kostenintensive Routinearbeiten ausgelagert. Viele mittelständische Unternehmen lagern z. B. ihre Lohn- und Gehaltsbuchhaltung aus ihrer Personalverwaltung aus; die übrigen Tätigkeiten des Personalbereiches verbleiben dagegen häufig im Unternehmen.

3.2.1.2 Spezialformen des Outsourcing

Die Auslagerung von einfachen und in zunehmendem Maße qualitativen Dienstleistungen an externe Dienstleister in Niedriglohnländer wird in der Literatur als „Offshoring" bezeichnet. [Vgl. im Folgenden: Clement/Natrop 2004, S. 519 f.; Guth/Sieben 2005, S. 95 ff.; Wullenkord 2005 (II), S. 44 ff.] Insbesondere durch die Nutzung des internationalen Lohn- und Gehaltsgefälles versuchen viele Unternehmen ihre Wettbewerbsfähigkeit zu erhöhen. Offshoring bedeutet für viele Unternehmen eine erhebliche Kostenentlastung und ist häufig der einzige Weg zur Sicherung der Unternehmensexistenz. So lagen im Jahre 2003 z. B. die Personalkosten für Buchhalter in Polen gut 60 % unter den Kosten für gleich qualifizierte Mitarbeiter in Deutschland, in Indien lagen sie sogar nur bei 10 %. [Weitere ausführliche Beispiele finden sich in: Clement/Natrop 2004, S. 519 ff.; Sure 2005, S. 272 ff., Wullenkord 2005 (II), S. 43 ff.]

Als weitere Spezialform des Outsourcing kann die „Shared-Service-Organisation" genannt werden. [Vgl. im Folgenden: Scherzinger 2005, S. 207 ff.; Werthmann/Rixen 2005, S. 61 ff.] In einem Shared-Service-Center werden administrative Prozesse und Tätigkeiten mit großem Transaktionsvolumen und die dazu erforderlichen Unternehmensressourcen, die nicht zum Kerngeschäft zählen (z. B. Anlagen-, Debitoren-, Kreditorenbuchhaltung), aus den Gesellschaften und Standorten herausgelöst und in einem wirtschaftlich und/oder rechtlich selbständigen Verantwortungsbereich gepoolt.

3.2.2 Ablauf des Outsourcing-Prozesses

Zu Beginn des Outsourcing-Prozesses sind geeignete Unternehmensbereiche festzulegen sowie die potentiell auszulagernden Bereiche zu bestimmen. Im Anschluss daran sind geeignete Dienstleister auszuwählen. Bei der Lieferantenwahl sind nicht nur potentielle Kostenvorteile, sondern auch andere (strategische) Wettbewerbsvorteile, wie z. B. Entwicklungs-Know-how, Marktan-teile, Servicegesichtspunkte, zu berücksichtigen. Sämtliche bereichsspezifi-schen Aktivitäten sind von einem Projektteam durchzuführen und von der Unternehmensleitung zu überprüfen und zu genehmigen. [Vgl. Bliesener 1994, S. 282 ff.; Bühner/Tuschke 1997, S. 21 ff.]

3.2.2.1 Festlegung möglicher Outsourcing-Bereiche

Im Rahmen der Outsourcing-Überlegungen sind zunächst die nicht-auslage-rungsfähigen von den auslagerungsfähigen Dienstleistungen abzugrenzen. Diejenigen Bereiche, in denen das Unternehmen über keine Kernfähigkeiten bzw. -kompetenzen verfügt, können unter Abwägung der Vor- und Nachteile grundsätzlich als auslagerungsfähige Aufgabenbereiche partiell oder total an externe Dienstleistungsanbieter ausgelagert werden. Bspw. lagern Nike und Adidas Aufgabenbereiche aus, die nicht zu ihren Kernfähigkeiten bzw. -kompetenzen zählen. Bei Nike werden lediglich noch Forschungs- und Entwicklungs- sowie Marketing- und Vertriebsaufgaben unternehmensintern wahrgenommen. Adidas betreibt Outsourcing in der Weise, dass der Kern des Unternehmens nur noch aus der Marke besteht, d. h. sämtliche unter dem Namen Adidas vermarkteten Produkte werden von externen Anbietern zuge-kauft. [Vgl. Bliesener 1994, S. 283; Bühner/Tuschke 1997, S. 23]

Seit vielen Jahren üblich ist das Outsourcing bei einfachen Dienstleistungs-funktionen wie Kantine, Gebäudereinigung, Wachdienst und Transport. Zu den Vorreitern der Outsourcing-Aktivitäten zählt jedoch die Informationsver-arbeitung, mit deren Fremdvergabe erstmals Querschnittsfunktionen ausgela-gert wurden. Nach dem Vorbild der Informationsverarbeitung werden heute zunehmend weitere Querschnittsfunktionen aus den Bereichen Logistik, Per-sonal-, Finanz- und Rechnungswesen fremdvergeben. Mit dieser Entwicklung stehen die betreffenden Unternehmen vor einer zusätzlichen Problemstellung. Die Fremdvergabe von Querschnittsfunktionen führt dazu, dass Outsourcing-Überlegungen häufig auch Teil- oder Randbereiche des als Kerngeschäft defi-nierten Feldes (z. B. Datenverarbeitung, Logistik) berühren. [Bühner/Tuschke 1997, S. 21]

3.2.2.2 Bestimmung der auszulagernden (Aufgaben-) Bereiche

Nachdem die auslagerungsfähigen (Aufgaben-)Bereiche ausgewählt worden sind, ist in einem weiteren Schritt zu bestimmen, welcher Teil unternehmens-intern zu erstellen ist bzw. welcher Teil aus dem Unternehmen partiell oder total auszulagern ist. Outsourcing-Entscheidungen sollten grundsätzlich von (Experten-)Teams getroffen werden. Je wichtiger der auszulagernde Bereich ist, desto qualifizierter sollte das Team sein. Im Team sollten die Bereiche Beschaffung und Rechnungswesen stets vertreten sein, damit höchstmögliche Gewähr für eine optimale Lieferantenauswahl unter Kostengesichtspunkten erreicht werden kann. Dies gilt auch bei Outsourcing-Überlegungen von stra-tegisch wichtigen Bereichen, da neben den primär angestrebten Wettbewerbs-vorteilen auch Wirtschaftlichkeitsaspekte sowie die spätere Abwicklung eine Rolle spielen. [Vgl. Bliesener 1994, S. 284]

Bei strategisch unbedeutenden (Aufgaben-)Bereichen wird die Auslagerungs-entscheidung traditionell nach kostenorientierten Kriterien vorgenommen. Für eine Analyse des möglichen Kostenvorteils von Outsourcing müssen die po-tentiell zu beziehenden Leistungen ausreichend spezifiziert werden, d. h. es muss im Einzelnen klar sein, welche Leistungen in welcher Menge und Qua-lität zu welchen Kosten zukünftig von außen bezogen werden sollen. Eine Grundvoraussetzung für Outsourcing ist daher die Kenntnis des Dienstleis-tungsmarktes. [Zur Dienstleisterauswahl vgl. ausführlich: Beier/Gnau 2005, S. 297 ff.]. Im Rahmen des Offshoring sind in diesem Zusammenhang weltweite Standortanalysen durchzuführen. [Zur Durchführung globaler Standortanalysen vgl. ausführlich: Clement/Natrop 2004, S. 520 ff.; Sure 2005, S. 272 ff.]

Eine weitere Voraussetzung für die Bestimmung der auszulagernden Dienst-leistung ist die Kenntnis der eigenen Kosten für die interne Bereitstellung dieser Leistungen. Nach traditioneller Sichtweise sind Dienstleistungen aus-zulagern, wenn die Kosten des Zukaufs zuzüglich Stilllegungskosten im Un-ternehmen geringer ausfallen als die Kosten der Eigenerstellung: [Vgl. Reichmann/Polloks 1995, S. 5]

Kosten des Zukaufs **+** **Stilllegungskosten**	$<$ **Kosten der Eigenerstellung** $\longrightarrow$	**Fremdbezug**

Die Bestimmung der Kosten der Stilllegung sowie der tatsächlichen Eigenerstellungskosten erweist sich insofern als problematisch, als dass die traditionellen Systeme der Kosten- und Leistungsrechnung für den Ausweis von Dienstleistungs- und Funktionskosten nicht geeignet sind. Die für Outsourcing-Entscheidungen erforderliche Differenzierung der Gemeinkosten hinsichtlich ihrer Beeinflussbarkeit bei Fremdbezug kann die traditionelle Plankostenrechnung nur durch indirekte Bezugsgrößen leisten. Die Ergänzung der stufenweisen Fixkostendeckungsrechnung um eine Prozesskostenrechnung bietet jedoch gute Ansätze zur Verbesserung einer kostenorientierten Auslagerungsentscheidung, vorausgesetzt, dass die entscheidungsrelevanten Kosten nach dem Prinzip der Abbaubarkeit strukturiert und verrechnet wurden.

Wenn Dienstleistungen fremdvergeben werden sollen, die direkte Verbindungen zu strategisch wichtigen Feldern im Unternehmen haben, ist die Wahl eines möglichen Dienstleisters mit besonderer Sorgfalt vorzunehmen. Neben den klassischen Kriterien der Lieferantenauswahl (z. B. Lieferzuverlässigkeit, Standort, Qualität, Menge) ist eine Vielzahl strategisch relevanter Punkte zu beachten. In diesem Zusammenhang stellt Ellram [1993, S. 1 f.] das in Abbildung 26 dargestellte Portfolio mit Erläuterungen vor:

- Typ 1: Basis-Allianz – nur die notwendigsten Informationen werden zwischen dem Käufer und dem Zulieferer ausgetauscht, um Transaktionen zu erleichtern.

- Typ 2: Operative Allianz – Respekt und gegenseitiges, geschäftsbezogenes Vertrauen charakterisieren diese Allianz.

- Typ 3: Geschäfts-Allianz – wie Typ 2, jedoch mit dem Bewusstsein der gegenseitigen Abhängigkeit.

- Typ 4: Strategische Allianz – wie Typ 3 mit Verfolgung gemeinsamer langfristiger Strategien.

Werden Dienstleistungen verlagert, die eine direkte Verbindung zum Kerngeschäft aufweisen, so wird eine strategische Lieferantenpartnerschaft empfohlen, die durch eine kooperative Art der Zusammenarbeit gekennzeichnet ist. Das Ziel der strategischen Lieferantenpartnerschaften besteht darin, gegenseitig langfristige Wettbewerbsvorteile zu erreichen; sie sind gekennzeichnet durch langfristige Vereinbarungen, Austausch vertraulicher Informationen, gemeinsamen kontinuierlichen Verbesserungsbemühungen und gemeinsame Übernahme von Chancen und Risiken.

Hoch

Typ 2 Operative Allianz	**Typ 4** Strategische Allianz
Typ 1 Basis-Allianz	**Typ 3** Geschäfts-Allianz

Wichtigkeit des Einkaufs

Niedrig

Niedrig   Wichtigkeit des Zulieferers   Hoch

Abb. 26:
Beziehung zwischen Art der Allianz und der Bedeutung des Einkaufs

3.2.3 Beurteilung des Outsourcing

Im Rahmen des Outsourcing-Prozesses werden die Unternehmensmitglieder dazu angeregt, sich verstärkt auf die unternehmenseigenen Kernkompetenzen zu konzentrieren und die (verbliebenen) Ressourcen in diesen Bereichen zu bündeln. Neben- oder Randleistungen werden gezielt kostenoptimal eingekauft, um von den günstigeren Kostenstrukturen der Zulieferer zu profitieren und nachhaltige Kostenvorteile zu erzielen. Aus Unternehmensperspektive stellt Outsourcing in der Form des Offshoring häufig der einzige Weg zur Existenzsicherung im globalen Wettbewerb dar. Neben der Standortsicherung verweisen Clement und Natrop (2004, S. 526 ff.) auf weitere Vorteile des Offshoring, die an dieser Stelle nur genannt werden sollen (Stärkung der Binnennachfrage, zusätzliche Exporte und die Schaffung neuer Arbeitsplätze). Das Outsourcing von Querschnittsfunktionen bzw. von Dienstleistungen, die Verbindungen zu den Kernleistungen aufweisen bedingt immer eine strategische Lieferantenpartnerschaft, die neben möglichen Kosteneinsparungen insbesondere Wettbewerbsvorteile der beteiligten Vertragspartner gewährleistet. Den Vorteilen des Outsourcing stehen aber auch häufig erst langfristig wirksam werdende Nachteile (z. B. ein Know-how-Verlust, die Minderung der Planungs- und Steuerungshoheit, das Bekanntwerden von Betriebsgeheimnissen und Abhängigkeiten zu den Zulieferern) gegenüber, die im Rahmen der Outsourcing-Überlegungen entsprechend berücksichtigt werden müssen.

Zusammenfassend kann festgehalten werden, dass Outsourcing eine primär strategische Methode des Kostenmanagements ist, die über den Weg der Reduzierung der Komplexitätskosten zu einer Variabilisierung der fixen Kosten, einem Abbau der Gesamtkosten, einer besseren Kostentransparenz sowie zu einer Erhöhung der Beeinflussbarkeit der Kostenstruktur und ggf. zu einer Verbesserung der Wettbewerbssituation beitragen kann.

3.2.4 Lehrfragen und Übungen

1. Grenzen Sie die Begriffe „Make-or-Buy" und „Outsourcing" ab.

2. Nennen und erläutern Sie die verschiedenen Formen des Outsourcing.

3. Nehmen Sie zu der nachstehenden Aussage Stellung: „Grundsätzlich nicht-auslagerungsfähig sind so genannte Kernleistungen, die aufgrund ihrer strategischen Bedeutung zwingend intern erbracht werden sollten." Grenzen Sie im Rahmen Ihrer Ausführungen den Begriff „Kernleistungen" ab.

4. Erläutern Sie die Bedeutung von Kernkompetenzen im Rahmen der Outsourcingdiskussion.

5. Erläutern Sie Vorteile des Offshoring aus Unternehmersicht.

6. Beurteilen Sie Outsourcing aus der Sicht des Kostenmanagements, indem Sie die Vor- und Nachteile von Outsourcing-Entscheidungen gegenüberstellen.

Literatur (Outsourcing)

Alewell, D.: Outsourcing von Personalfunktionen: Motive und Erfahrungen im Spiegel von Experteninterviews, München 2007.

Baum, H.-G./Coenenberg, A.G./Günther, Th.: Strategisches Controlling, 4. Auflage, Stuttgart 2007.

Beier, D./Gnau, P.: Auslagerung von kaufmännischen Funktionen in einem mittelständischen Unternehmen als Element einer umfassenden Spin-Off-Strategie, in: Praxishandbuch Outsourcing, hrsg. von A. Wullenkord, München 2005, S. 293–302.

Bliesener, M. M.: Outsourcing als mögliche Strategie zur Kostensenkung, in: BFuP 4/94, S. 276–290.

Bühner, R./Tuschke, A.: Outsourcing, in: DBW57 (1997) 1, S. 20–30.

Clement, R./Natrop, J.: Offshoring – Chance oder Bedrohung für den Standort Deutschland?, in: Wirtschaftsdienst 2004 (8), S. 519–528.

Dreher, C./Kinkel, S.: Auf lange Sicht: Outsourcing und langfristige Potentiale, Stuttgart 2007.

Dressler, S.: Shared Services, Business Process Outsourcing und Offshoring: die moderne Ausgestaltung des Back Office – Wege zu Kostensenkung und mehr Effizienz im Unternehmen, 1. Auflage, Wiesbaden 2007

Ellram, L.: Defining Strategic Alliances: Life Cycle Patterns, in: NAPM Conference Proceedings, 1993, S. 1–6.

Gross, J./Bordt, J./Musmacher, M.: Business Process Outsourcing – Grundlagen, Methoden, Erfahrungen, Wiesbaden 2006.

Guth, W./Sieben, A.: Business Process Outsourcing: Von der Idee zur Umsetzung, in: Praxishandbuch Outsourcing, hrsg. von A. Wullenkord, München 2005, S. 93–116.

Hauptmann, S.: Gestaltung des Outsourcings von Logistikleistungen, 1. Auflage, Wiesbaden 2007.

Köhler-Frost, W.: Outsourcing, 4. Auflage, Berlin 2005.

Reichmann, Th./Polloks, M.: Make-or-Buy-Entscheidungen: Was darf der Fremdbezug kosten, wenn die eigenen Kosten weiterlaufen, in: Controlling, Heft 1, Januar/Februar 1995, S. 4–11.

Scherzinger, F.: Shared Service Center als Organisationsmodell zur Kostenreduktion im Finanz- und Rechnungswesen, in: in: Praxishandbuch Outsourcing, hrsg. von A. Wullenkord, München 2005, S. 207–223.

Scholtissek, S.: Global Sourcing: Ein nächster kleiner Schritt zum Quantensprung?, in: in: Praxishandbuch Outsourcing, hrsg. von A. Wullenkord, München 2005, S. 31–41.

Schmitt, R.: Outsourcing von Rechnungswesen-Dienstleistungen, München 2007.

Sure, M.: Vorbereitung, Planung und Realisation von Business Process Outsourcing bei kaufmännischen und administrativen Backoffice-Prozessen, in: Praxishandbuch Outsourcing, hrsg. von A. Wullenkord, München 2005, S. 261–282.

Wald, P.M.: Neue Herausforderungen im Personalmanagement – Best Practices – Reorganisation – Outsourcing, Wiesbaden 2005.

Werthmann, F./Rixen, M.: Konzerninternes Outsourcing durch eine Shared Service Center Organisation als Alternative zum Outsourcing, in: Praxishandbuch Outsourcing, hrsg. von A. Wullenkord, München 2005, S. 61–89.

Wullenkord, A. (I): Entwicklungen und Perspektiven im Outsourcing, in: Praxishandbuch Outsourcing, hrsg. von A. Wullenkord, München 2005, S. 3–12.

Wullenkord, A. (II): Die wahren Potenziale des Offshoring: Eine Analyse aus unternehmens- und gesamtwirtschaftlicher Perspektive, in: Praxishandbuch Outsourcing, hrsg. von A. Wullenkord, München 2005, S. 43–59.

3.3 Target Costing

Beim Target Costing (TC), das in der Literatur auch als marktorientiertes Ziel-kostenmanagement bezeichnet wird, handelt es sich um ein strategisches Kostenmanagementinstrument, das im Jahre 1965 von Toyota entwickelt wurde. Seit den 80er Jahren hat das Konzept Eingang in die englischsprachige Literatur gefunden. [Vgl. Horváth/Niemand/Wolbold 1993, S. 3] Der Ansatz des TC ist nicht grundlegend neu, sondern verbindet bereits existierende Elemente des Kostenmanagements mit der Notwendigkeit, sämtliche Aktivitäten des Unternehmens am Markt auszurichten. [Vgl. Dollmayer 2003, S. 8]

In Deutschland hat sich eine sehr umfassende Sichtweise des TC in der Literatur durchgesetzt. Horváth definiert TC als „… ein Bündel von Kostenplanungs-, Kostenkontroll- und Kostenmanagementinstrumenten, die schon in den frühen Phasen der Produkt- und Prozessgestaltung zum Einsatz kommen, um die Kostenstrukturen frühzeitig im Hinblick auf Marktanforderungen gestalten zu können." [Horváth/Niemand/Wolbold 1993, S. 4; ähnlich auch: Baum/Coenenberg/Günther 2007, S. 137]

> Ziel des TC ist es, mittels einer markt- und kostenorientierten Entwicklung neuer Produkte die Wettbewerbsfähigkeit des Unternehmens zu steigern. Markt- und kostenorientiert bedeutet in diesem Zusammenhang, dass zunächst die subjektiven Kundenwünsche auf dem relevanten Zielmarkt analysiert werden, um festzustellen, welchen Leistungsumfang ein Produkt aus Kundensicht haben soll und wie viel ein Produkt in Zukunft kosten darf. [Vgl. Baum/Coenenberg/Günther 2007, S. 137]

Im Gegensatz zur traditionellen Kosten- und Leistungsrechnung (vgl. Abb. 27) lautet das Leitmotiv bzw. die Fragestellung des TC: [Seidenschwarz 1991, S. 199; Seidenschwarz 1994, S. 74]

> „Was darf ein Produkt kosten?"

Ausgangspunkt des TC ist somit ein für die Vermarktungsphase gesetzter Marktpreis, der aus Kundensicht annehmbar erscheint (Zielpreis). Ausgehend von diesem Zielpreis werden unter Berücksichtigung der vorhandenen Ressourcen und der Gewinnplanung des Unternehmens die maximal zulässigen (vom Markt erlaubten) Kosten, die so genannte Allowable Cost, bestimmt. [Vgl. Baum/Coenenberg/Günther 2007, S. 137; Horváth/Seidenschwarz 1992, S. 143–150]

„Teures Overengineering, also die Ausstattung eines Produktes mit Funktionen, die der Kunde nicht bemerkt oder auch gar nicht wünscht und dementsprechend nicht honoriert, soll vermieden werden."
[Dollmayer 2003, S. 9]

	Traditionelle Kosten- und Leistungsrechnung	**Target Costing**
Fragestellung	*Was kostet ein Erzeugnis?*	*Was darf ein Erzeugnis kosten?*
Ausgangsbasis	**Unternehmen** (im Rahmen gegebener Kapazitäten)	**Markt**
Kosteninformationsbezug	Kostenart, Kostenstelle, Kostenträger	Kostenstellen-/schnittstellenübergreifend, funktions- und prozessbezogen
Planungshorizont	ein Jahr (operatives Instrument)	Lebenszyklus (strategisches Instrument)

Abb. 27:
Kosten- und Leistungsrechnung versus Target Costing

3.3.1 Aufbau und Ablauf des Target Costing

Die Ausgangsbasis des TC bildet ein erster Produktentwurf. Nach der Positionierung des Produktes im Markt sind – ausgehend von den durch Marktforschung ermittelten subjektiven Kundenwünschen – die bedeutenden Produkteigenschaften festzulegen. Wesentlich ist, dass das TC – im Gegensatz zur traditionellen Kostenrechnung - nicht erst mit dem Produktionsbeginn einsetzt, sondern in den frühen Produktlebensphasen als Kostenmanagementinstrument zum Einsatz gelangt, um in Abhängigkeit von den Kundenanforderungen so früh wie möglich kostenbeeinflussende Maßnahmen einleiten und unterstützen zu können. Der Ausgangspunkt des TC liegt somit nicht im Unternehmen, sondern im Markt (vgl. auch Abb. 27). [Vgl. Niemand 1992, S. 119; Seidenschwarz 1991, S. 201]

„Nicht das Unternehmen plant, sondern der Markt gibt vor.“
[Seidenschwarz 1991, S. 20]

Der Aufbau und Ablauf des TC lassen sich in drei Phasen gliedern:

- Zielkostenfindung für das Produkt,
- Zielkostenspaltung: Zielkostenbestimmung für die Produktfunktionen, -komponenten und -teile,
- Zielkostenerreichung und -verbesserung.

3.3.1.1 Zielkostenfindung

Für die Zielkostenbestimmung des Produktes stehen grundsätzlich fünf verschiedene Möglichkeiten zur Auswahl: Market into Company, Out of Company, Into and Out of Company, Out of Competitor und Out of Standard Costs. Nachstehend wird lediglich die Form des „Market into Company" ausführlich dargestellt, da diese die „Reinform" des TC darstellt. Die anderen Varianten weichen mehr oder weniger von dem im Rahmen des TC geforderten Marktbezug ab. [Vgl. im Folgenden: Coenenberg/Fischer/Schmitz 1994, S. 3 ff.; Gaiser/Kieninger 1993, S. 61 ff.; Götze 1993, S. 383 ff.; Horváth/ Niemand/Wolbold 1993, S. 10 ff.; Niemand 1992, S. 120; Seidenschwarz 1991, S. 199 ff.]

„Market into Company" bezeichnet das Verfahren der Zielkostenfindung, das den Grundgedanken des TC am konsequentesten verfolgt. Ausgangspunkt des Market into Company ist der am Markt erzielbare Preis des Produktes. Hierzu sind zunächst fundierte Marktforschungsaktivitäten erforderlich, um Erkenntnisse zu gewinnen, welchen Wert die Kunden den von ihnen gewünschten Produkteigenschaften beimessen. Als Ergebnis dieser Marktforschung ist der Preis zu ermitteln, den die Kunden für ein Produkt zu zahlen bereit sind. Von dem vom Markt erlaubten Preis (auch: Zielpreis) ist anschließend der von der Unternehmensleitung angestrebte Gewinnanteil zu subtrahieren (Zielpreis – Zielgewinn). Als Ergebnis erhält man die vom Markt erlaubten Kosten auf Vollkostenbasis (auch: Allowable Costs), die idealerweise als Zielkosten (auch: Target Costs) angesetzt werden.

Zielkosten sind definiert als „... die maximalen Kosten, die ein Produkt mit gegebener Qualitätsausprägung unter Beachtung der Marktanforderungen und Konkurrenzprodukten verursachen darf." [Horváth/Niemand/Wolbold 1993, S. 11]

Die Zielkosten sind in der Regel so niedrig, dass sie nur unter größten Anstrengungen erreicht werden können. Sie haben eine Orientierungsfunktion für sämtliche am Leistungserstellungs- und Leistungsverwertungsprozess beteiligten Unternehmensbereiche. [Vgl. Baum/Coenenberg/Günther 2007, S. 137; Horváth/Seidenschwarz 1992, S. 143–150] Sämtliche Strategien und Maßnahmen des Unternehmens müssen auf ihre Erreichung hinwirken. Mit der Anwendung des TC wird sowohl eine Reduzierung der Kosten eines Produktes über dessen gesamten Lebenszyklus angestrebt, als auch versucht, die Produkte und Leistungen möglichst gut auf die Kundenwünsche abzustimmen.

Zielkosten sind durchschnittliche Produktstückkosten über den Produktlebenszyklus. Ihre Ableitung „vom Markt her" setzt die Kenntnis des Produktlebenszyklus, das Absatzvolumen im gesamten Produktlebenszyklus, die durchschnittlichen Marktpreise im Rahmen des Produktlebenszyklus und den Markteintrittszeitpunkt voraus. [Vgl. Gaiser/Kieninger 1993, S. 62]

Die grundsätzlichen Prognoseprobleme bei der Ermittlung der Zielkosten seien hier nur kurz erwähnt: Insbesondere im globalen Wettbewerb stellt sich die Frage, welcher Markt Prognosebasis sein soll. Der Produktlebenszyklus kann z. B. in den USA in die Degenerationsphase geraten, während das Produkt in Polen erst in die Wachstumsphase eintritt. Ebenso werden sich die Produktpreise auf dem ostasiatischen Markt von denen in Deutschland unterscheiden usw. Das gleiche Problem kann sich auch bei der Ermittlung des Kundennutzens stellen, da bei machen Produkten drastische Bewertungsunterschiede zwischen Ländern und Kulturkreisen festzustellen sind. [Vgl. Gaiser/Kieninger 1993, S. 62]

Sind die Zielkosten bzw. die erlaubten Kosten ermittelt, werden diese mit den Produktstandardkosten (auch: Drifting Costs) verglichen, d. h. jenen Kosten, die das neue Produkt voraussichtlich unter Beibehaltung existierender Technologien und Prozesse verursachen würde. Die Differenz zwischen diesen Kosten stellt das Kostensenkungsziel des TC-Prozesses dar.

Im Rahmen der vorstehenden Erläuterungen ist von der Idealbedingung ausgegangen worden, dass die Allowable Costs und die Target Costs identisch sind. Von diesem „Ideal" weicht die Praxis allerdings oftmals ab:

Häufig liegen die Allowable Costs weit unter den Drifting Costs. Die Ziel-
kosten werden dann meist im Bereich zwischen Allowable Costs und Drifting
Costs festgesetzt (vgl. Abb. 28). Die exakte Bestimmung der Zielkosten sollte
aber in jedem Fall von der jeweiligen Wettbewerbssituation und der verfolgten
Strategie abhängig gemacht werden. Bei hartem Wettbewerb und bei
Verfolgung einer Strategie der Kostenführerschaft ist es ratsam, dass die
Allowable Costs und die Target Costs identisch sind.

3.3.1.2 Zielkostenspaltung, Zielkostenerreichung und -verbesserung

Nachdem die auf den Produktlebenszyklus bezogenen Gesamtzielkosten für
ein Erzeugnis festgelegt wurden, werden diese im Rahmen der Zielkosten-
spaltung in funktions-, komponenten- und teilespezifische Kosten „aufgespal-
ten". Für die Durchführung der Zielkostenspaltung werden in der Literatur die
Komponenten- und die Funktionsmethode diskutiert. [Vgl. im Folgenden:
Coenenberg/Fischer/Schmitz 1994, S. 9 ff.; Dollmayer 2003, S. 33 ff.;
Gaiser/Kieninger 1993, S. 65 ff., Götze 1993, S. 384 ff.; Horváth/Niemand/
Wolbold 1993, S. 13 ff.]

Zielkostenspaltung mit Hilfe der Komponentenmethode:
Die Komponentenmethode spaltet die Gesamtzielkosten des Erzeugnisses
analog der Kostenstruktur eines Referenzmodells (Vorgängermodell, „ver-
gleichbares" Produkt, Konkurrenzprodukt") auf. Der Einfachheit dieses Ver-
fahrens steht als wesentlicher Nachteil die Strukturfortschreibung der Kosten
gegenüber. Ein weiterer Nachteil ist darin zu sehen, dass die Entwickler mehr
auf das Material und die Verfahren achten als auf die vom Kunden gewünschten Funktionen. Gaiser/Kieninger (1993, S. 66) verweisen in diesem
Zusammenhang darauf, dass sich dieser Nachteil durch eine anschließende
Neubewertung der Kostenanteile nach ihrem Beitrag zum Kundennutzen
weitgehend beseitigen lasse.

Zielkostenspaltung mit Hilfe der Funktionsmethode:
Die Funktionsmethode ist im Kern eine sehr differenzierte Bewertungs-
methode zur Ausrichtung der Kostenstruktur an den subjektiven Kundenwünschen. Mit Hilfe der Wertgestaltung (Value Engineering) wird versucht,
die Funktionen, Komponenten und Teile eines Produktes so zu entwerfen, dass
die angestrebten Zielkosten unter Berücksichtigung der subjektiven Kundenwünsche eingehalten werden können. [Vgl. Coenenberg/Fischer/Schmitz
1994, S. 9 f.; Gaiser/Kieninger 1993, S. 66 ff.; Götze 1993, S. 384 ff.; vgl.
auch: Dollmayer 2003, S. 34 ff.]

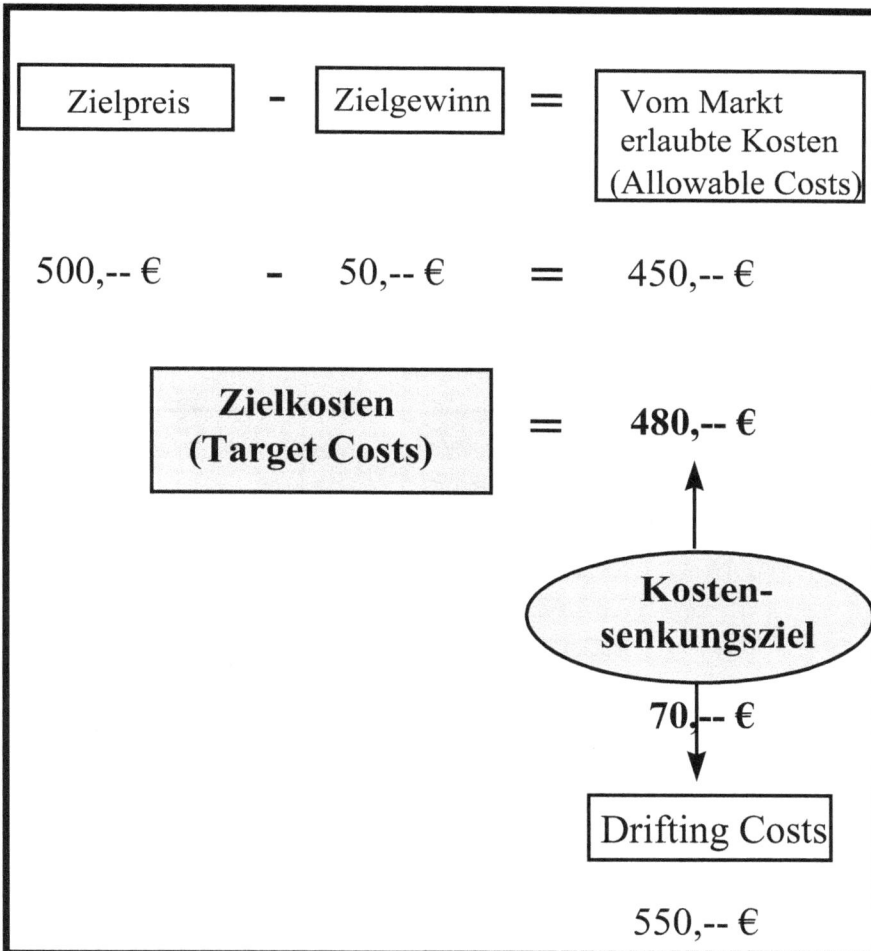

Zielpreis	−	Zielgewinn	=	Vom Markt erlaubte Kosten (Allowable Costs)
500,-- €	−	50,-- €	=	450,-- €

Zielkosten (Target Costs) = **480,-- €**

Kosten-senkungsziel

70,-- €

Drifting Costs

550,-- €

Abb. 28:
Beispiel einer Zielkostenfestlegung im Rahmen eines Target Costing

Ausgangspunkt der Funktionsmethode ist eine detaillierte Ermittlung der Kundenwünsche hinsichtlich der Produktfunktionen eines Erzeugnisses. Ebenso wie bei der Wertanalyse wird ein Produkt in Funktionen gegliedert, die durch Kunden wahrgenommen und als wichtig oder weniger wichtig eingestuft werden. So kann ein Personenkraftwagen z. B. in die Funktionen Qualität/Zuverlässigkeit, Fahreigenschaften, Komfort, Styling/Prestige usw. „aufgespalten" werden, die durch die Kunden entsprechend ihrer Präferenzen unterschiedlich gewichtet werden (vgl. Abb. 29). Über die Gewichtung der Komponentenkosten mit ihrem Beitrag zum Kundennutzen erfolgt die Ableitung, bei welchen Komponenten u. U. eine Kostenreduktionen oder umgekehrt, ein Produktwertsteigerungsbedarf in Erwägung zu ziehen ist.

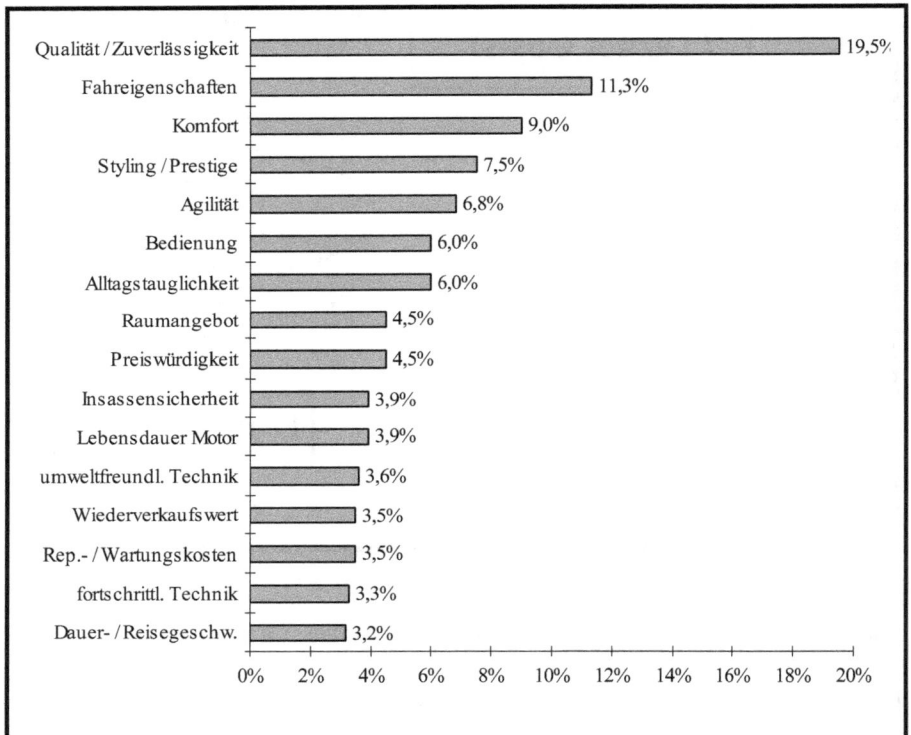

Abb. 29:
Gewichtete Produktfunktionen am Beispiel eines Personenkraftwagens
[In Anlehnung an: Deisenhofer 1993, S. 103]

Zum besseren Verständnis wird nachstehend anhand eines überschaubaren Beispiels die Funktionsmethode erläutert.

Im ersten Schritt werden die vom Kunden gewünschten Produktfunktionen F1 bis F4 entsprechend ihrer subjektiven Bedeutung gewichtet:

Hauptfunktionen	Gewichtung
F1	0,50
F2	0,10
F3	0,20
F4	0,20
Summe	1,0

Stehen die vom Markt geforderten Funktionen und ihre relative Gewichtung aus der Perspektive der Kunden fest, ist zu ermitteln, in welchem Umfang die Produktkomponenten zur Realisierung der Produktfunktionen beitragen:

Hauptfunktionen	F1	F2	F3	F4	Summe
	0,50	0,10	0,20	0,20	1,00
Produktkomponente					
K1	10	20	40	60	
K2	30	15	10	10	
K3	20	25	5	10	
K4	40	40	45	20	
Summe	100	100	100	100	

Anschließend wird die prozentuale Bedeutung jeder Produktkomponente in Abhängigkeit von dem Grad ihrer Funktionserfüllung gewichtet:

Hauptfunktionen	F1	F2	F3	F4	Summe
────────────▶	0,50	0,10	0,20	0,20	1,00
Produktkomponente					
K1	5	2	8	12	27
K2	15	1,5	2	2	20,5
K3	10	2,5	1	2	15,5
K4	20	4	9	4	37
Summe					100

Die prozentuale (Gesamt-)Bedeutung jeder Komponente wird dem tatsächlichen prozentualen Kostenanteil (Drifting Costs) gegenübergestellt, den die Herstellung der Komponente verursacht. Die Herstellkosten auf Vollkostenbasis je Produktkomponente werden mit Hilfe der Kostenrechnung abgeleitet.

Produktkomponente	Kostenanteil
K1	35
K2	22
K3	20
K4	23
Summe	100

Die Division der prozentualen Bedeutung einer Produktkomponente durch den prozentualen Kostenanteil ergibt den Zielkostenindex je Produktkomponente:

$$Zielkostenindex = \frac{Bedeutung\,der\,Komponente\,[\%]}{Kostenanteil\,[\%]}$$

	Kostenanteil	Bedeutung	Zielkostenindex
K1	35,0 %	27,0 %	0,77
K2	22,0 %	20,5 %	0,93
K3	20,0 %	15,5 %	0,77
K4	23,0 %	37,0 %	1,61

Im Idealfall muss der Zielkostenindex für sämtliche Produktkomponenten den Wert 1 annehmen. Ist der Index größer als 1, so ist zu überprüfen, ob die Lösung aus der Perspektive der Kunden u. U. „zu einfach" ist; Produktwertsteigerungsmaßnahmen sind in Erwägung zu ziehen. Ist der Zielkostenindex kleiner als 1, so ist die Produktkomponente aus der Sicht der Kunden u. U. „zu teuer"; Kostenreduktionsmaßnahmen sind in Erwägung zu ziehen (vgl. Abb. 30).

Die Forderung, dass der Zielkostenindex den Wert 1 besitzen soll, kann in der Realität kaum eingehalten werden. Aus diesem Grund wird eine Bandbreite akzeptabler Zielkostenindizes ermittelt. Die Bandbreite akzeptabler Zielkostenindizes (Zielkostenzone) lässt sich in einem Zielkostenkontrolldiagramm mit den Achsen „Gewichtung in %" und „Kostenanteil in %" darstellen, wobei die Bandbreite erlaubter Abweichungen mit zunehmend hoher Gewichtung (Bedeutung) abnimmt (vgl. Abb. 30). Je näher die Zielkosten für das Gesamtprodukt bei den vom Markt erlaubten Kosten (Allowable Costs) festgelegt werden, umso enger sollte auch die Zielkostenzone gesetzt sein.

Der Zielkostenzyklus I endet mit der formalen Verabschiedung der sich unter Berücksichtigung der subjektiven Kundenwünsche ergebenden Komponentenkosten auf Basis der Drifting Costs. Anschließend ist mit Blick auf die zu erreichenden Zielkosten, die im Idealfall gleich den Allowable Costs sind, zu überprüfen, ob für die außerhalb der Zielkostenzone liegenden Komponenten Kostensenkungspotentiale existieren bzw. ob die für Produktwertsteigerungsmaßnahmen erforderlichen Ressourcen zur Verfügung stehen. Sind die sich ergebenden Kosten zu weit von den Zielkosten bzw. Allowable Costs entfernt oder wird ihre Erreichbarkeit nicht schlüssig nachgewiesen, muss aus wirtschaftlicher Perspektive die Projektablehnung erfolgen.

Im Rahmen des Zielkostenzyklus II gilt es, konkrete Kostensenkungsquellen zu ermitteln und Produktwertsteigerungsmaßnahmen einzuleiten. An dem Prozess der Zielkostenerreichung und -verbesserung wirken vorwiegend Teams mit, die sich aus Mitarbeitern unterschiedlicher Unternehmensbereiche (z. B. Entwicklung, Konstruktion, Fertigung, Marketing, Controlling/Kostenmanagement) zusammensetzen. Auf diese Weise sollen langwierige Abstim-

mungsprozesse zwischen den verschiedenen Unternehmensbereichen vermieden werden.

Zur Zielkostenerreichung und -verbesserung werden die verschiedenen be-
kannten Kostenmanagementinstrumente (z. B. Wertanalyse bzw. Wertgestaltung, Prozesskostenrechnung, Benchmarking, Outsourcing, Produktlebenszyklusrechnungen, Kaizen sowie das Erfahrungskurvenkonzept) unterstützend
in den TC-Prozess eingebunden; aus diesem Grunde wird das TC auch als
„Lokomotive des Kostenmanagements" bezeichnet. Nach Serienanlauf wird
das TC durch die Phase des Continous Improvement (Kaizen) abgelöst. In
kleinen Schritten wird über die Optimierung sämtlicher Prozesse eine
permanente Kostensenkung angestrebt.

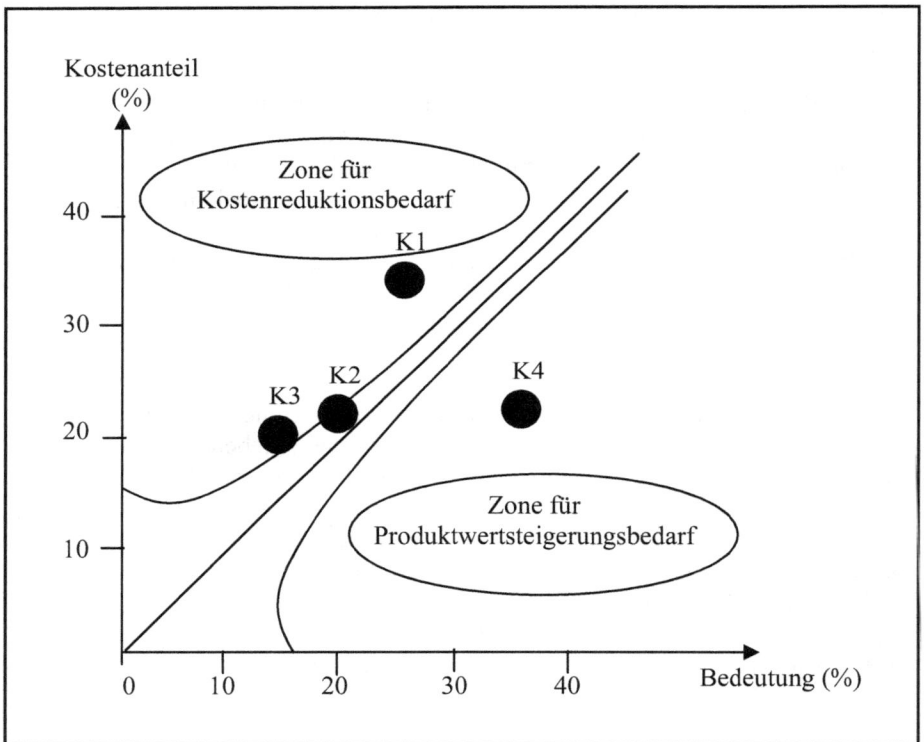

Abb. 30:
Zielkostenkontrolldiagramm

3.3.2 Beurteilung des Target Costing

Vor dem Hintergrund einer hohen Wettbewerbsintensität, kurzen Produktlebenszyklen, neuer Fertigungstechnologien und einer hohen Variantenvielfalt ist das TC als ein Erfolg versprechendes Instrument zur Berücksichtigung der Markterfordernisse und -entwicklungen im Rahmen des Kostenmanagements anzusehen. Der primäre Anwendungsbereich des TC liegt bei Serienfertigern in High-Tech-Branchen (z. B. der Elektro-, der Automobil-, der Maschinenbau- oder Feinmechanikindustrie), da für diese eine große Variantenzahl sowie kurze Produktlebenszyklen – und damit eine hohe Bedeutung der Produktentwicklung und -einführung – charakteristisch sind.

Das Konzept des TC wird seit den 70er Jahren in fast allen Branchen in Japan implementiert. In Deutschland sind zum gegenwärtigen Zeitpunkt zahlreiche Unternehmen dabei, das Konzept des TC einzusetzen. Empirische Studien belegen, dass das TC überwiegend in der Automobilindustrie (100 %), in der Elektroindustrie (88,5 %), im Maschinenbau (82,8 %) und in der Feinmechanik (75 %) eingesetzt wird. Seltener kommt TC in den Bereichen Chemie/Pharma (31,3 %), Nahrungsmittel (28,6 %), Stahl (23,1 %) und Papier (0 %) zum Einsatz.

3.3.3 Lehrfragen und Übungen

1. Im Rahmen der traditionellen Kosten- und Leistungsrechnung steht die Frage: „Was kostet ein Produkt bzw. wie hoch sind die Selbstkosten eines Erzeugnisses?" im Vordergrund. Welche Frage ist im Rahmen des TC relevant?

2. Charakterisieren Sie den Begriff „Zielkosten" ausführlich und erläutern Sie die Prognoseprobleme im Rahmen der Ermittlung der Zielkosten.

3. Erklären Sie mit Hilfe eines Zielkostenkontrolldiagramms den Prozess der Zielkostenspaltung, -erreichung und -verbesserung. Unterstützten Sie Ihre Ausführungen graphisch.

4. Erläutern Sie, warum das TC auch als eine „Lokomotivfunktion im strategischen Kostenmanagement" bezeichnet wird.

5. Erläutern Sie, warum es wichtig ist, das Konzept des integrierten Produktlebenszyklus in das TC-Konzept zu integrieren.

6. Welche Bedeutung hat die Kosten- und Leistungsrechnung im Rahmen des
   TC und welche Probleme ergeben sich aus der Sicht der traditionellen
   Kosten- und Leistungsrechnung?

Literatur (Target Costing)

Baum, H.-G./Coenenberg, A.G./Günther, Th.: Strategisches Controlling,
   4. Auflage, Stuttgart 2007.

Burger, A.: Kostenmanagement, 3. Auflage, München/Wien 1999.

Coenenberg, A. G./Fischer, Th./Schmitz, J.: Target Costing und Product Life
   Cycle Costing als Instrumente des Kostenmanagement, in: ZP (1994) 5,
   S. 1–38.

Deisenhofer, Th.: Marktorientierte Kostenplanung auf Basis von Erkenntnissen der Marktforschung bei der Audi AG, in: Target Costing, hrsg. v.
   P. Horváth, Stuttgart 1993, S. 93–117.

Dollmayer, A.: Target Costing: Modernes Zielkostenmanagement in Theorie
   und Praxis, Marburg 2003.

Gaiser, B./Kieninger, M.: Fahrplan für die Einführung des Target Costing, in:
   Target Costing, hrsg. v. P. Horváth, Stuttgart 1993, S. 53–73.

Götze, U.: ZP – Stichwort: Target-Costing, in: ZP 4/93, S. 381–389.

Horváth, P./Niemand, S./Wolbold, M.: Target Costing – State of the Art, in:
   Target Costing, hrsg. v. P. Horváth, Stuttgart 1993, S. 1–27.

Horváth, P./Seidenschwarz, W.: Die Methodik des Zielkostenmanagments, in:
   Controlling Forschungsbericht 33, 1992.

Meyer, J.W.: Produktionsinnovationserfolg und Target Costing, 1. Auflage,
   Wiesbaden 2003.

Niemand, S.: Target Costing – konsequente Marktorientierung durch Zielkostenmanagement, in: FB/IE – 41 (1992), S. 118–123.

Noltemeier, S.: Zur Konzeption monetärer Anreizsysteme für das Target
   Costing, Aachen 2003.

Seidenschwarz, W.: Target Costing – Ein japanischer Ansatz für das Kostenmanagement, in: Controlling, Heft 4, Juli/August 1991, S. 198–203.

Seidenschwarz, W.: Target Costing – Durch marktgerechte Produkte zu operativer Effizienz oder: Wenn der Markt das Unternehmen steuert, in: Target Costing, hrsg. v. P. Horváth, Stuttgart 1993, S. 29–52.

Seidenschwarz, W.: Target Costing – Verbindliche Umsetzung markorientier-
   ter Strategien, in: krp 1/94, S. 74–83.

3.4 Integriertes Ideenmanagement

Es besteht Einigkeit, dass der Erfolg eines Unternehmens maßgeblich von den Ideen der Mitarbeiter getragen wird. Als strategisches Unternehmensziel moderner Organisationsgestaltung und Mitarbeiterführung ergibt sich folglich, dass der Ideenreichtum, das Initiativpotential und das Engagement der Mitarbeiter angeregt und gefördert werden. Zur Erschließung des Ideenpotentials der Mitarbeiter stehen den Unternehmen verschiedene Instrumente zur Verfügung, die auf innovative und/oder kontinuierliche Verbesserungen gerichtet sind. Doch erst die synergetische Kombination dieser Instrumente im Sinne eines Integrierten Ideenmanagements führt zu einer Optimierung der Kosten-/Nutzen-Verhältnisse im Unternehmen (Abbildung 31). [Vgl. ausführlich: Spahl 1986, S. 119 ff.]

> Im Rahmen eines Integrierten Ideenmanagements steht die Zielsetzung im Vordergrund, über die Ausschöpfung des Verbesserungspotentials aller Unternehmensmitglieder die Kosten-/Nutzen-Verhältnisse durch die synergetische Kombination von Innovation und kontinuierlicher Verbesserung zu optimieren.

Die Idee, das Kreativitätspotential der Mitarbeiter erfolgswirksam zu nutzen, ist nicht neu. So werden in der Praxis seit jeher für innovative Aufgabenstellungen Expertenteams gebildet. Die meisten Methoden und Instrumente des Kostenmanagements (z. B. Gemeinkostenwertanalyse, Wertanalyse, Zero-Base-Budgeting, Benchmarking, Target Costing, Prozesskostenrechnung) werden mit Hilfe von Experten-/Projektteams eingeführt. Die personelle Zusammensetzung dieser Teams ist von der jeweiligen Aufgabenstellung abhängig; in der Regel ist eine fachübergreifende Zusammenarbeit erforderlich, die häufig von externen Beratern begleitet und unterstützt wird. Die Ergebnisse sind im Allgemeinen durch deutlich messbare Erfolge (z. B. Abbau von Personaljahren, Kostenreduzierung, Produktivitätssteigerung) charakterisiert; dies entspricht der Politik der großen Schritte.

Das wichtigste Instrument zur Erschließung des Kreativitätspotentials der Mitarbeiter ist jedoch das Vorschlagswesen. Dabei setzt das traditionelle Betriebliche Vorschlagswesen (BVW) vorrangig auf Verbesserungsvorschläge mit relativ hohen Einsparungseffekten; dies entspricht der Politik der großen Schritte. Das japanische Management setzt dagegen seit vielen Jahrzehnten den Schwerpunkt auf die vielen kleinen und kleinsten Ideen ihrer Mitarbeiter, die im Rahmen eines Kontinuierlichen Verbesserungsprozesses (KVP) initiiert werden und den Erfolg eines Unternehmens nur schrittweise verbessern; dies entspricht der Politik der kleinen Schritte.

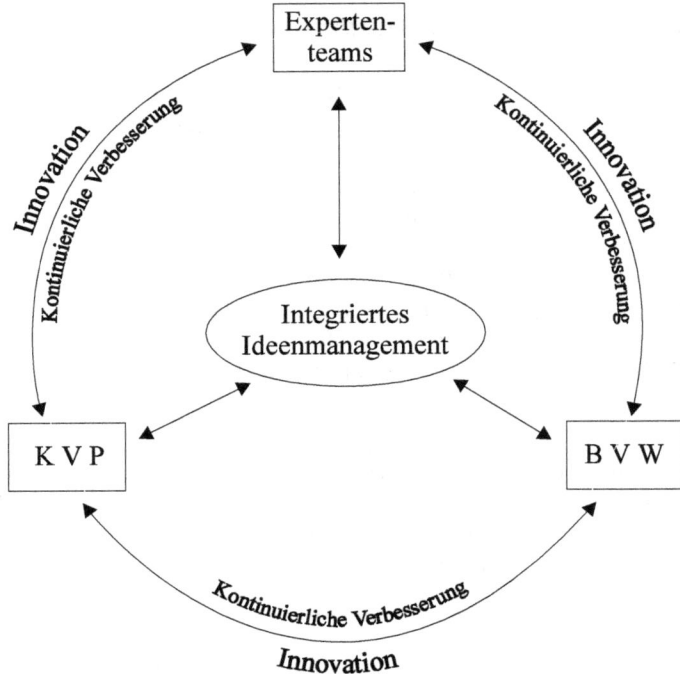

Abb. 31: Integriertes Ideenmanagement

Die Idee des KVP nimmt heute in vielen deutschen Unternehmen neben dem BVW eine an Relevanz gewinnende Stellung ein. Unternehmen wie z. B. Bosch, Opel, VW und Mercedes-Benz haben den KVP bereits umgesetzt und viel versprechende Erfolge erzielt. Mit dem Ziel, die Kosten-/Nutzen-Verhältnisse im Unternehmen zu optimieren, werden die Vorteile von KVP und BVW genutzt, indem beide Instrumente kombiniert im Sinne eines Integrierten Ideenmanagement zum Einsatz gelangen.

3.4.1 Synergetische Kombination von Innovation und kontinuierlicher Verbesserung

Bei der Diskussion um geeignete Methoden des Kostenmanagements werden zwei kontrastierende Stoßrichtungen unterschieden. Die erste umfasst fallweise Kostensenkungen quasi im Hau-Ruck-Verfahren, die nur mit Hilfe von Innovationen erreicht werden können; dies entspricht der Politik in großen Schritten. Die zweite beinhaltet die kontinuierliche Kostengestaltung; dies entspricht der Politik in kleinen Schritten. Japanische Unternehmen bevorzugen der Kaizen-Philosophie folgend in der Regel die kleinen Schritte, während westliche Unternehmen sich im Allgemeinen für die großen Schritte und somit für die Innovation entscheiden. [Vgl. Imai 1992, S. 47]

Streng genommen handelt es sich bei Kaizen um eine japanische Philosophie, die ihren Ursprung im ZEN-Buddhismus hat. KAI bedeutet „ändern", ZEN ist mit „gut" zu übersetzen, d. h. zusammengefasst bedeutet Kaizen „ändern zum Guten". Die japanische Kaizen-Philosophie erstreckt sich auf ständige Verbesserungen im politischen, gesellschaftlichen, kulturellen und privaten Bereich sowie auf Verbesserungen im Arbeitsleben. [Vgl. Simon 1994, S. 55; Kostka/Kostka 2007, S. 11]

Das Leitmotiv von Kaizen lautet:

> „Es soll kein Tag ohne irgendeine Verbesserung vergehen."
> [Imai 1992, S. 24]

Imai (1992, S. 47 ff.) stellt in diesem Zusammenhang die Begriffe „Innovation" und „Kaizen" gegenüber:

Unter Innovation sind große Veränderungen in Richtung auf einen technologischen Durchbruch oder die Einführung neuester Managementkonzepte und Produktionstechniken zu verstehen. Die Innovation verläuft dramatisch und zieht die Aufmerksamkeit aller auf sich. Im Gegensatz dazu ist Kaizen wenig spektakulär und seine Auswirkungen springen selten sofort ins Auge. Während es sich bei Kaizen um einen kontinuierlichen Prozess handelt, ist die Innovation meist ein einmaliges, abgeschlossenes Phänomen. In Kaizen zu investieren, d. h., in Mitarbeiter zu investieren. Kurz gesagt: Kaizen ist mitarbeiterorientiert, während die Innovation technologisch und finanziell orientiert ist. In Abbildung 32 sind wesentliche Unterscheidungsmerkmale von Kaizen und Innovation gegenübergestellt.

Der Erfolg einer Innovation (z. B. Kostenabbau, Rentabilität, Effektivität, Produktivität) kann idealtypisch in Form einer Treppe dargestellt werden (vgl. Abb. 33). Hierbei bleibt jedoch unberücksichtigt, dass jedes System ab dem Zeitpunkt seiner Etablierung dem Verfall preisgegeben ist:

> „Eines der berühmten Parkinsonschen Gesetze besagt, dass der Niedergang einer Organisation mit der Fertigstellung des Gebäudes, in dem sie untergebracht wird, beginnt. In anderen Worten: Bereits zur Erhaltung des Status quo bedarf es schon beständiger Anstrengungen." [Imai 1992, S. 50]

	Kaizen	**Innovation**
1. Effekt	langfristig und andauernd, aber undramatisch	kurzfristig, aber dramatisch
2. Tempo	kleine Schritte	große Schritte
3. Zeitlicher Rahmen	kontinuierlich und steigend	unterbrochen und befristet
4. Erfolgschance	gleichbleibend hoch	abrupt und unbeständig
5. Protagonisten	jeder Firmenangehörige	wenige "Auserwählte"
6. Vorgehensweise	Kollektivgeist, Gruppenarbeit, Systematik	"Ellbogenverfahren", individuelle Ideen und Anstrengungen
7. Devise	Erhaltung und Verbesserung	Abbruch und Neuaufbau
8. Erfolgsrezept	konventionelles Know-how und jeweiliger Stand der Technik	technologische Errungenschaften, neue Erfindungen, neue Theorien
9. Praktische Voraussetzungen	kleines Investment, großer Einsatz zur Erhaltung	großes Investment, geringer Einsatz zur Erhaltung
10. Erfolgsorientierung	Menschen	Technik
11. Bewertungskriterien	Leistung und Verfahren für bessere Ergebnisse	Profitresultate
12. Vorteil	hervorragend geeignet für eine langsam ansteigende Wirtschaft	hauptsächlich geeignet für eine rasch ansteigende Wirtschaft

Abb. 32: Merkmale von Kaizen und Innovation
[In Anlehnung an: Imai 1992, S. 48]

Erfolg

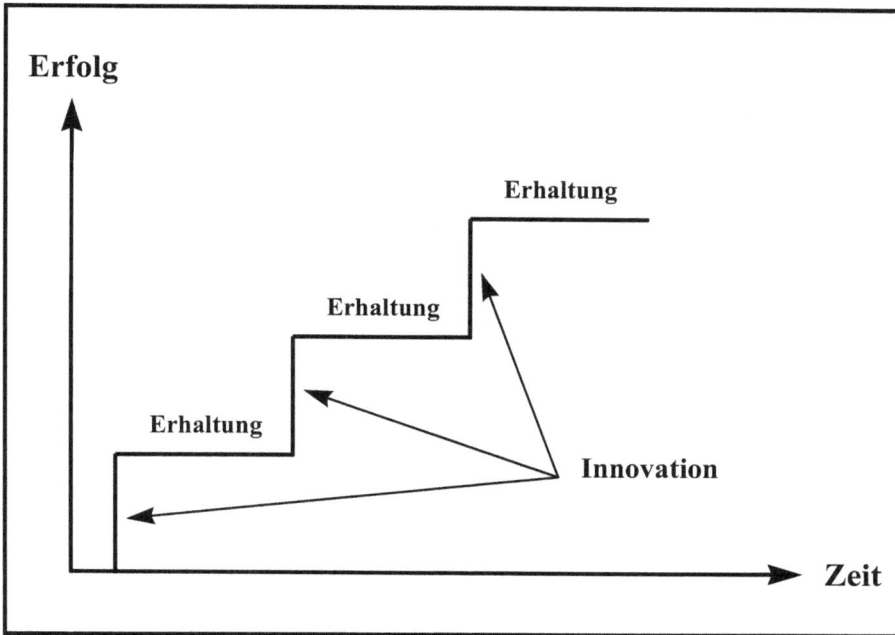

Abb. 33: Idealtypischer Erfolgsverlauf einer Innovation
(In Anlehnung an: Imai 1992, S. 49]

In der Realität wird der Erfolg einer Innovation daher eher den in Abbildung
34 dargestellten Verlauf annehmen. Ursache dafür ist, dass sich der Zustand
eines aufgrund von Innovation installierten Systems ständig verschlechtert,
wenn nicht kontinuierliche Anstrengungen unternommen werden, um das
System zu erhalten und zu verbessern. Aus diesem Grunde müssen nach einer
einmal erreichten Innovation eine Reihe von Kaizen-Aktivitäten einsetzen, um
den Zustand zu erhalten und zu verbessern (vgl. Abb. 35).

Während Innovation eine punktuelle Angelegenheit ist, deren Erfolge durch
starke Konkurrenz und sich verschlechternde Standards verringert werden,
handelt es sich bei Kaizen um ein stetiges, mit Synergieeffekten einhergehen-
des Bestreben, welches im Lauf der Jahre zu wachsendem Erfolg führt.

Erfolg

Zeit

Standard

Standard

Erhaltung

Praxis
(Zerfall)

Praxis
(Zerfall)

Innovation

Innovation

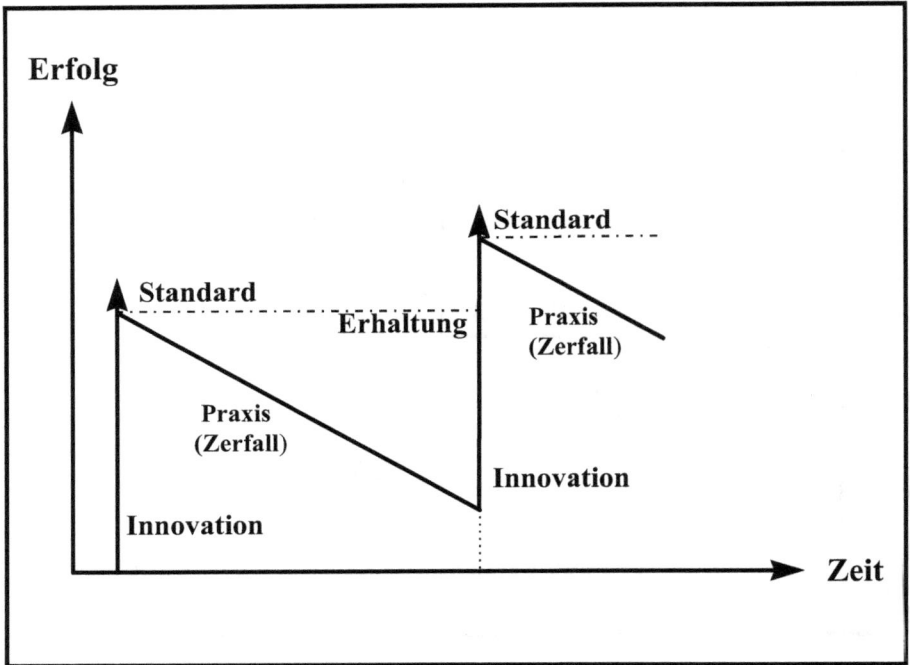

Abb. 34: Realtypischer Erfolgsverlauf einer Innovation
[In Anlehnung an Imai 1992, S. 50]

„Kaizen ist stetig bestrebt, Standards nicht nur zu erhalten, sondern diese auch zu verbessern." [Imai 1992, S. 51]

Unter Erhaltung sind sämtliche Aktivitäten zu verstehen, die auf die Aufrechterhaltung bestehender technologischer, arbeits- und ablaufbezogener Standards abzielen. Zur Verbesserung zählen alle jene Aktivitäten, die zu einer Erhöhung der bestehenden Standards führen. Standards verbessern, heißt höhere Standards setzen. Nachdem dies geschehen ist, ist es die erhaltende Aufgabe des Managements, auf die Befolgung dieser Standards zu achten. Anhaltend kann Verbesserung nur erreicht werden, wenn die Mitarbeiter mit immer höheren Standards arbeiten. Auf diese Weise ist Erhaltung und Verbesserung der Standards für die meisten japanischen Manager untrennbar miteinander verbunden. [Vgl. Imai 1992, S. 27; vgl. auch die Ausführungen zu den PDCA- und SDCA-Zyklen, Pkt.3.4.2.2]

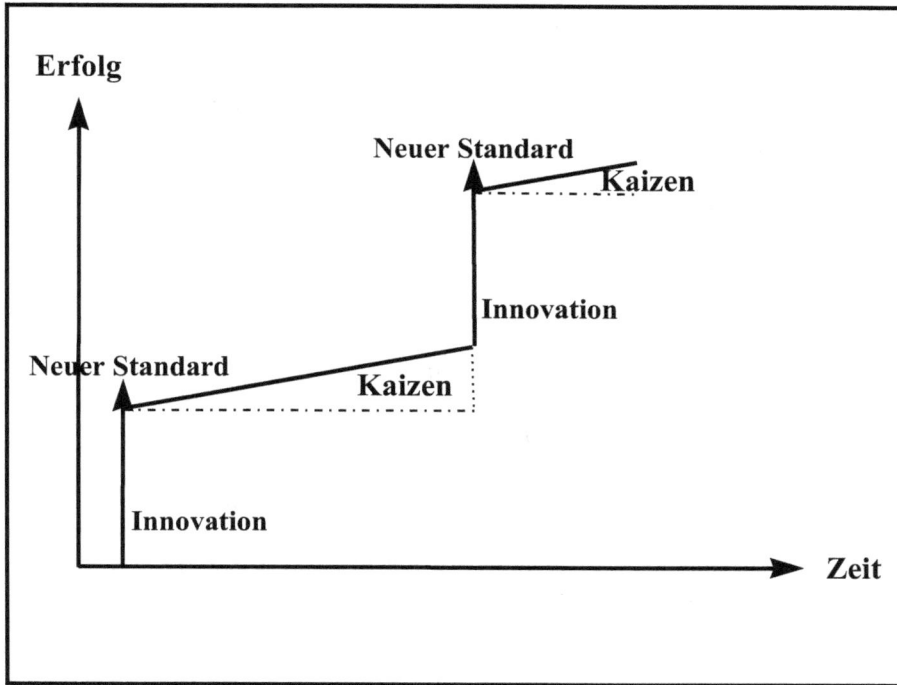

Abb. 35: Erfolgsverlauf bei Kombination von Innovation und Kaizen
[In Anlehnung an: Imai 1992, S. 51]

Im Rahmen von Kaizen wird das managementorientierte, das gruppenorien-
tierte und das personenorientierte Kaizen unterschieden. Kaizen bezieht jeden
Mitarbeiter eines japanischen Unternehmens in den Verbesserungsprozess ein.
Kaizen beginnt bei der Art und Weise, wie ein Mitarbeiter seine Arbeit am
eigenen Arbeitsplatz ausführt und schließlich verbessert (personenorientiertes
Kaizen), setzt sich fort bei der Verbesserung der Arbeitsbereiche (gruppen-
orientiertes Kaizen) und reicht bis zur Verbesserung von Systemen und Verfahren (managementorientiertes Kaizen) (vgl. Abb. 36).

3.4.2 Kontinuierlicher Verbesserungsprozess (KVP)

3.4.2.1 Abgrenzung, Zielsetzung und Schwerpunkte des KVP

Eine Abgrenzung des Begriffes „Kontinuierlicher Verbesserungsprozess" hat das Institut für angewandte Arbeitswissenschaft (IfaA), Köln, vorgenommen: [Vgl. Simon 1994, S. 55, Simon 1996, S. 20]

> Kaizen ist der Oberbegriff für alle Verbesserungsaktivitäten in sämtlichen Bereichen des Unternehmens. KVP ist durch die ständige Verbesserung der eigenen Arbeit in kleinen und kleinsten Schritten gekennzeichnet und kann somit als Teilaufgabe von Kaizen interpretiert werden.

KVP wird vorwiegend im Arbeitsbereich einer Gruppe praktiziert, wobei die Gruppe selbst Schwachstellen nicht nur erkennen, sondern auch eliminieren soll. Daneben schließt KVP auch Mitarbeiter in Einzelarbeit ein. Zur Bewältigung von Schnittstellenproblemen werden auch Mitarbeiter anderer Arbeitsbereiche in den KVP-Prozess eingebunden. Die Zielsetzung des KVP liegt darin, jegliche Verschwendung im Unternehmen zu vermeiden. [Erxleben 2006, S. 33 f.; Kostka/Kostka 2007, S. 14; Simon 1994, S. 56–58]

Die Schwerpunkte der KVP-Aktivitäten liegen in der Beherrschung von Störungen, im Beseitigen von Schwachstellen und im Vermeiden unnötiger Arbeit; kurz: im Vermeiden von Verschwendungen. Die Eliminierung von Verschwendungen führt u. A. zu verbesserten Arbeitsausführungen (Arbeitsmethoden, Arbeitsprozesse) und somit zu Verbesserungen. Verbesserungen führen wiederum zu Änderungen der bisher bestehenden Arbeitsanweisungen und Standards (z. B. Soll-Zeiten, Nutzungsgrade, Qualitätskennzahlen). [Vgl. Simon 1996, S. 25]

> Mit Hilfe des KVP werden somit über Prozessverbesserungen letztlich auch Ergebnisverbesserungen (z. B. Produktivitätssteigerungen, Kostenreduzierungen Qualitätsverbesserungen) erzielt.

Verbesserungsvorschläge im Rahmen des KVP sind Bestandteil der Arbeitsaufgabe, d. h. den Arbeitnehmern wird bezahlte Arbeitszeit zur Verfügung gestellt, um an speziell eingerichteten KVP-Zirkeln teilzunehmen und so Verbesserungen zu erarbeiten bzw. umzusetzen. Die KVP-Verbesserungsaktivitäten werden innerhalb des Entlohnungssystems abgegolten.

Vorgeschlagene Verbesserungsmaßnahmen sind unmittelbar nach der Erarbeitung durch den Vorgesetzten zu begutachten und bei Annahme sofort umzusetzen. Neben der sofortigen Umsetzung der eingereichten Verbesserungsvorschläge motiviert das japanische Management die Mitarbeiter mit Hilfe verschiedener materieller und insbesondere immaterieller Anerkennungen zu weiteren Verbesserungsaktivitäten.

	Management-orientiertes Kaizen	Gruppen-orientiertes Kaizen	Personen-orientiertes Kaizen
Einbeziehung	Manager und Spezialisten	Teilnehmer einer Gruppe	Alle
Verbesserungsbereich	Verfahren und Systeme	Arbeitsbereiche	Arbeitsplätze
Ergebnisse	Neue Systeme und verbesserte Anlagen Verbesserte Leistungsfähigkeit des Managements	Verbesserte Arbeitsverfahren Verbesserte Arbeitsmoral Überarbeitung von Standards	Verbesserung vor Ort Verbesserte Arbeitsmoral Kaizen Bewusstsein Selbstentfaltung
Richtung	Stufenweise sichtbare Verbesserung Deutliche Steigerung	Stufenweise sichtbare Verbesserung	Stufenweise sichtbare Verbesserung

Abb. 36:
Drei Segmente von Kaizen

3.4.2.2 Hilfsmittel und Ablauf eines KVP

Die Durchführung eines KVP kann mit den beiden Zyklen „PDCA" (Plan, Do, Check, Action) und „SDCA" (Standardize, Do, Check, Action) dargestellt werden (vgl. Abb. 37 u. 38). [Vgl. im Folgenden: Haug/Martens/Pudeg 1993, S. 148 ff.; Imai 1992, S. 86 ff.; Kostka/Kostka 2007, S. 33 ff.; Simon 1996, S. 24]

Der PDCA-Zyklus ist eine Abfolge von Aktivitäten, mit der Zielsetzung, vorgegebene Standards zu verbessern; er ist also der eigentliche Verbesserungsprozess. Aus diesem Grunde ist es unerlässlich, vor Anwendung des PDCA-Kreises Standards festzusetzen. Dies ist die Zielsetzung des SDCA-Zyklus, mit Hilfe dessen Verbesserungen stabilisiert und neue Standards festgesetzt werden.

SDCA-Zyklen dienen der Stabilisierung bzw. der Erhaltung und Standardisierung von Zuständen, während PDCA-Zyklen zur Verbesserung gegebener Standards beitragen.

Für die vier Schritte des Planens (Plan), des Tuns (Do), der Erfassung der Ergebnisse (Check) und der Zusammenfassung der Aktion (Action) stehen verschiedene Hilfsmittel zur Verfügung. Das erste Hilfsmittel ist die „3-Mu-Checkliste" (vgl. Abb. 39), die eingesetzt wird, um Verschwendungen und somit Verbesserungsmöglichkeiten im Unternehmen aufzudecken. Hierbei werden drei Erscheinungsformen der Verschwendung unterschieden: Muda (= direkte Verschwendung), Muri (= Überlastung) und Mura (= Abweichung, Unausgewogenheit). Unter Muda versteht man sämtliche Formen der Verschwendung, die durch Überproduktion in der Vorkombination, Wartezeit, überflüssigem Transport, ungünstigem Produktionsprozess, überhöhter Lagerhaltung, unnötigen Bewegungen und Erstellung fehlerhafter Teilleistungen resultieren.

Muri bedeutet Überlastung, bedingt durch Überbeanspruchung von Menschen bei der Handhabung (z. B. körperliche und geistige Überforderung, Übermüdung, Stresserscheinungen, erhöhte Fehlerhäufigkeit, Arbeitsunzufriedenheit) oder maschinellen Anlagen (fehlerhafte Vorgabezeiten für Arbeitstakt und Arbeitsmittelwechsel oder mangelnde Harmonisierung im Produktionsfluss).

Mura betrifft Unausgeglichenheit mit Verlusten aus nicht vollständiger Harmonisierung der Kapazitäten, bedingt durch Warteschlangenbildung vor Arbeitsstationen und Bildung von Zwischenlagern sowie nicht optimal ausgelasteter Kapazitäten (Leerkosten).

Mit Hilfe der so gennaten „5-S-Bewegung" (Seiri, Seiton, Seiso, Seiketsu, Shitsuke) sollen Ordnung, Sauberkeit und Sicherheit bei der Arbeitsausführung sichergestellt werden (vgl. Abb. 40).

Als weitere wichtige Werkzeuge zur Aufdeckung von Schwachpunkten sind „Die sechs W" und die „4-M-Checkliste" (4-M: Mensch, Maschine, Material, Methode) (vgl. Abb. 41 u. 42) zu nennen. Gelegentlich wird die „4-M-Checkliste" um den Faktor „Messung" zu einer „5-M-Checkliste" ergänzt.

Für analytische Problemlösungen kommen im Rahmen von Kaizen bzw. KVP bspw. die so gennaten „Sieben statistischen Werkzeuge" (Pareto-Diagramm, Ursache-Wirkungs-Diagramm, Histogramm, Kontrollkarten, Streuungsdiagramm, Kurven, Prüfformulare) und „Die Neuen Sieben" (Beziehungs-diagramm, Affinitätsdiagramm, Baumdiagramm, Matrixdiagramm zur Datenanalyse, Diagramm zur Entscheidungsfindung, Pfeildiagramm) zur Anwendung. Mit Hilfe dieser Werkzeuge sollen die analytischen und diagnostischen Fähigkeiten der Manager und Mitarbeiter verbessert werden.

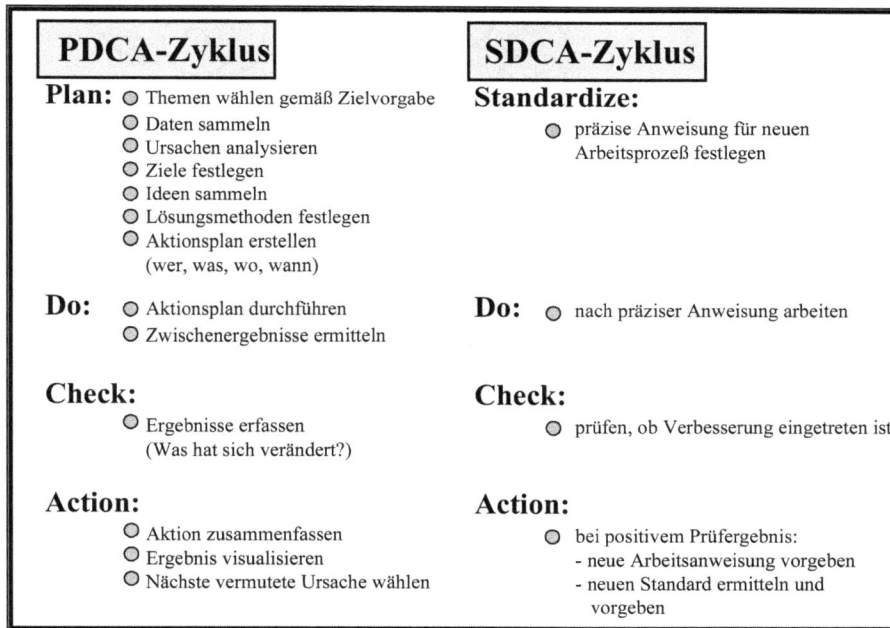

PDCA-Zyklus	SDCA-Zyklus
Plan: Themen wählen gemäß Zielvorgabe Daten sammeln Ursachen analysieren Ziele festlegen Ideen sammeln Lösungsmethoden festlegen Aktionsplan erstellen (wer, was, wo, wann)	**Standardize:** präzise Anweisung für neuen Arbeitsprozeß festlegen
Do: Aktionsplan durchführen Zwischenergebnisse ermitteln	**Do:** nach präziser Anweisung arbeiten
Check: Ergebnisse erfassen (Was hat sich verändert?)	**Check:** prüfen, ob Verbesserung eingetreten ist
Action: Aktion zusammenfassen Ergebnis visualisieren Nächste vermutete Ursache wählen	**Action:** bei positivem Prüfergebnis: - neue Arbeitsanweisung vorgeben - neuen Standard ermitteln und vorgeben

Abb. 37: Teilschritte im Rahmen des PDCA- und SDCA-Zyklus

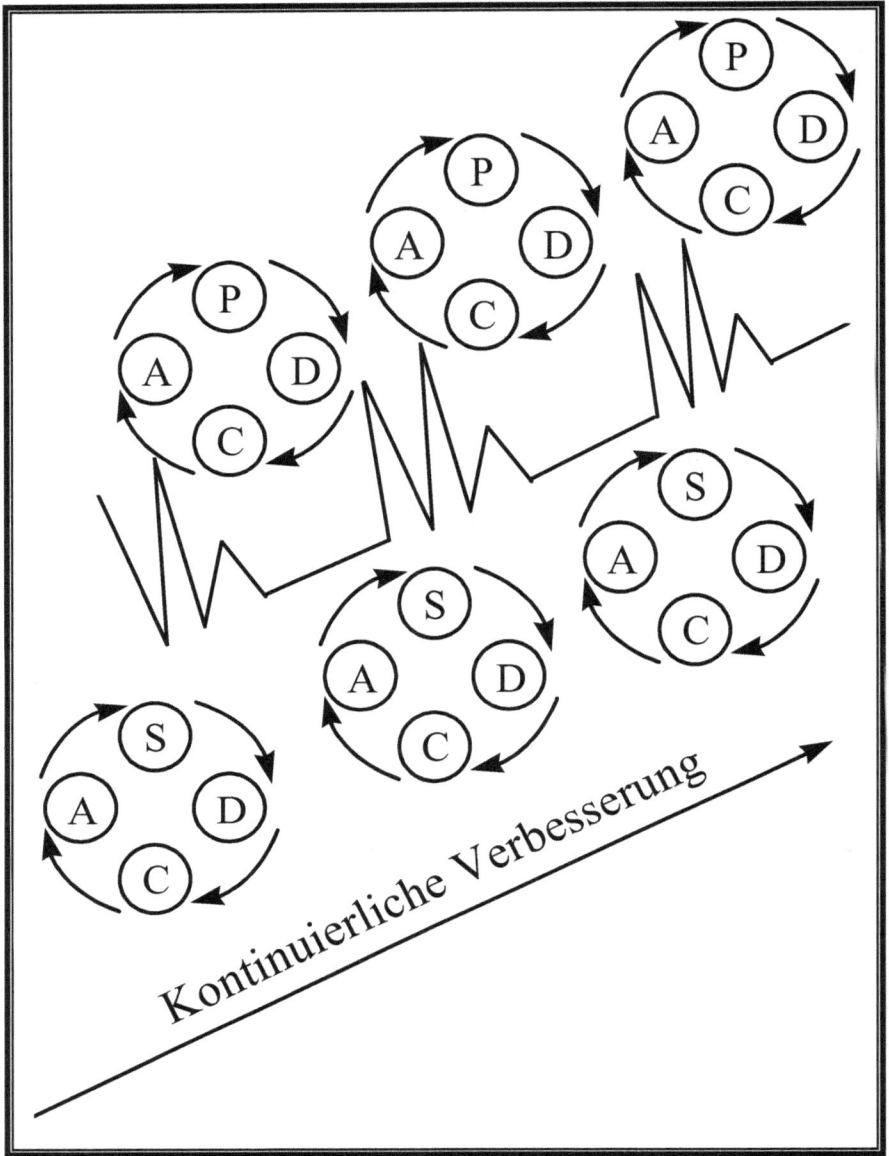

Abb. 38:
Interaktion von PDCA- und SDCA-Zyklen
(In Anlehnung an: Haug/Martens/Pudeg 1993, S. 149]

M u d a	**M u r i**	**M u r a**
1. Mitarbeiter	1. Mitarbeiter	1. Mitarbeiter
2. Technik	2. Technik	2. Technik
3. Methode	3. Methode	3. Methode
4. Zeit	4. Zeit	4. Zeit
5. Möglichkeit	5. Möglichkeit	5. Möglichkeit
6. Vorrichtungen und Werkzeuge	6. Vorrichtungen und Werkzeuge	6. Vorrichtungen und Werkzeuge
7. Material	7. Material	7. Material
8. Produktions-volumen	8. Produktions-volumen	8. Produktions-volumen
9. Umlauf	9. Umlauf	9. Umlauf
10. Platz	10. Platz	10. Platz
11. Art zu Denken	11. Art zu Denken	11. Art zu Denken

Abb. 39: Checkliste zur Ausschaltung von Verschwendung
[In Anlehnung an: Imai 1992, S. 273]

Schritt 1:	**„Seiri"**
	(Ordnung schaffen)
„... Trenne Notwendiges von nicht Notwendigem und entferne alles nicht Notwendige."	
Schritt 2:	**„Seiton"**
	(jeden Gegenstand am richtigen Platz aufbewahren)
„... Gegenstände müssen so aufbewahrt werden, daß sie bei Bedarf griffbereit sind."	
Schritt 3:	**„Seiso"**
	(Sauberkeit)
„... Halte den Arbeitsplatz sauber."	
Schritt 4:	**„Seiketsu"**
	(persönlicher Ordnungssinn)
„... Mach dir Sauberkeit und Adrettheit zur Gewohnheit, indem du damit bei dir selbst beginnst."	
Schritt 5:	**„Shitsuke"**
	(Disziplin)
„... Halte an deinem Arbeitsplatz die Vorschriften ein."	

Abb. 40: 5-S-Bewegung
[In Anlehnung an: Imai 1992, S. 277–276]

Wer	**Was**	**Wo**
1. Wer macht es ?	1. Was ist zu tun ?	1. Wo soll es getan werden?
2. Wer macht es gerade ?	2. Was wird gerade getan ?	2. Wo wird es getan ?
3. Wer sollte es machen ?	3. Was sollte getan werden ?	3. Wo sollte es getan werden ?
4. Wer kann es noch machen ?	4. Was kann noch gemacht werden ?	4. Wo kann es gemacht werden ?
5. Wer soll es machen ?	5. Was soll noch gemacht werden ?	5. Wo soll es noch gemacht werden ?
6. Wer macht die 3 MU ?	6. Welche 3 MU werden gemacht ?	6. Wo werden 3 MU gemacht ?

Wann	**Warum**	**Wie**
1. Wann wird es gemacht ?	1. Warum macht er es ?	1. Wie wird es gemacht ?
2. Wann wird es wirklich gemacht ?	2. Warum soll es gemacht werden ?	2. Wie wird es wirklich gemacht ?
3. Wann soll es gemacht werden ?	3. Warum soll es hier gemacht werden ?	3. Wie soll es gemacht werden?
4. Wann kann es sonst gemacht werden ?	4. Warum wird es dann gemacht?	4. Kann diese Methode auch in anderen Bereichen angewendet werden ?
5. Wann soll es noch gemacht werden ?	5. Warum wird es so gemacht ?	5. Wie kann es noch gemacht werden ?
6. Gibt es die 3 MU ?	6. Gibt es 3 MU in der Art zu denken ?	6. Gibt es 3 MU in der Methode ?

Abb. 41: Die sechs W
[In Anlehnung an: Imai 1992, S. 277–278]

A. *M*ensch **(Maschinenarbeiter)**	**B. *M*aschinen (Anlagen)**
1. Befolgt er die Standards ?	1. Erfüllt sie die Anforderungen der Produktion ?
2. Ist seine Arbeitseffizienz akzeptabel ?	2. Erfüllt sie die Anforderungen des Prozesses ?
3. Denkt er problembewusst ?	3. Ist sie richtig geölt (geschmiert) ?
4. Hat er Verantwortungsbewußtsein (ist er verläßlich) ?	4. Reicht die Inspektion aus ?
5. Ist er ausreichend qualifiziert ?	5. Führen mechanische Probleme häufig zum Maschinenstillstand ?
6. Hat er genügend Erfahrung ?	6. Arbeitet sie ausreichend genau ?
7. Ist der Arbeitsplatz für ihn geeignet ?	7. Verursacht sie irgendwelche ungewöhnliche Geräusche ?
8. Ist er verbesserungswillig ?	8. Ist das Maschinenlayout richtig ?
9. Bemüht er sich um gute zwischenmenschliche Beziehungen ?	9. Reicht die Zahl der Maschinen aus ?
10. Ist er gesund ?	10. Ist alles in der richtigen Ordnung ?
C. *M*aterial	**D. (Arbeits-)*M*ethode**
1. Gibt es irgendwelche Abweichungen im Volumen ?	1. Gibt es geeignete Arbeitsstandards ?
2. Gibt es irgendwelche Abweichungen in der Qualität ?	2. Wurde der Arbeitsstandard angehoben ?
3. Ist es die richtige Marke ?	3. Ist die Methode sicher ?
4. Weist es Verunreinigungen auf ?	4. Gewährleistet die Methode ein gutes Produkt ?
5. Ist die Höhe des Umlaufs richtig ?	5. Ist die Methode effizient ?
6. Wird Material in irgendeiner Form verschwendet ?	6. Ist die Abfolge der einzelnen Arbeitsschritte sinnvoll ?
7. Ist der Materialtransport der richtige ?	7. Ist die Aufstellung richtig ?
8. Wird ausreichend auf den Umlauf geachtet ?	8. Passen Temperatur und Feuchtigkeit ?
9. Ist das Materiallayout geeignet ?	9. Sind Beleuchtung und Ventilation ausreichend ?
10. Ist der Qualitätsstandard ausreichend ?	10. Gibt es genügend Kontakte zum vor- und nachgelagerten Prozeß ?

Abb. 42: 4-M-Checkliste
[In Anlehnung an: Imai 1992, S. 279–280]

3.4.2.3 Voraussetzungen für einen KVP

Die Kaizen-Philosophie ist seit Generationen im Gedankengut der Japaner verankert; bei der Einführung von Kaizen bzw. KVP in einen anderen Kulturkreis bzw. in Deutschland ist zu beachten, dass die Umsetzung unter anderen Randbedingungen erfolgt.

Eine wesentliche Voraussetzung für einen erfolgreichen KVP ist, dass sich das gesamte Management zum KVP als Unternehmensstrategie bekennt und diese Arbeit uneingeschränkt unterstützt. Der KVP-Prozess sollte von „oben nach unten" (top down) eingeführt werden, die Verbesserungsvorschläge sollten jedoch von „unten nach oben" (bottom up) gehen, da die besten Problemlösungen von denjenigen kommen, die dem Problem am nächsten stehen. [Vgl. Jehle/Willeke 1996, S. 258; Simon 1992, S. 185; Witt/Witt 2006, S. 93 f.]

Im Mittelpunkt des KVP stehen die Mitarbeiter; der Erfolg ist daran gebunden, dass sich die Mitarbeiter des Unternehmens mit der Kaizen-Philosophie identifizieren. Voraussetzung für die Identifikation der Mitarbeiter mit KVP ist die Schaffung eines kreativitätsfördernden Umfeldes sowie der Aufbau eines Zielsystems, welches auf jeder Unternehmensebene verständlich formuliert sein muss. Die systematische Erarbeitung der Unternehmensziele bzw. die Transformation des Generalzieles (z. B. Sicherung des langfristigen Unternehmenserfolges) in strategische, taktische und operative Sub- bzw. Unterziele erfolgt im Rahmen der Zielplanung. Die Unternehmensleitung stellt für das Unternehmen strategische Ziele auf, die sich insbesondere auf Produkte und Märkte beziehen. Diese Ziele werden durch die Hierarchieebenen „nach unten" weitergeleitet, wobei auf jeder Ebene eine zunehmende Konkretisierung der Ziele erfolgt. Mit der Vorgabe verständlicher qualitativer und quantitativer Ziele auf der operativen Ebene (z. B. Reduktion von Rüstzeiten, Maschinenstillstandszeiten oder Fehlerraten sowie die Verbesserung der Arbeitssicherheit und/oder der Qualität der Erzeugnisse) wird ein Anreiz für eine kontinuierliche Rationalisierung entlang der Wertschöpfungskette geschaffen. Die Leistungsdaten sollten realtime in den betroffenen Arbeitsbereichen ermittelt und mit Hilfe geeigneter Kennzahlen visualisiert werden. Mit Hilfe dieser so gewonnenen Transparenz werden Probleme bzw. Schwachstellen im Sinne eines Selbstcontrollings schnell lokalisiert und eigenverantwortliche Verbesserungsmaßnahmen initiiert. [Vgl. Jehle/Willeke 1996, S. 258; Witt/Witt 2006, S. 92 f.]

Ausgangspunkt einer jeden Verbesserung ist das Erkennen und das Analysieren von Problemen. Aus diesem Grunde sollte die Unternehmensleitung das Problembewusstsein schärfen und unterstützen. Wichtig in diesem Zusammenhang ist die Schaffung einer offenen, bereichsübergreifenden Kommunikation, die es erlaubt, Probleme anzusprechen und die Ideen anderer zu akzeptieren. [Vgl. Haug/Martens/Pudeg 1993, S. 150; Witt/Witt 2006, S. 92 f.]

> „Probleme sind dabei nicht als Schwächen oder Missstände zu bezeichnen, sondern als Potentiale für zukünftige Verbesserungen („Probleme sind Schätze")."
> [Haug/Martens/Pudeg 1993, S. 150]

Eine Erfolg versprechende KVP-Arbeit ist daran geknüpft, dass die organisatorischen Voraussetzungen geschaffen werden, wie z. B. die Festlegung eines Zeitbudgets innerhalb oder außerhalb der betrieblichen Arbeitszeit, innerhalb dessen die Mitarbeiter Verbesserungsvorschläge erarbeiten können sowie die Festlegung oder Wahl eines Gruppenmitgliedes, das Verbesserungsvorschläge gegenüber Vorgesetzten vertritt. [Vgl. Simon 1994, S. 60]

Darüber hinaus müssen Räumlichkeiten für Gruppenaktivitäten und Hilfsmittel (z. B. Tageslichtprojektoren, Stellwände, Wandtafeln, Charts, Moderatorenkoffer) sowie Mittel für Qualifizierungsmaßnahmen zur Erlangung von Methoden- und Sozialkompetenz zur Verfügung gestellt werden. [Vgl. Simon 1996, S. 26–27; Witt/Witt 2006, S. 94 ff.]

Der Erfolg des KVP liegt in der Motivation aller Führungskräfte und insbesondere der Mitarbeiter und in ihrer Sicherheit, mit kontinuierlichen Verbesserungsmaßnahmen nicht ihren Arbeitsplatz zu gefährden. Solche Ängste würden den KVP-Prozess blockieren. Aus diesem Grunde ist mit einer aktiven Mitarbeit der gesamten Belegschaft im KVP nur dann zu rechnen, wenn die Unternehmensleitung sicherstellt, dass sich die im Zusammenhang mit dem KVP stehenden Rationalisierungsmaßnahmen nicht negativ auf die Sicherheit der Arbeitsplätze – zumindest auf die der Stammbelegschaft - auswirken. [Vgl. Simon 1992, S. 171 u. 185]

Die Einführung des KVP ist üblicherweise mit einer Anpassung des Entlohnungssystems verbunden. Grundsätzlich gilt, dass die Teilnahme am KVP eine Anforderung der Arbeitsaufgabe ist, die mit dem tariflichen Grundentgelt vergütet wird. Darüber hinaus können die Mitarbeiter zur aktiven Beteiligung am KVP-Prozess motiviert werden, indem KVP-Erfolge zusätzlich zum Grundentgelt immateriell oder materiell vergütet werden. Hier sei an die Belobigung durch Vorgesetzte und/oder die Geschäftsleitung gedacht. Derartige immateriellen Belobigungen schließen nicht aus, dass größere KVP-Erfolge auch materiell vergütet werden können, z. B. durch Erfolgsbeteiligungen oder Prämien. Daneben können durch den Vorgesetzten „Punkte" vergeben werden, die von den Mitarbeitern gesammelt werden. Bei einer bestimmten Punktsumme erhalten die Mitarbeiter nach Wahl entweder Sachpreise, wie z. B. Firmenprodukte oder Taschenrechner, ein Abendessen oder Eintrittskarten für kulturelle oder sportliche Veranstaltungen. Wichtig im Rahmen des prozessorientierten KVPs ist, dass nicht nur Ergebnisverbesserungen, sondern insbesondere auch Prozessverbesserungen als KVP-Erfolge ausgewiesen und belohnt werden. [Vgl. Simon 1994, S. 64]

Es liegt in der Natur des KVP-Konzeptes, dass es eher programmatischen als Projektcharakter besitzt; lediglich in der Einführungsphase sollte der KVP-Prozess wie ein Projekt begleitet werden. Hierbei ist jedoch zu beachten, dass KVP im Sinne von Kaizen nicht wie ein konventionelles Projekt eingeführt werden kann. KVP zu etablieren bedeutet, in die Köpfe der Mitarbeiter einzudringen und eine Veränderung der Denk- und Handlungsweisen auszulösen. Dies ist ein Prozess, der sich über mehrere Jahre erstreckt. Aus diesem Grunde sollte KVP durch eine konsequente Projektorganisation eingeleitet und im Laufe der Zeit schrittweise zurückgenommen werden, bis der KVP-Prozess die gewünschte Eigendynamik erreicht hat. [Vgl. Haug/Martens/Pudeg 1993, S. 152; Jehle/Willeke 1996, S. 259]

3.4.2.4 Beurteilung des KVP

KVP kann ein wirkungsvolles Instrument des Kostenmanagements sein. Erfahrungen bei der Umsetzung von KVP, z. B. bei Bosch, Ford, IBM, Opel, VW und Mercedes zeigen viel versprechende Erfolge, die insbesondere aus der optimalen Kombination von Innovation (Politik der großen Schritte) und KVP (Politik der kleinen Schritte) resultieren.

Gemeinkostenwertanalyse, Zero-Base-Budgeting, Target Costing und Wertanalyse sind primär strategisch orientierte Methoden des Kostenmanagements, die auf eine Veränderung in großen Schritten in Form innovativer Prozesse abzielen. Erst durch den KVP wird über Verbesserungsaktiviäten in kleinen und kleinsten Schritten die Möglichkeit eröffnet, die in Einmalaktionen erzielten Erfolge zu erhalten und schließlich zu verbessern.

Zusammenfassend kann festgehalten werden, dass KVP eine primär operative Methode des Kostenmanagements ist, die der kontinuierlichen Mitwirkung aller Mitarbeiter, insbesondere aber die der operativen Ebene, bedarf. KVP trägt über die Erschließung des Verbesserungspotentials der Mitarbeiter wesentlich zu einer zielorientierten Beeinflussung des Kostenniveaus, des Kostenverhaltens und der Kostenstrukturen bei. Doch erst die Kombination des KVP mit den übrigen Methoden des Kostenmanagements bzw. die Kombination von KVP und Innovation führt zu einer Optimierung der Nutzen-Kostenverhältnisse im Unternehmen.

3.4.3 Betriebliches Vorschlagswesen (BVW)

Das BVW hat in Deutschland eine lange Tradition, die sich bis in die 80er Jahre des vorigen Jahrhunderts zurückverfolgen lässt. Viele Jahre standen eindeutig Wirtschaftlichkeitsziele im Vordergrund des BVW, d. h. das BVW wurde in seiner traditionellen Form lediglich als reines Rationalisierungsinstrument verstanden. Heute wird das BVW als Instrument zur Steigerung der Innovationsfähigkeit des Unternehmens und als Instrument der Mitarbeiterführung und Mitarbeitermotivation charakterisiert. [Vgl. Bismarck 2000, S. 14; Brandt 2007, S. 13; Thom 1993, S. 280]

3.4.3.1 Abgrenzung, Zielsetzung und Schwerpunkte des BVW

Allgemein werden mit dem Begriff „Betriebliches Vorschlagswesen" die in einem Unternehmen zumeist institutionalisiert angelegten Systeme und Verfahren verstanden, die für den Fall Prämien in Aussicht stellen, dass Arbeitnehmer über ihre Dienstpflichten oder ihren konkreten Aufgabenbereich hinaus freiwillig einen Beitrag zur Verbesserung der betrieblichen Arbeit leisten.

Der Arbeitgeber, der einen Verbesserungsvorschlag seines Arbeitnehmers verwertet und daraus einen Vorteil zieht, ist nach gegebener Rechtsprechung und herrschender Lehre zur Zahlung einer Vergütung verpflichtet (BAG E 17, 151 = AP Nr. 1 zu § 20 ArbN ErfG = DB 1965, S. 671). An diesem Rechtszustand ändert sich nichts dadurch, dass der Arbeitgeber sich entschließt, ein BVW einzuführen oder nicht. [Auszug aus der Urteilsbegründung zum Urteil des BAG vom 28.04.1981 – 1 ABR 75/79, zitiert in Brinkmann/Simon 1994, S. 47]

Sowohl der KVP als auch das BVW leben von den Verbesserungsvorschlägen der Mitarbeiter. Verbesserungsvorschläge, die über das BVW abgewickelt werden, zählen – im Gegensatz zu den Verbesserungsvorschlägen des KVP –

nicht zur Arbeitsaufgabe bzw. nicht zum Pflichtenkreis des Einreichenden; sie stellen freiwillig erbrachte Zusatzleistungen dar, die nach den Vorschriften der Betriebsvereinbarung bewertet und prämiert werden. Eine Gegenüberstellung der wesentlichen Unterschiede von KVP und BVW ist in Abbildung 43 dargestellt.

Ein Verbesserungsvorschlag im Sinne des BVW ist

- eine freiwillig erbrachte Leistung eines weiblichen oder männlichen Mitarbeiters, die über seine arbeitsvertraglich umschriebene oder übliche Arbeitsleistung bzw. über den Pflichtenkreis des Einreichenden hinausgeht,
- eine eigenständige „Idee" zu einem selbst erkannten Problem mit den dazugehörigen Lösungswegen (eine Kritik an bestehenden Umständen reicht nicht aus),
- eine zeitgerechte Änderung oder Neuerung von einem Gegenstand (z. B. Produkt, Fertigungsanlage) oder einem organisatorischen Ablauf.
[Vgl. Brandt 2007, S. 14–16; Brinkmann/Simon 1994, S. 38]

Ferner muss es sich um einen unter den gegebenen betrieblichen Umständen in rentabler Weise verwertbaren und damit durchzuführenden Vorschlag handeln. Die im Verbesserungsvorschlag enthaltene Maßnahme kann im Unternehmen anderweitig bekannt sein oder bereits an anderer Stelle angewendet werden; sie muss aber für den vorgesehenen Anwendungszweck oder Einsatzort neu sein. Wie bereits erwähnt, muss die im Verbesserungsvorschlag enthaltene Maßnahme außerhalb der eigenen Arbeitsaufgabe bzw. des eigenen Arbeitsbereiches liegen. Eine Abgrenzung des Pflichtenkreises, die häufig schwierig ist, lässt sich z. B. anhand der jeweiligen Stellenbeschreibungen, des Anstellungsvertrages oder aus Tarifgruppendefinitionen vornehmen. In der Praxis kommt es oftmals zu Überlappungen zwischen der Arbeitsaufgabe und einem Verbesserungsvorschlag (vgl. Abb. 44). In derartigen Fällen hat sich eine abgestufte Pflichtenkreisregelung, die nicht zu hart abgegrenzt ist, als motivierend bewährt. [Vgl. Brandt 2007, S. 14–16 u. S. 42–44; Brinkmann/Simon 1994, S. 39]

Verbesserungen im Rahmen des BVW können sich auf alle betrieblichen Bereiche beziehen. Zielaspekte sind sämtliche konstruktiven Anregungen in Verbindung mit den oben erwähnten Merkmalen, die den Geschäftsprozess positiv beeinflussen, wie z. B. die Qualität der Produkte und Dienstleistungen, die Arbeitsmethoden und Arbeitsverfahren, die Kostenstrukturen, die Arbeitssicherheit, die menschliche Zusammenarbeit und das Betriebsklima. [Vgl. Brinkmann/Simon 1994, S. 38] Die Rationalisierung stellt das traditionelle

Motiv des BVW dar. Im Vordergrund stehen die klassischen Ziele der Kosten-senkung und der Umsatzsteigerung bzw. die Verbesserung des Unterneh-menserfolges. Neben dem Rationalisierungsziel nehmen Personalführungs- und Personalentwicklungsziele einen zunehmend wichtigen Stellenwert ein. [Vgl. Brandt 2007 S. 16]

3.4.3.2   Organisatorischer Ablauf eines BVW-Verbes-serungsvorschlages

Gesetzliche Vorgaben zur konkreten Ausgestaltung von Verfahren des BVW existieren nicht; gesetzliche und tarifliche Vorschriften beziehen sich zumeist auf die Festlegung von Mitbestimmungs- und sonstigen Beteiligungsrechten des Betriebsrats (vgl. § 87 Absatz 1 Ziffer 12 Betriebsverfassungsgesetz). Aus diesem Grund sind die Systeme und Verfahren in der Praxis unterschiedlich gestaltet und individuell auf die jeweiligen betrieblichen Erfordernisse und Gegebenheiten zugeschnitten. [Vgl. Brandt 2007, S. 26–72; Reichel/Cmiel 1994, S. 24–25]

Im Rahmen des traditionellen BVW ist der Instanzenweg eines BVW-Verbes-serungsvorschlages - im Vergleich zu den KVP-Verbesserungsvorschlägen – mit langen Durchlaufzeiten und hohen Bearbeitungskosten verbunden (vgl. Abb. 45). Zunächst muss der Verbesserungsvorschlag des Einreichers schriftlich festgehalten werden. Anschließend überprüft der so gennate Ideen-Beauftragte, ob die an einen BVW-Verbesserungsvorschlag gestellten Voraussetzungen erfüllt sind. Der Eingang ist offiziell zu bestätigen. In Abhängigkeit von den Vorschlaginhalten werden Experten um eine gutachterliche Stellungnahme mit Terminvorgabe gebeten. Begutachtete Verbesserungsvorschläge werden an die Bewertungskommission weitergeleitet. Bei Annahme des Verbesserungsvorschlages wird die Realisierung veranlasst. Nach der Realisierung des Verbesserungsvorschlages wird die Prämie mit dem Gehalt überwiesen oder persönlich überreicht. Bei Ablehnung wird ein Gespräch mit dem Einreicher geführt, der in berechtigten Fällen gegen die negative Entscheidung der Bewertungskommission Einspruch erheben kann. [Vgl. Brinkmann/Simon 1994, S. 53]

Expertenteams	Traditionelles B V W	K V P
• Gruppenvorschlag	• (i. d. R.) Einzelvorschlag	• (i. d. R.) Gruppenvorschlag
• Vorschlag im Rahmen einer konkreten Aufgabenstellung	• Vorschlag außerhalb des eigenen Arbeitsbereiches	• Vorschlag innerhalb des eigenen Arbeitsbereiches
• Bezahlte Arbeitszeit (Gehälter, Löhne)	• Freiwillig erbrachte Zusatzleistung (Prämie)	• Bezahlte Arbeitszeit (Gehälter, Löhne); KVP-Erfolge können darüber hinaus materiell und immateriell belohnt werden
• Ergebnisorientiert	• Ergebnisorientiert	• Prozessorientiert
• Innovation (Politik der großen Schritte)	• Innovation (Politik der großen Schritte)	• Kontinuierliche Verbesserung (Politik der kleinen Schritte)

Abb. 43: Gegenüberstellung von Expertenteams, KVP und BVW

3.4.3.3 Typische Organe des BVW

Typische Organe des BVW sind der Ideen-Beauftragte, die Gutachter und die Bewertungskommission. Diese Organe können im Bedarfsfall durch so gennate Vorschlagskontaktleute unterstützt werden. Wirtschaftlichkeitsrechnungen für rechenbare Vorschläge werden in der Regel von den entsprechenden Fachabteilungen (z. B. Rechnungswesen, Arbeitsvorbereitung) durchgeführt. [Vgl. Brandt 2007, S. 20; Brinkmann/Simon 1994, S. 38]

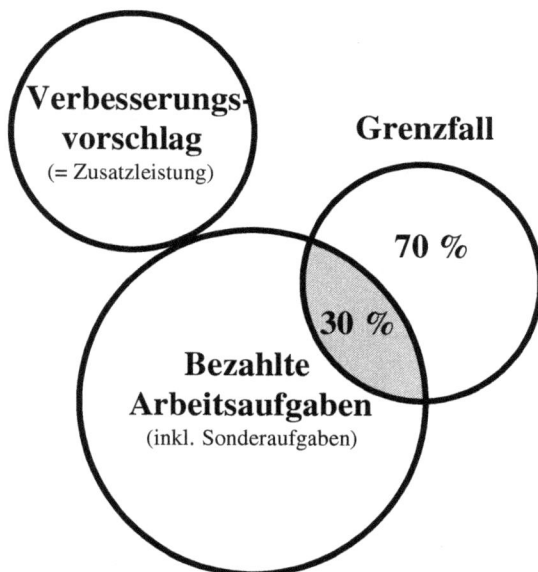

<u>Abb. 44</u>: Abgrenzung zwischen Verbesserungsvorschlag und Arbeitsaufgaben
[In Anlehnung an: Brinkmann/Simon 1994, S. 39]

Der Ideen-Beauftragte, auch Ideen-Koordinator genannt, der auch als Motor des BVW bezeichnet wird, nimmt alle in Verbindung mit dem Vorschlagswesen anfallenden Aufgaben wahr. Ob der Ideen-Beauftragte das BVW haupt- oder nebenamtlich wahrnimmt, richtet sich nach der Größe des Unternehmens und der Anzahl der anfallenden Verbesserungsvorschläge. Seine Funktion selbst ist eine typische Stabsfunktion mit überwiegend motivierendem und überwachendem Charakter. Der Ideen-Beauftragte ist für die Einhaltung aller gesetzlichen und vertraglichen Bestimmungen (z. B. BVW-Betriebsvereinbarung) verantwortlich. Ihm obliegt ferner die Werbung für das BVW; von der Person des Ideen-Beauftragten hängt es in entscheidendem Maße ab, ob das Vorschlagswesen dauerhaften Erfolg hat oder über kurz oder lang einschläft. An den Ideen-Beauftragten werden spezielle Anforderungen gestellt; er sollte u. A. menschliches Einfühlungsvermögen mitbringen, kontaktfreudig, überzeugungsfähig und moderationsfähig sein. Entsprechende Schulungen werden von verschiedenen Instituten und Akademien angeboten. [Vgl. Brandt 2007, S. 20–21; Brinkmann/Simon 1994, S. 55]

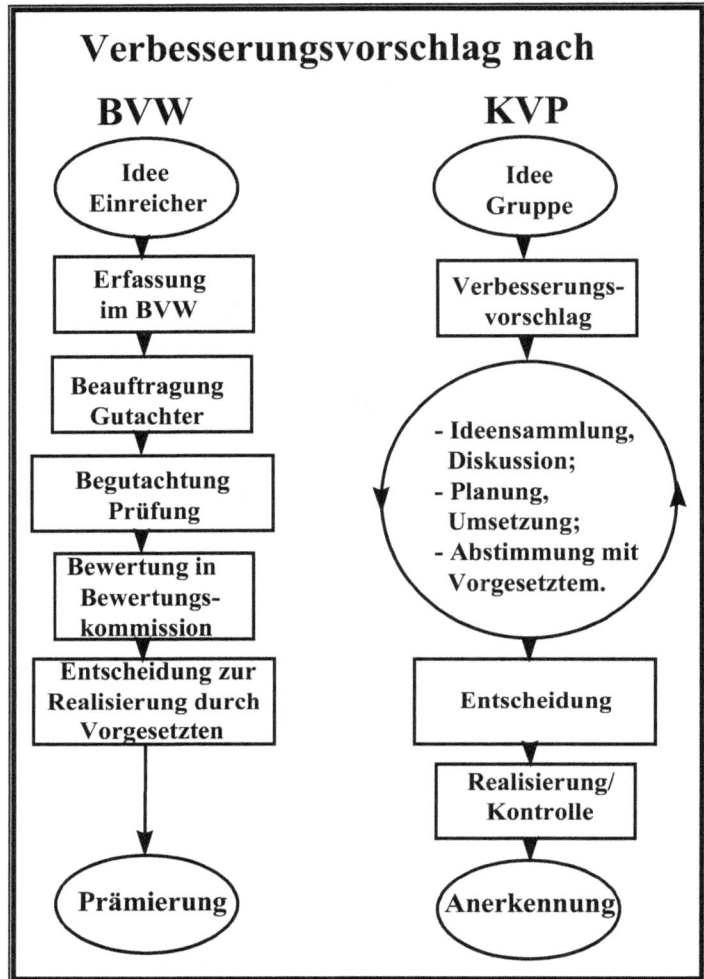

Verbesserungsvorschlag nach

BVW	KVP
Idee Einreicher	Idee Gruppe
Erfassung im BVW	Verbesserungs- vorschlag
Beauftragung Gutachter	- Ideensammlung, Diskussion; - Planung, Umsetzung; - Abstimmung mit Vorgesetztem.
Begutachtung Prüfung	
Bewertung in Bewertungs- kommission	
Entscheidung zur Realisierung durch Vorgesetzten	Entscheidung
	Realisierung/ Kontrolle
Prämierung	Anerkennung

Abb. 45:
Organisatorischer Ablauf von BVW-/KVP-Verbesserungsvorschlägen

Die Gutachter werden als Experten für ein Spezialgebiet angesprochen, d. h. es können, je nach Inhalt des jeweiligen Verbesserungsvorschlages, wechselnde Gutachter eingeschaltet werden. In ihren Gutachten müssen sie objektiv und fachlich präzise den eingereichten Vorschlag bezüglich der kreativen Problemlösung sowie der damit verbundenen potentiellen Vor- und Nachteile beurteilen. Die Beurteilung soll kurzfristig durchgeführt werden; ein Zeitabstand von mehreren Wochen oder gar Monaten zwischen Einreichung und Bewertung einer Idee lässt das Interesse der Mitarbeiter schnell erlahmen. Ablehnungen müssen durch die Gutachter stichhaltig begründet werden. Bei empfohlener Realisierung werden von den Gutachtern Aussagen hinsichtlich des Umsetzungszeitpunktes sowie einer Berechnung der Einsparungen an Lohn-, Material-, Energie- und ähnlichen Kosten erwartet. Viele Verbesserungsvorschläge bringen dem Unternehmen Vorteile, die nicht berechenbar sind, in diesen Fällen sind die möglichen Vor- und Nachteile darzulegen, die mit der Realisierung des Verbesserungsvorschlages zu erwarten sind. [Vgl. Brandt 2007, S. 22; Brinkmann/Simon 1994, S. 55–56]

Die Bewertungskommission entscheidet über die Prämienberechtigung des Einreichers, sowie über Art und Höhe der Prämie. Die Zusammensetzung der Mitglieder der Bewertungskommission ist in der Regel in der BVW-Betriebsvereinbarung verankert. Das Gremium setzt sich in jedem Fall aus dem Vorsitzenden, der mit dem Ideen-Beauftragten personengleich sein kann, einigen weiteren ständigen Mitgliedern aus den für die Beurteilung der Vorschläge relevanten Sachbereichen sowie aus Vertretern der Mitarbeiter, die vom Betriebsrat benannt werden, zusammen. Bei Anerkennung eines Verbesserungsvorschlages ist dieser im Regelfall zu realisieren und basierend auf der errechneten Jahreseinsparung oder des qualitativen Verbesserungseffektes zu prämieren. Daneben besteht die Möglichkeit, dass für richtig durchdachte, aber aus der aktuellen Situation des Unternehmens nicht realisierbare Vorschläge mit so gennaten Mindestprämien oder Anerkennungsprämien belohnt werden. Damit soll einerseits die Motivation an der aktiven Mitwirkung im BVW erhalten bleiben, andererseits aber einer Konsequenz entgegengewirkt werden, jeden eingereichten, sinnvollen Vorschlag auch realisieren zu müssen. Ablehnungen müssen glaubwürdig begründet sein, über Einsprüche und Beschwerden ist ein Beschluss zu fassen. Die Ergebnisse der Sitzungen sind protokollarisch festzuhalten und von allen Kommissionsmitgliedern gegenzuzeichnen. Sofern keine Vertraulichkeit gewahrt werden muss, ist die Belegschaft in geeigneter Weise über die Ergebnisse zu informieren. [Vgl. Brandt 2007, S. 23–24; Brinkmann/Simon 1994, S. 56–57]

3.4.3.4 Realisierung, Bewertung und Prämierung von BVW-Verbesserungsaktivitäten

Verantwortlich für die Realisierung der Verbesserungsvorschläge sind die Gutachter, die zusammen mit dem jeweiligen Vorgesetzten über die Verwirklichung entscheiden. Die Einführung wird durch den Ideen-Beauftragten überwacht. [Vgl. im Folgenden: Brandt 2007, S. 28 ff.; Brinkmann/Simon 1994 S. 57 ff.]

Der Erfolg eines BVW hängt wesentlich davon ab, ob und in welchem Maße es gelingt, das Vertrauen der Mitarbeiter in eine gerechte Bewertung und Prämierung der Verbesserungsvorschläge zu gewinnen. Aus diesem Grunde ist es wichtig, dass klar formulierte, eindeutig festgelegte und für die Mitarbeiter leicht nachvollziehbare Bewertungsmaßstäbe festgelegt werden. Zu jedem BVW gehört aus diesem Grunde ein Bewertungssystem, das sich in die Bereiche „Vorschläge mit berechenbarer Jahresersparnis" und „Vorschläge mit qualitativem Nutzen" gliedern lässt.

<u>Vorschläge mit berechenbarer Jahresersparnis:</u>
Für die Bewertung und Prämierung der rechenbaren Ersparnisvorschläge ist zunächst die mit einem Verbesserungsvorschlag verbundene Brutto- und Nettoersparnis zu ermitteln. Die Bruttoersparnis ergibt sich aus der Kostendifferenz zwischen dem alten und dem durch den Verbesserungsvorschlag realisierten neuen Ist-Zustand. Liegen für den neuen Ist-Zustand noch keine (Schätz-)Kosten vor, so wird eine Nachrechnung (z. B. 12 Monate nach Realisierung) erforderlich. Von der Bruttoersparnis ist der Realisierungsaufwand zu subtrahieren, um die Nettoersparnis zu erhalten (vgl. Abb. 46). In der Regel wird der Prämienberechnung die für das erste Anwendungsjahr errechnete Nettoersparnis zugrunde gelegt. Sind die Realisierungskosten nicht ermittelbar, wird ein Pauschalbetrag (z. B. 10 bis 20 % von der Bruttoersparnis) abgezogen. Zur Ermittlung des Prämienbetrages wird die Nettoersparnis mit dem vereinbarten Prämiensatz (z. B. 30 %) multipliziert. Gelegentlich wird der Prämienbetrag mit personen- oder sachbezogenen Korrekturfaktoren nach oben oder unten verändert.

Um den Eindruck einer „Trinkgeldzahlung" zu vermeiden, werden häufig Mindestprämien festgelegt. Diese sollten nicht zu niedrig angesetzt werden, da sie ansonsten ihren Anreizcharakter verlieren. Verschiedentlich wird der Prämienbetrag auch durch Höchstprämien begrenzt. Zur Wahrung des finanziellen Anreizes wird bei Einführung von Prämienhöchstgrenzen empfohlen, dass diese nicht zu niedrig angesetzt werden.

Kosten vor Realisierung des Verbesserungsvorschlages

- Kosten nach Realisierung des Verbesserungsvorschlages

= **Bruttoersparnis**

- Realisierungsaufwand

= **Nettoersparnis**

Nettoersparnis * Prämiensatz = Prämie

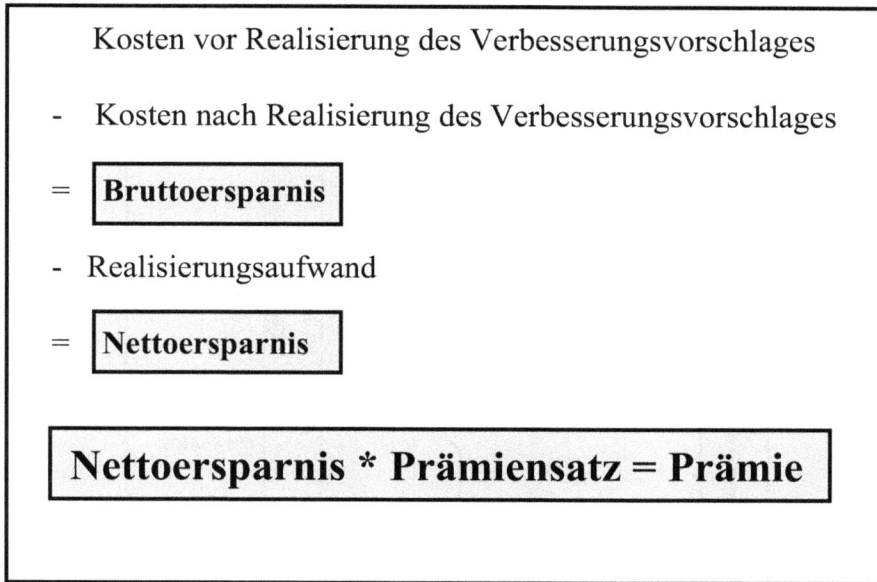

Abb. 46: Ermittlung der Prämie innerhalb des BVW

Vorschläge mit qualitativem Nutzen:
Die Mehrzahl der eingereichten Verbesserungsvorschläge fällt in die Katego-
rie mit qualitativem Nutzen. Damit die Entscheidungen aus der Perspektive
der Einreicher nicht als willkürlich empfunden werden, ist es ratsam, Bewer-
tungsfaktoren festzulegen. Hierfür kommt z. B. in Betracht: Güte und Qualität
des Vorschlages (z. B. Originalität, Neuigkeitsgehalt, Genialität, Brauchbar-
keit), Anwendungsmöglichkeit und -häufigkeit (z. B. Zahl der betroffenen
Mitarbeiter, Anwendungsmöglichkeit in anderen Werken, Häufigkeit der Anwendung). Für Verbesserungsvorschläge mit qualitativem Nutzen wird oft die
so gennate Punktbewertung angewendet. Bei dieser Methode werden i. d. R.
vier Nutzenklassen (geringer, mittlerer, hoher, sehr hoher Nutzen) geprüft und
der für das Unternehmen anfallende Nutzen ermittelt (vgl. Abb. 47). Zur
Ermittlung der Prämie wird nach der abgeschlossenen Bewertung die Summe
der Bewertungspunkte mit einem €-Betrag je Punktwert (z. B. 4,-- €) multipliziert. Für Verbesserungsvorschläge mit geringem Nutzen oder für solche, die
aus betrieblichen Gründen nicht umgesetzt werden, wird die Auszahlung einer
Mindestprämie empfohlen.

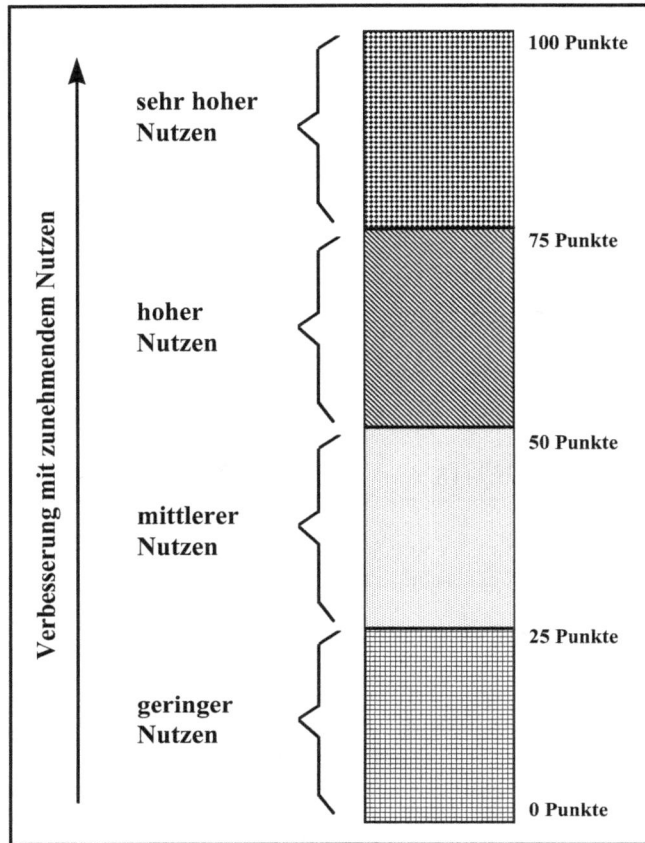

Abb. 47:
Punktwertverfahren für Verbesserungsvorschläge mit qualitativem Nutzen

3.4.3.5 Reformierungsansätze für ein effektives BVW

Das BVW wurde vorstehend im traditionellen Sinne dargestellt. Die Motivation der Mitarbeiter, ihr Ideenpotential zu aktivieren und schließlich Verbesserungsvorschläge einzureichen, liegt beim traditionellen BVW im finanziellen Anreiz der Prämie, die sich aus dem (quantitativen oder qualitativen) Nutzen des Verbesserungsvorschlages ergibt. Im Gegensatz zum KVP steht beim traditionellen BVW die Ergebnisverbesserung (hohe Einsparungseffekte, hoher Nutzen) im Vordergrund. Vorschläge, die sich auf kleine und kleinste Prozessverbesserungen mit kaum messbaren Erfolgen beziehen, werden im

Rahmen des traditionellen BVW nicht berücksichtigt und immaterielle Beloh-
nungen sieht das traditionelle BVW – im Gegensatz zum KVP – nicht vor.
Das traditionelle BVW fördert innovative Verbesserungen, die in großen
Schritten zum Erfolg führen (Politik der großen Schritte). Es bietet für die
Mitarbeiter jedoch keinen Anreiz, außerhalb ihres eigenen Pflichtenkreises
kleine und kleinste Verbesserungen anzuregen, die, wie in den Ausführungen
zum KVP dargelegt, letztlich zur Erhaltung und Verbesserung einmal erzielter
Standards maßgeblich beitragen. [Vgl. Brandt 2007, S. 30]

Der sich verschärfende Wettbewerb und die durch KVP bereits weltweit erzielten Erfolge haben in vielen Unternehmen zu einem Prozess des Umden-
kens geführt. In den meisten Unternehmen gewinnt die Politik der kleinen
Schritte zunehmend an Bedeutung. Dieser Prozess hat zu einer Reformierung
des traditionellen BVW geführt (vgl. Abb. 48):

> Viele Unternehmen haben erkannt, dass sich das BVW auch zur permanenten
> Verbesserung in kleinen Schritten eignet.

Und entgegen einer immer noch weit verbreiteten Meinung ist dadurch nicht
nur die Zahl der jährlich eingereichten Verbesserungsvorschläge hochge-
schnellt, sondern ebenso der damit erzielte wirtschaftliche Nutzen und natürlich auch die Prämiensumme, die an die Mitarbeiter ausgezahlt werden konnte.
Die Volumensteigerung bzw. die damit verbundene große Anzahl kleiner und
kleinster Verbesserungsvorschläge überlasten allerdings das durch einen
starren Instanzenweg und langen Durchlaufzeiten charakterisierte traditionelle
BVW mit der Folge, dass gerade kleine Verbesserungsaktivitäten
vernachlässigt und nicht oder nur mit einer erheblichen Zeitverzögerung umgesetzt werden können. Damit ist die Gefahr verbunden, dass die Mitarbeiter
über kurz oder lang resignieren. Die Firma Siemens hat dieses Problem gelöst,
indem sie eine „kleine VV-Kommission" (VV = Verbesserungsvorschlag) ins
Leben gerufen hat, die den traditionellen Instanzenweg des BVW entlastet.
Zur Vereinfachung und Beschleunigung der Abwicklung sowie zur Entlastung
der VV-Kommission und zum Teil auch der Gutachter können VVe, deren
Prämien eine bestimmte, mit der VV-Kommission vereinbarte Höhe nicht
überschreiten oder die abgelehnt werden müssen, nach der neuen VV-Richtli-
nie vom VV-Referenten und einem Betriebsratsmitglied aus der VV-Kommission abschließend behandelt werden. [Vgl. Gasior 1993, S. 294–295]

B V W	
charakteristische Merkmale	**Reformierungsansätze**
◯ Politik der großen Schritte	◯ Politik der kleinen Schritte
◯ Ergebnisorientierung	◯ Prozessorientierung
◯ Vorschläge, die außerhalb des eigenen Arbeitsbereiches liegen	◯ Öffnung des BVW für Vorschläge, die aus dem eigenen Arbeitsbereich kommen
◯ Starrer Instanzenweg mit langen Durchlaufzeiten	◯ Schnelle und unbüro-kratische Ablauforgani-sation
◯ Primär Einzelvorschläge	◯ Förderung von Gruppen-vorschlägen
◯ Prämie	◯ Immaterielle Belohnungen

Abb. 48: Reformierungsansätze des traditionellen BVW

Ein weiterer Nachteil des traditionellen BVW ist darin zu sehen, dass der Verbesserungsvorschlag als „freiwillig erbrachte Leistung und eigenständige Idee eines weiblichen oder männlichen Mitarbeiters" in seiner engen Auslegung Gruppenvorschläge, die außerhalb und innerhalb des eigenen Pflichtenkreises der Gruppe liegen, nicht berücksichtigt. In den vergangenen Jahren ist allerdings in Abweichung vom traditionellen BVW eine Öffnung des BVW für Gruppenvorschläge zu beobachten. In einigen Unternehmen werden sogar Gruppenvorschläge aus dem eigenen Arbeitsbereich im Rahmen des BVW anerkannt; hierzu zählen u. a. auch KVP-Verbesserungsvorschläge, die aufgrund hoher Einsparungspotentiale zusätzlich zum Grundgehalt im Rahmen des BVW abgegolten werden können. Derartige Vorschläge können z. B. mit einer Teilprämie honoriert werden. [Vgl. Simon 1994, S. 74; zum so genannten „Gruppenvorschlagswesen" vgl. auch: Brandt 2007, S. 57–58]

Des Weiteren schließt das traditionelle BVW von vornherein Führungskräfte mit der Begründung aus, dass Verbesserungsvorschläge zum ständigen Aufgabenbereich dieses Personenkreises gehören. Mit einer derartigen Regelung wird auf das Ideengut einer besonders qualifizierten Mitarbeitergruppe verzichtet, die sich auch Gedanken über Verbesserungen außerhalb ihres unmittelbaren Wirkungskreises macht. Eine differenzierte Abstufung der Prämie zur Teilprämie und insbesondere immaterielle Anerkennungen bei Verbesserungsvorschlägen, die in den Aufgabenbereich des Einreichers fallen, können dazu beitragen, insbesondere Fach- und Führungskräfte in allen Unternehmensbereichen anzuregen, auch im Grenzbereich der eigenen Aufgaben über Verbesserungen nachzudenken und BVW-Vorschläge einzureichen. [Vgl. Brandt 2007, S. 32–33]

Aufgrund des geringen finanziellen Anreizes sind Mindest- und Anerkennungsprämien wenig geeignet, die Mitarbeiter zu Verbesserungsvorschlägen zu motivieren, deren Nutzen im Sinne einer Politik der kleinen Schritte kaum messbar sind. In derartigen Fällen kann durch immaterielle Belohnungen (Belobigung durch den Vorgesetzten, Vergabe von Punkten, für die ab einer bestimmten Punktsumme Sachpreise vergeben werden usw.) ein zusätzlicher Anreiz für Verbesserungsaktivitäten geschaffen werden.

3.4.3.6 Voraussetzungen für das Gelingen eines BVW

Ein erfolgreiches BVW ist – ebenso wie der KVP – daran gebunden, dass sich die Unternehmensführung mit dem BVW identifiziert, und dass das BVW in die Unternehmensstrategien und -ziele eingebunden wird. In den Ausführungen zu den Reformierungsansätzen des BVW ist bereits auf die Notwendigkeit einer einfachen und rationellen BVW-Organisation sowie auf ein für die Mitarbeiter durchschaubares und gerechtes Bewertungs- und Prämiensystem, das neben Ergebnisverbesserungen auch Prozessverbesserungen materiell und ggf. immateriell honoriert, hingewiesen worden. Sowohl beim KVP als auch beim BVW steht der Mensch bzw. das Ideenpotential der Mitarbeiter im Vordergrund. Während KVP-Aktivitäten zum Aufgabenbereich der Mitarbeiter zählen, handelt es sich bei BVW-Aktivitäten um freiwillige Zusatzleistungen, die ohne Motivation der Mitarbeiter nicht ohne weiteres erbracht werden. Um das Kreativitätspotential der Mitarbeiter freisetzen zu können, sind häufig Barrieren (Fähigkeits-, Willens- und Risikobarrieren) durch die BVW-Verantwortlichen zu überwinden. Derartige Blockaden können durch die Schaffung eines guten Innovationsklimas und gezielten BVW-Werbemaßnahmen abgebaut werden. [Vgl. Brandt 2007, S. 37 ff.]

3.4.3.7 Beurteilung des BVW

Das traditionelle BVW kann als ein Instrument des Kostenmanagements charakterisiert werden, das innovative Verbesserungen in großen Schritten fördert. Über den Weg einer Reformierung des BVW ist dieses Instrument daneben auch für eine Politik der kleinen Schritte geeignet, so dass das BVW durch die synergetische Kombination von Innovation und kontinuierlicher Verbesserung zu einer Optimierung der Kosten-/Nutzen-Verhältnisse im Unternehmen beitragen kann. Über den kombinierten Einsatz eines (reformierten) BVW und eines KVP ist es möglich, das Verbesserungspotential sämtlicher Unternehmensmitglieder auszuschöpfen. Im Gegensatz zu den meisten Instrumenten und Verfahren des Kostenmanagements ist der erfolgreiche Einsatz von BVW und KVP daran gebunden, dass diese Instrumente dauerhaft im Unternehmen eingesetzt werden. Beide Instrumente sind dazu geeignet, die mit Hilfe von Experten-/Projektteams eingesetzten einmaligen Methoden und Instrumente des Kostenmanagements dahingehend zu unterstützen, dass innovative Ergebnis- und Prozessverbesserungen – im Sinne eines integrierten Ideenmanagement – erhalten und verbessert werden.

3.4.4   Lehrfragen und Übungen

1. Bei der Diskussion um geeignete Methoden des Kostenmanagements werden zwei kontrastierende Stoßrichtungen (Politik der großen Schritte, Politik der kleinen Schritte) unterschieden. Arbeiten Sie die wesentlichen Unterschiede dieser beiden Stoßrichtungen heraus und erläutern Sie, ob und ggf. welche Stoßrichtung aus der Sicht des Kostenmanagements die jeweils richtige ist.

2. Erläutern Sie die nachstehende Aussage: „Eine der wichtigsten Aufgaben im Rahmen des KVP ist die Untersuchung der Arbeitsabläufe, weil zunächst die Prozesse verbessert werden müssen, ehe verbesserte Ergebnisse erwartet werden können. Damit ist häufig ein Umdenken von der Ergebnisorientierung zur Prozessorientierung notwendig."

3. Beschreiben Sie mit Hilfe der PDCA- und SDCA-Zyklen den KVP-Prozess.

4. Vor der Einführung von KVP in einen anderen als den japanischen Kulturkreis müssen häufig erst die notwendigen Voraussetzungen geschaffen werden. Erläutern Sie am Beispiel des Standortes Deutschland, an welche Voraussetzungen die erfolgreiche Einführung eines KVP geknüpft ist.

5. Charakterisieren Sie das traditionelle BVW.

6. Sowohl KVP als auch BVW leben von Verbesserungsvorschlägen der Mitarbeiter. Grenzen Sie KVP und das traditionelle BVW ab, indem Sie die wesentlichen Unterschiede herausarbeiten.

Literatur (Ideenmanagement):

Ausschuss Betriebliche Personalpolitik der Bundesvereinigung der Deutschen Arbeitgeberverbände (Hrsg.): Arbeitsbericht Betriebliches Vorschlagswesen, Köln 1994, S. 1–6.

Bartholomay, C.: Kaizen, in: Schlanker Materialfluss mit Lean Production, Kanban und Innovation, hrsg. v. P. Dickmann, Berlin 2006, S. 18–21.

Brandt, O.: Das betriebliche Vorschlagswesen – Grenzen und Gestaltungspotential, Mering 2007.

Bismarck, W.-B. von: Das Vorschlagswesen: Von der Mitarbeiteridee bis zur erfolgreichen Umsetzung, München/Mering 2000.

Brinkmann, E. P./Simon, A.: Grundzüge des Betrieblichen Vorschlagswesens, in: angew. Arbeitswiss., 1994, Nr. 140, S. 37–66.

Diensberg, C.: BVW im betrieblichen Kulturwandel, in: BVW Zeitschrift für Vorschlagswesen, Heft: 98.01, Berlin 1998, S. 11–14.

Erxleben, K.: KVP und Entgelt – Grundlagen, Chancen, Perspektiven, Saarbrücken 2006.

Gasior, W.: Neues Vorschlagswesen weckt Ideenpotential, in: Personalführung 4/93, 1993, S. 288–295.

Haak, Renâe: Toyota – Managementsystem des Wandels, Wiesbaden 2007.

Hardt, R./Schalow, W.: Motivation zur Innovation – Freisetzung von Kreativpotential, in: Vorsprung durch Einmaligkeit, hrsg. v. S. Skirl, Wiesbaden 1995, S. 89–100.

Haug, N./Martens,B./Pudeg, R.: Prozessoptimierung durch Mitarbeiterbeteiligung, in: FB/IE (1993) 4, S. 148–153.

Horváth, P./Lamla, J.: Kaizen Costing, in: krp, 40. Jg., 1996, Heft 6, S. 335–340.

Imai, M: Kaizen – Der Schlüssel zum Erfolg der Japaner im Wettbewerb, 4., durchges. Aufl., München 1992.

Industriegewerkschaft Metall (IGM) (Hrsg.): Gestaltungshinweise und Rege-lungsvorschläge zum kontinuierlichen Verbesserungsprozess („Kaizen, KVP, CIP"), Frankfurt/Main 1994.

Jehle, E./Willeke, M: Value Management und Kaizen als Instrumente des Kostenmanagement, in: krp, 40. Jg., 1996, H. 5, S. 255–260.

Kostka, C./Kostka, S.: Der kontinuierliche Verbesserungsprozess: Methoden des KVP, 3., völlig neubearb. Aufl., München 2007.

Müngersdorff, R.: Das erneute Kaizen: ein Positionspapier zur Renaissance des Kaizen, Königsdorf 2005.

Ohno, T.: Toyota Production System-Beyond Large Scale Production, Cambridge, Massachusetts, USA 1988.

Reichel, F.-G./Cmiel, H.-G.: Vergütungsinstrumente für Verbesserungsakti-vitäten der Mitarbeiter im Zusammenhang mit modernen Konzepten der Arbeitsorganisation in der Metall- und Elektro-Industrie, in: angew. Ar-beitswiss. (1994), Nr. 140, S. 21–36.

Schat, H.-D.: Ideen fürs Ideenmanagement: BVW und KVP gemeinsam reali-sieren, Köln 2005.

Simon, A.: Kontinuierlicher Verbesserungsprozess, in: Lean Production, Idee – Konzept – Erfahrungen in Deutschland, in: Schriftenreihe des IfaA, Bd. 27, Köln 1992, S. 170–195.

Simon, A.: Der Kontinuierliche Verbesserungsprozess, - Idee, Konzept, Ab-geltung, Abgrenzung, in: angew. Arbeitswiss. (1994), Nr. 142, S. 54–75.

Simon, A.: Der Kontinuierliche Verbesserungsprozess – Konzept, Abgren-zung, Honorierung, in: REFA-Nachrichten 2/96, 49 Jg., S. 22–33.

Spahl, S.: Handbuch Vorschlagswesen: Praxis des Ideenmanagements, 1. Nachlieferung, München 1978.

Spahl, S.: Die Methode der Zukunft – das Ideenmanagement, in: Betriebliches Vorschlagswesen, 12. Jg. 1986, S. 119–126.

Thom, N.: Betriebliches Vorschlagswesen: Ein Instrument der Betriebsführung und des Verbesserungsmanagements, 6. Auflage, Bern 1993.

Witt, J./Witt, T.: Der kontinuierliche Verbesserungsprozess (KVP): Konzept – System – Maßnahmen, 2., durchges. Aufl., Frankfurt/Main 2006.

Witt, J./Witt, T.: Werkzeuge des Qualitätsmanagements in der KVP-Praxis, Düsseldorf 2007.

3.5. Intangible-Management auf Basis der Balanced Scorecard (BSC)

Es ist in der betriebswirtschaftlichen Theorie und Praxis seit vielen Jahrzehnten unbestritten, dass so genannte kritische Erfolgsfaktoren, die hier „eine begrenzte Anzahl von Determinanten bezeichnen, die aus dem strategischen Zielsystem deduziert werden und maßgeblich den Erfolg eines Unternehmens bestimmen" [Hornung/Mayer 1999, S. 392], <u>auch</u> nicht-finanzielle, qualitative Größen umfassen. In diesem Zusammenhang wird seit den 90er Jahren in der deutschen betriebswirtschaftlichen Literatur die Wirkung nicht-monetärer, immaterieller Vermögenswerte auf den <u>Unternehmenserfolg</u> und auf den <u>Unternehmenswert</u> unter dem Begriff „Intangibles" diskutiert.

> Das Kostenmanagement hat im Rahmen der Kosten-/Nutzenoptimierung die Aufgabe, die mit dem Aufbau und der Nutzung von Intangibles entstehenden Kosten sowie den daraus resultierenden Nutzen mit Hilfe adäquater Methoden und Instrumente transparent zu machen.

Traditionelle Management-, Rechnungslegungs- und Controllinginstrumente sind für den Ausweis und die Steuerung nicht-monetärer, immaterieller Produktivfaktoren weitgehend ungeeignet. In neueren Konzeptionen wird daher z. B. eine Differenzierung oder Erweiterung des internen und externen Rechnungswesens gefordert. [Vgl. Günther/Günther 2004, S. 371–373] Hierzu zählen z. B. die Überlegungen nach US-GAAP auf Grundlage des Statements of Financial Accounting Standard (SFAS). [Vgl. hierzu: Daum 2004, S. 49–50] Daneben gibt es Anregungen aus Wissenschaft und Praxis, wie ein erweitertes Corporate Reporting aussehen sollte (z. B. Value Reporting von PricewaterhouseCoopers). Zwischenzeitlich existieren eine Reihe von Verfahren, die sich auf die Ermittlung des monetären Wertes von Intangibles konzentrieren (direkte Bewertungsverfahren, Marktkapitalisierungsverfahren, ROA-basierte Bewertungsverfahren). [Vgl. ausführlich: Stoi 2004; vgl. auch: Pietsch (I) 2008, S. 131 ff.; Pietsch (II) 2008, S. 179 ff.] Es besteht jedoch weitgehend Einigkeit, dass eine objektive Ermittlung des monetären Wertes von Intangibles kaum möglich ist. Sämtliche Bewertungsverfahren spielen aus der Sicht des Kostenmanagements zudem eine untergeordnete Rolle, da sie für die zielgerichtete Gestaltung und Steuerung der immateriellen Werttreiber nur unzureichend geeignet sind. Für eine wertorientierte Gestaltung und Nutzung der Intangibles sind zahlreiche Scorecard-Ansätze konzipiert worden (z. B. Skandia-Navigator des schwedischen Versicherungsunternehmens Skandia, Intangible Asset Monitor). [Vgl. Stoi 2004, S. 196–198]

> Die Scorecard-Methoden eignen sich zwar nicht zur Ermittlung eines konkreten monetären Wertes von Intangibles, bestechen aber durch ihre Praktikabilität und fokussieren auf das Management der Intangible-Komponenten.

In Deutschland kommt in der Unternehmenspraxis am häufigsten die BSC zum Einsatz. [Zu den empirischen Forschungsergebnissen zur BSC vgl. z. B. Horváth & Partners 2007, S. 10 ff.] Die BSC ist ein Performance-Measurement-System, das als strategisches Steuerungsinstrument in Unternehmen eingesetzt werden kann. Das wesentliche Charakteristikum ist die angestrebte Ausgewogenheit zwischen finanziellen Erfolgsgrößen und nicht-finanziellen Leistungstreibern. Wie die nachstehenden Ausführungen zeigen werden, ist die BSC jedoch mehr als eine Ansammlung kritischer Erfolgsfaktoren. Vielmehr beinhaltet sie die Überführung von strategischen Unternehmenszielen in ein Ursache-Wirkungsmodell. Diese Systematisierung soll die Ausrichtung auch nicht-finanzieller Maßgrößen bzw. Intangibles an finanziellen Unternehmenszielen gewährleisten. [Vgl. Schrank 2002, S. 23]

3.5.1 Abgrenzung, Bedeutung und betriebswirtschaftliche Besonderheiten von Intangibles

Im Rahmen der Intangiblediskussion geht es letztlich immer um die Wirkung nicht-monetärer, immaterieller Vermögenswerte auf den Unternehmenserfolg und auf den Unternehmenswert. Bezüglich der Abgrenzung von Intangibles muss zunächst grundsätzlich zwischen dem Marktwert und dem Finanzwert eines Unternehmens unterschieden werden. In der betriebswirtschaftlichen Literatur werden Finanzanlagen und physisch greifbare, materielle Vermögensgegenstände unter dem Begriff „Finanzkapital" zusammengefasst.

> Die Differenz zwischen dem Marktwert und dem Finanzwert eines Unternehmens wird auf Intangibles bzw. immaterielle Ressourcen zurückgeführt. [Vgl. Stoi 2003, S. 175]

Für die Gesamtheit der immateriellen Ressourcen hat sich der Begriff „Intellektuelles Kapital" durchgesetzt:

„Intellektuelles Kapital ... umfasst alle immateriellen Ressourcen, die erworben, kombiniert, transformiert und verwertet werden können ... ." [Müthel/Högl 2008, S. 175]

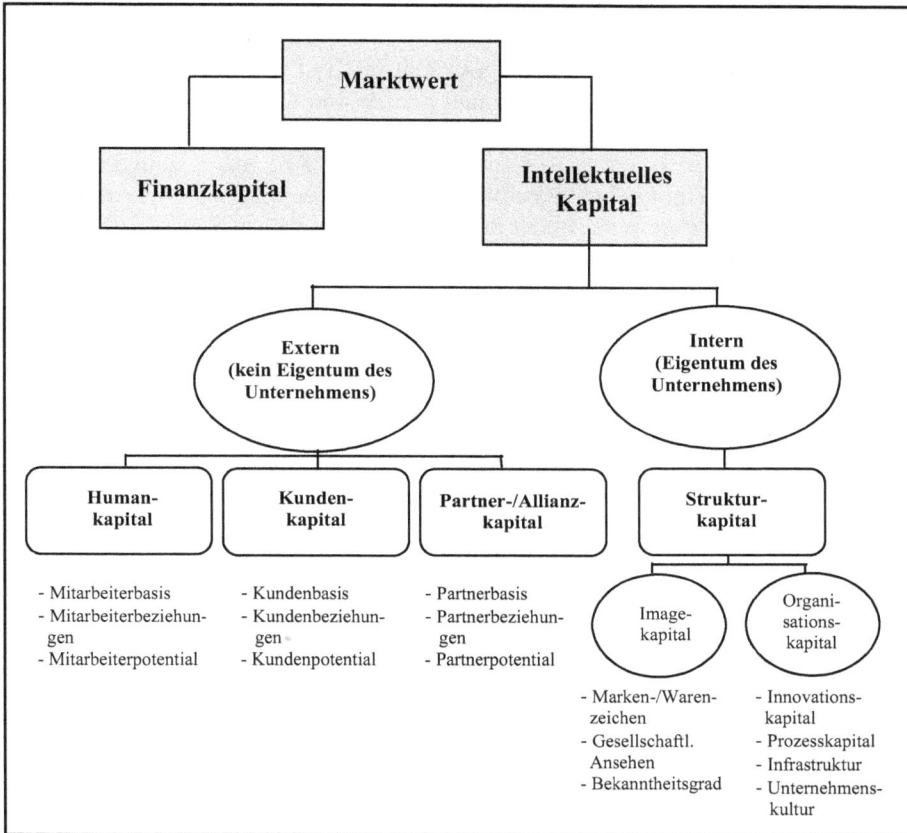

Abb. 49: Differenzierung des intellektuellen Kapitals
[In Anlehnung von Stoi 2003, S. 176]

Stoi (2003/2004) strukturiert das intellektuelle Kapital, indem er es in externe und interne Kapitalkomponenten kategorisiert (vgl. Abb.: 49). [Ähnlich auch: Müthel/Högl 2008, S. 175 ff.] Die Kapitalkomponenten, die nicht zum Eigentum des Unternehmens zählen, werden als externes intellektuelles Kapital bezeichnet. Hierzu zählt das Human-, Kunden- und Partner-/Allianzkapital.

Das Humankapital umfasst das Wissen und die Kompetenz der Mitarbeiter, das Kundenkapital besteht aus Kundenstamm und Kundenbeziehungen, das Partner-/Allianzkapital umfasst die Anzahl und das Potential von Partnerschaften innerhalb der Wertschöpfungskette. Die Kapitalkomponenten, die sich im Eigentum des Unternehmens befinden, werden als internes intellektuelles Kapital oder auch als Strukturkapital bezeichnet. Das Strukturkapital bezieht sich auf die Leistungsfähigkeit der internen Organisation und das Image des Unternehmens. Das Imagekapital umfasst die Marken-/Warenzeichen, das gesellschaftliche Ansehen und den Bekanntheitsgrad des Unternehmens. Zum Organisationskapital zählen insbesondere die Infrastruktur, Technologien und Prozesse, die Kommunikation, die Anpassungsfähigkeit, die Transparenz, die Unternehmenskultur, das Management und die Strategieumsetzung. Das Strukturkapital bildet die Voraussetzung für den Aufbau und die Nutzung der übrigen Komponenten des intellektuellen Kapitals.

Die Relevanz des immateriellen Vermögens für die Unternehmensführung hat in den letzten Jahren stark zugenommen. In Zukunft werden nur die Unternehmen langfristig Erfolg haben, die sich der Bedeutung ihrer Intangibles in der Wertschöpfungskette bewusst sind. Während für einige Unternehmen der Markenwert eine zentrale Stellung einnimmt (z. B. Coca-Cola, Nivea, Nike, Adidas), können bei anderen Unternehmen das Wissen der Mitarbeiter (z. B. SAP oder McKinsey) oder andere Intangible-Komponenten (Netzwerkeffekte wie z. B. Netscape oder das Organisationskapital bei Cisco) ausschlaggebend sein.

Neben der Identifizierung der wichtigsten Intangibles sind bei der zielorientierten Gestaltung und Steuerung der Intangibles-Komponenten eine Reihe betriebswirtschaftlicher Besonderheiten zu beachten. [Zu den betriebswirtschaftlichen Besonderheiten vgl. ausführlich: Stoi 2003, S. 177–179; Stoi 2004, S. 191–195] Das Kostenmanagement hat im Rahmen der Kosten-/Nutzenoptimierung insbesondere die Aufgabe, die durch Intangibles entstehenden Kosten zielorientiert zu steuern. Die Erfassung und der Ausweis dieser Kosten durch die Kosten- und Leistungsrechnung (KLR) gestalten sich relativ unkompliziert. Der Aufbau des intellektuellen Kapitals erfordert i. d. R. sehr hohe Investitionen, wie z. B. innovative Technologien sowie prozessoptimale Controlling- und Kommunikationsinstrumente, die in der KLR periodisiert als Fixkosten (kalkulatorische Abschreibungen, kalkulatorische Zinsen) verrechnet werden. Das Humankapital wird in der KLR ebenfalls über die auszuzahlenden Löhne und Gehälter als überwiegend fixe Kosten ausgewiesen. Die Nutzung des Intellektuellen Kapitals, wie z. B. die Verwendung des Markennamens, der Gebrauch von Software oder die Verwendung des Wissens eines Mitarbeiters, verursacht dagegen kaum Kosten, d. h. neben den Kapazitätsbereitschaftskosten fallen nur sehr geringe beschäftigungsabhängige Kosten an.

Immaterielle Erlöse, wie z. B. die Verbesserung des Firmenimage durch Referenzkunden, die Erhöhung der Innovationskraft durch ausgebildete Mitarbeiter, sind dagegen nur schwer oder gar nicht zu quantifizieren.

Das Kostenmanagement hat mit der Zielsetzung der Kosten-/ Nutzenoptimierung die Kosten und den Nutzen der strategierelevanten Intangibles quantitativ oder sachlogisch transparent zu machen.

Die Wirkung von Intangibles auf die strategischen Ziele des Unternehmens, die Unternehmensstrategie und den Unternehmenserfolg kann über Ursache-/ Wirkungsbeziehungen im Rahmen einer BSC abgebildet werden. Auf diese Weise kann der Nutzen von Intangibles sachlogisch transparent gemacht werden.

3.5.2 Bedeutung von Intangibles im Rahmen der BSC

Entwickelt wurde das Konzept der BSC Anfang der 90er Jahre durch ein Forschungsteam rund um den Harvard Professor Robert S. Kaplan. Neben Kaplan waren der Geschäftsführer David Norton vom Nolan Norton Institute sowie Vertreter von zwölf Unternehmen verschiedener Branchen an diesem Projekt beteiligt. Ziel des Projektes war die Entwicklung eines zukunftsweisenden Performance Measurement-Systems (PMS), welches die Schwächen der traditionellen Systeme ausgleichen sollte. Hauptkritikpunkte an bestehenden Kennzahlen- und Berichtssystemen waren die Konzentration auf rein finanzielle Kennzahlen, die nur kurzfristige, vergangenheitsbezogene Orientierung und das Fehlen einer konzeptionellen Verbindung zur Unternehmensstrategie. [Vgl. Hoffecker/Goldenberg 1994, S. 7; Horváth & Partners 2007, S. 2; Klingebiel 2001, S. 49–50; Schrank 2002, S. 22; Weber/Schäffer 2000, S. 5; zu den Ergebnissen empirischer Studien bezüglich der Anwendung von PMS vgl. ausführlich: Gleich 2001, S. 5 ff.; Sandt 2004 S. 6 ff.; Weiss/Zirkler/Guttenberger 2008, S. 139 ff.]

Die BSC ergänzt finanzielle Kennzahlen vergangener Leistungen um die treibenden Faktoren zukünftiger Leistungen. Die Ziele und Kennzahlen werden aus der Vision und aus der Strategie des Unternehmens abgeleitet. Die quantitativen und qualitativen Ziele, Messgrößen und strategischen Aktionen werden jeweils einer konkreten Betrachtungsweise, der sogenannten Perspektive, zugeordnet. Die Zuordnung zu den Perspektiven soll einseitiges Denken bei der Ableitung und Verfolgung der Ziele verhindern. Stattdessen werden durch das Denken in und das Verknüpfen von Perspektiven die wesentlichen Zusammenhänge hinsichtlich der Strategieumsetzung dokumentiert. (Vgl. Horváth & Partners 2007, S. 2–3; Kaplan/Norton 1997, S. 7–10] Zum besseren Verständnis werden nachstehend die Umsetzungsschritte und die charakteristischen Merkmale der BSC ausführlich erläutert. Im Rahmen dieser Ausführungen wird die Relevanz von Intangibles im Rahmen der Strategieumsetzung verdeutlicht.

3.5.3 Umsetzungsschritte und charakteristische Merkmale der BSC

Peter Horváth hat 1997 die amerikanische Literatur von Kaplan und Norton ins Deutsche übersetzt [vgl. Kapan/Norton 1997] und im Zuge seiner zahlreichen Publikationen maßgeblich zur theoretischen Fundierung der BSC in Deutschland beitragen. [Vgl. z. B. Horváth 2000; Horváth & Partners 2007] Bezüglich der empirischen Forschung sowie Gestaltung und Umsetzung der BSC in die Praxis kann das Beratungsunternehmen Horváth & Partner auf zahlreiche Studien, Paxisbeispiele und praxisorientierte Fallstudien verweisen. [Vgl. z. B. Horváth & Partners 2007] Dies mag ein Grund dafür sein, dass die meisten deutschen Autoren auf die Publikationen von Horváth als Primärquellen zurückgreifen.

Bezüglich der Gestaltung und Umsetzung einer BSC können die nachstehenden sieben Umsetzungsschritte unterschieden werden:

Schritt 1:
Ermittlung/Festlegung der Strategie
Schritt 2:
Auswahl/Festlegung der BSC Perspektiven
Schritt 3:
Identifikation/Konkretisierung der strategischen Ziele
Schritt 4:
Verknüpfung der strategischen Ziele durch Ursache-Wirkungsketten
Schritt 5:
Auswahl der Messgrößen, Festlegung der Zielwerte und Bestimmung der strategischen Aktionen
Schritt 6:
Vertikaler und horizontaler Roll-out und strategischer Lernprozess

---

3.5.3.1 Ermittlung/Festlegung der Strategie

In Anlehnung an Greiter (2004, S. 37) geht Horváth von der nachstehenden (erweiterten) Strategiedefinition aus:

> „Eine Strategie ist das beabsichtigte oder sich ergebende, über einen längeren Zeitraum konsistente Verhaltensmuster einer Organisation, mit welchem sie ihre grundlegenden Ziele erreichen will." [Horváth & Partners 2007, S. 114]

Die Strategien eines Unternehmens ergeben sich aus der Vision bzw. Mission eines Unternehmens:

> „Eine Vision ist das Zukunftsbild, das beschreibt, was eine Organisation langfristig erreichen möchte (häufige Formulierungen wie „Wir werden …", „Wir sollen …"). Die Mission klärt, welche Rolle das Unternehmen in der Gesellschaft einnehmen möchte und welche Aufgaben es in diesem Zusammenhang erfüllt (häufige Formulierungen: „Wie sind …", „Unser Auftrag ist …")." [Horváth & Partners 2007, S. 117 f.]

Die Ermittlung/Festlegung der Strategie bereitet in der heutigen Unternehmenspraxis meist keine Probleme. Viele Unternehmen nutzen das Internet zur Veröffentlichung ihrer Unternehmensstrategie. [Vgl. Stibbe/Wegener/Schultz 2004, S. 187] In wenigen Ausnahmefällen ist die Unternehmensstrategie jedoch nicht schriftlich fixiert. Dies hat den Nachteil, dass die Unternehmensmitglieder die Unternehmensstrategie und die daraus abgeleiteten Ziele nicht kennen, was ein zielorientiertes Verhalten erschwert oder unmöglich macht. Das Kostenmanagement (Kosten- und Erfolgscontrolling) hat im letzten Fall die Aufgabe, das Management zur Konkretisierung der Strategie zu bewegen.

In der Praxis ergibt sich häufig das Problem, dass Strategien zwar gut formuliert werden, aber ihre Implementierung scheitert. Genau an dieser Problematik setzt die BSC an, indem sie versucht, die Lücke zwischen Strategieformulierung und –umsetzung zu schließen. [Vgl. Schrank 2002, S. 23]

3.5.3.2 Auswahl/Festlegung der BSC-Perspektiven

Die Berücksichtigung unterschiedlicher Perspektiven gehört zu den konstitutiven Elementen der BSC. Die konkrete Auseinandersetzung mit den ausgewählten Perspektiven bei der Ableitung der strategischen Ziele, Messgrößen, Sollvorgaben und strategischen Aktionen soll verhindern, dass bei der Ableitung und Verfolgung der Ziele zu einseitig gedacht wird. Die BSC verhindert eine isolierte Betrachtung und Bearbeitung der Perspektiven, indem sie diese explizit macht und sie als interdependent und gleichgewichtig ansieht.

Der klassische Aufbau der BSC teilt die Vision und Strategie eines Unternehmens in vier hierarchisch aufgebaute Perspektiven: die Finanz-, die Kunden-, die Interne Perspektive (auch: Prozessperspektive) und die Lern- und Entwicklungsperspektive. [Vgl. Kaplan/Norton 1997, S. 23–27]

Finanzperspektive
In ertragswirtschaftlichen Unternehmen stellt die Finanzperspektive bei der Gestaltung einer BSC die Messlatte für den Erfolg oder Misserfolg einer Strategie dar. Sie enthält jene Ziele und Messgrößen, die das finanzielle Ergebnis der Strategieumsetzung messen. Finanzwirtschaftliche Ziele sind immer mit Rentabilität verbunden; dies wird z. B. durch den Gewinn, die Kapitalrendite oder, im Rahmen der Intangiblediskussion besonders relevant, durch die Steigerung des Unternehmenswertes ausgedrückt. Die Finanzperspektive stellt den Ausgangspunkt der BSC dar. Die Ziele und Messgrößen der Finanzperspektive nehmen im Rahmen der BSC eine Doppelrolle ein. Zum einen definieren und dokumentieren sie die Ergebnisse sowie die mit einer Strategieumsetzung verknüpften Ergebniserwartungen. Zum anderen bilden sie die Endziele der vorgeschalteten übrigen Perspektiven ab. Um dies zu erreichen, verlangt das BSC-Konzept, dass alle Ziele der sonstigen Perspektiven grundsätzlich über Ursache-Wirkungs-Beziehungen direkt oder indirekt mit den Zielen der finanzwirtschaftlichen Perspektive verbunden sind. [Vgl. Horváth & Partners 2007, S. 41; Norton/Kaplan 1997, S. 24; vgl. auch: Klingebiel 2001, S. 51; Schrank 2002, S. 26; Weber/Schäffer 2000, S. 3–4, vgl. auch die Ausführungen zu Pkt. 3.5.2.1.4: „Verknüpfung der strategischen Ziele durch Ursache-Wirkungsketten"]

Kundenperspektive
Die Kundenperspektive setzt die Unternehmensstrategie in spezifische Ziele in Bezug auf die Kunden- und Marktsegmente um, in denen das Unternehmen erfolgreich sein soll. Diese Segmente sind gleichzeitig als Quellen anzusehen, mit denen das Unternehmen die Erlösseite seiner finanzwirtschaftlichen Ziele erfüllen will. Diese Perspektive sollte sowohl allgemeine, segmentübergreifende Maßgrößen als auch segmentspezifische Leistungstreiber enthalten. Allgemeine, segmentübergreifende Maßgrößen umfassen die von fast jedem Unternehmen verwendeten Grundkennzahlen. Zu den allgemeinen, segmentübergreifenden Maßgrößen zählen typische dem Kundenkapital zuzurechnende Intangiblekomponenten (z. B. Kundenzufriedenheit, Kundentreue) so-

wie Gewinn und Marktanteile. Die segmentspezifischen Maßgrößen (auch: Differenziatoren) reflektieren, was ein Unternehmen seinen Kunden bieten muss, um einen möglichst hohen Grad an Zufriedenheit, Treue und schließlich einen hohen Marktanteil erreichen zu können. Die segmentspezifischen Leistungstreiber für die kundenbezogenen Ergebnisse stehen stellvertretend für diejenigen Faktoren, die dafür ausschlaggebend sind, dass Kunden abwandern oder dem Unternehmen treu bleiben. Somit wirken segmentspezifische Leistungstreiber direkt oder indirekt auf die Intangiblekomponente „Kundenkapital". So schätzen Kunden z. B. pünktliche Lieferungen, die ständige Einführung innovativer Produkte und Dienstleistungen und/oder einen Lieferanten, der die Kundenwünsche erkennt und seine Potentiale zur Erfüllung dieser Wünsche nutzt. [Vgl. Norton/Kaplan 1997, S. 24–25; vgl. auch: Klingebiel 2001, S. 51; Schrank 2002, S. 27]

Interne Perspektive
Die Aufgabe der Internen Perspektive besteht darin, diejenigen Ziele und Maßgrößen abzubilden, die vornehmlich für die Zielerreichung der Finanzperspektive und der Kundenperspektive von Bedeutung sind. Dabei geht es nicht um die Auflistung sämtlicher Prozesse im Unternehmen, sondern um eine Fokussierung auf jene Prozesse, die eine herausragende Bedeutung bei der Strategieumsetzung haben. [Vgl. Horváth & Partners 2007, S. 42] Über die Verbesserung und Überwachung existierender Prozesse hinaus ermöglicht die BSC die Identifikation neu zu schaffender Prozesse, welche zur Erreichung der Ziele bzw. der Strategie notwendig sein können. [Vgl. Norton/Kaplan 1997, S. 25; vgl. auch: Schrank 2002, S. 28] Die Begründung für die Aufnahme dieser Perspektive ist darin zu sehen, dass exzellente Geschäftsprozesse den Schlüssel für einen weiteren produktbezogenen Wertzuwachs aus Kundensicht bilden. Demzufolge stehen die Prozesse im Vordergrund, die den größten Einfluss auf die Kundenzufriedenheit ausüben. [Vgl. Norton/Kaplan 1997, S. 25–26; vgl. auch: Schrank 2002, S. 28] In diesem Zusammenhang gliedern Kaplan und Norton die Wertschöpfungskette in einen Innovations-, Betriebs- und Kundenprozess. [Vgl. Norton/Kaplan 1997, S. 25–26] Hierbei gehen Norton und Kaplan von einer erweiterten Sichtweise des Wertschöpfungsprozesses aus:

> „Die Sicht der Wertschöpfung beginnt mit dem Bestelleingang eines Kunden für ein existierendes Produkt (oder eine Dienstleistung) und endet mit der Auslieferung des Produktes an den Kunden. Die Wertschöpfung für die Unternehmung besteht darin, dass sie das Produkt unter dem Preis, den sie dafür bekommt, produziert, liefert und wartet." [Norton/Kaplan 1997, S. 26]

Mit der Integration des <u>Innovationsprozesses</u> wird der vorstehende Wert-schöpfungsprozess ergänzt, indem die Beachtung völlig neuer Produkte und Dienstleistungen, welche neue Wünsche gegenwärtiger und zukünftiger Kunden erfüllen können, in die BSC-Analyse einfließt:

> „Der Innovationsprozess als langfristiger Aspekt der Wertschöpfung ist für viele Unternehmen für zukünftige finanzielle Leistungen wirkungsvoller als der kurzfristige Handlungszyklus." [Norton/Kaplan 1997, S. 26]

Der <u>Betriebsprozess</u> umschreibt die Produktion und das Angebot existierender Produkte und Dienstleistungen an existierende Kunden. Er erstreckt sich von der eingehenden Bestellung bis hin zur Lieferung des Produktes bzw. der Dienstleistung an den Kunden. Mit dem <u>Kundenprozess</u> wird berücksichtigt, dass die Geschäftsprozesse nicht mit dem Absatz der Produkte und Dienst-leistungen beendet sind. [Vgl. Norton/Kaplan 1997, S. 25–25, vgl. auch: Klingebiel 2001, S. 51; Schrank 2002, S. 28] Serviceleistungen für den Kun-den und existierende Rücknahmeverpflichtungen für „Weiße Waren", Auto-mobile und Verpackungsmaterial fließen in die Betrachtung des Wertschöp-fungsprozesses somit mit ein und entsprechen somit der Sichtweise des „In-tegrierten Produktlebenszyklus". Der Aufbau und die Optimierung der Inter-nen Perspektive tangiert direkt die Intangiblekomponenten des Struk-turkapitals, die letztlich erst den Aufbau und die Optimierung des Kundenka-pitals sowie des Human- und Partner-/Allianzkapitals erlauben.

<u>Lern- und Entwicklungsperspektive</u>
Die Lern- und Entwicklungsperspektive identifiziert diejenige Infrastruktur, welche die Organisation schaffen muss, um langfristig Wachstum und Verbes-serung zu sichern. Der Schwerpunkt der Lern- und Entwicklungsperspektive liegt auf der Zielsetzung, die lernende und wachsende Organisation zu fördern. Die lernende und wachsende Organisation hat drei Ursprünge: Menschen, Systeme und Prozesse. Die Ziele in der Finanz-, Kunden- und Internen Perspektive werden normalerweise große Lücken zwischen den vorhandenen Potentialen an Menschen, Systemen und Prozessen und den zur Höchstleis-tung notwendigen Faktoren aufzeigen. Um diese Lücke zu schließen, muss das Unternehmen in Weiterbildung, Innovationskraft, Kreativität, Informations-technologien und Systeme investieren und Prozesse damit in Einklang brin-gen. [Vgl. Horváth & Partners 2007, S. 42; Norton/Kaplan 1997, S. 27; vgl. auch: Klingebiel 2001, S. 52; Schrank 2002, S. 28–29] Eine langfristige Strategieumsetzung setzt somit den Ausbau und die Optimierung sämtlicher Intangiblekomponenten voraus.

Die vorstehenden vier Perspektiven sind ein empirisch gestützter bewährter Vorschlag, der aber als Denkraster genutzt und nicht als Dogma verstanden werden sollte. Ein Automobilhersteller nimmt mit einem Zulieferungsanteil von 80 % sinnvollerweise eine Zulieferperspektive oder im Zuge der Rücknahmeverpflichtung eine Ökologische Perspektive in die BSC auf. [Vgl. Horváth & Partners 2007, S. 43; Stibbe/Wegener/Schultz 2004, S. 188–189] Heute wird die BSC in vielfältiger Weise abgewandelt und an neue Anforderungen angepasst. Hierzu zählen bspw. Modifikationen für gemeinnützige Organisationen, Krankenhäuser sowie staatliche Einrichtungen. [Vgl. Schrank 2002, S. 29]

3.5.3.3 Identifikation/Konkretisierung der strategischen Ziele

Die Identifikation und die Konkretisierung der strategischen Ziele bezeichnet Horváth als das „Herzstück der Balanced Scorecard" [Vgl. Horváth & Partners 2007, S. 44]. Horváth geht im Rahmen der BSC von nachstehender Zieldefinition aus:

> „Unter Zielen versteht man wesentliche Leitlinien, die das Handeln sowohl von Führenden als auch von Ausführenden beeinflussen." [Horváth & Partners 2007, S. 44].

Horváth trennt sich mit dieser Abgrenzung von der in der Betriebswirtschaftslehre üblichen am Zeithorizont orientierten Sichtweise, nach der kurzfristige Ziele als operative und langfristige Ziele als strategische Ziele abgegrenzt werden:

> „Strategische Ziele im Sinne der Balanced Scorecard sind jene wenigen entscheidenden Ziele, von denen der Erfolg der Strategie wirklich abhängt." [Horváth & Partners 2007, S. 168].

In eine BSC fließen aus traditioneller betriebswirtschaftlicher Sicht somit operative und strategische Ziele ein. [Zur Abgrenzung strategischer Ziele im Sinne von Horváth vgl. ausführlich: Horváth & Partners 2007, S. 164–173]

Für die Darstellung der möglichen strategischen Ziele schlagen Horváth, Seidenschwarz und Weber folgende Regeln vor: [Vgl. Horváth & Partners 2007, S. 161–162; Seidenschwarz 1999, S. 250; Weber 2000, S. 8]

- Nicht mehr als drei bis fünf Ziele je Perspektive darstellen. Nur so behält man den Überblick. Eine effektive BSC sollte eher aus 15 als aus 20 Zielen bestehen.
- Zunächst die verbalen Ziele in einem kurzen Satz niederschreiben (also nicht „Liefertreue + 10" sondern z. B. „Erhöhung der Lieferbereitschaft"). Schlagwortaussagen lassen sich besser kommunizieren und bleiben in Erinnerung.
- Messbarkeit der Ziele spielt zunächst keine Rolle. Letztendlich findet sich stets eine Messmethode, insofern würde die verfrühte Frage nach der Messbarkeit einem Denkverbot gleichkommen.

Beispiele für strategische Ziele in den einzelnen Perspektiven sind in ihrer Bedeutung – ohne Kenntnis der dazugehörigen Strategie – oftmals nur schwer nachzuvollziehen. Finanzwirtschaftliche Ziele können auf jeder Stufe des Lebenszyklus einer Geschäftseinheit (Wachstumsphase, Reifephase, Erntephase) ganz unterschiedlich sein. [Vgl. Norton/Kaplan 1997, S. 247 ff.] Folgende Ziele können beispielhaft für die Finanzperspektive genannt werden: Rendite steigern, Umsätze verdoppeln, profitablere Aufträge annehmen, hohe Kapitalrentabilität erreichen, geringe Kapitalbindung durchsetzen, Anteil des Fremdkapitals reduzieren, Cashflow steigern, Shareholder Value und Unternehmenswert erhöhen. [Vgl. Horváth & Partners 2007, S. 49].

Die Kundenperspektive unterstützt die Marktorientierung der Strategie. Die Erreichung der Ziele dieser Perspektive ist ein wichtiges Indiz dafür, ob die Ziele der Finanzperspektive wie geplant erreicht werden können. Folgende Ziele können beispielhaft für die Kundenperspektive genannt werden: Ausbau der Marktposition, Image als Partner der Kunden aufbauen, Kundenzufriedenheit bei Kernprozessen erhöhen, Bekanntheitsgrad steigern, Wiederverkaufsquote steigern, Image als Innovationsführer erlangen, Strategische Neupositionierung weg von Kundensegment A hin zu Kundensegment B, Großkundenanteil steigern, Kundenbindung steigern, Serviceanteil des Geschäftes deutlich ausbauen.

Strategische Ziele der Internen Perspektive geben an, welche Prozesse welche Leistung erbringen müssen, um die Kunden- und Finanzziele zu erreichen. Beispielhafte Ziele für die Interne Prozessperspektive sind: Vertriebseffektivität steigern, Prozessorientierung durchsetzen, Automatisierungsgrad aller Prozesse erhöhen, Prozessflexibilität erhöhen, Entwicklungszeiten verkürzen, Angebote schneller erstellen, Zusammenarbeit mit den Lieferanten verbessern, Kapazitätserhöhung erreichen, Gemeinkostenprozesse verschlanken, Netzwerk strategischer Partnerschaften aufbauen.

Die Ziele der Lern- und Entwicklungsperspektive dienen der Entwicklung der strategisch benötigten Infrastruktur. Mitarbeiter, Wissen, Innovationen, Innovationskraft und Kreativität, Technologie, Information und Informationssysteme sind die entsprechenden Ressourcen. Bei der Ableitung von Zielen in der Lern- und Entwicklungsperspektive sollte stets diskutiert werden, ob die erforderliche Fach- und Handlungskompetenz zur Umsetzung dieser Ziele vorliegen. Sind diese nicht vorhanden, so gilt es, den Aufbau dieser Fähigkeiten festzuschreiben. Typische Ziele der Lern- und Entwicklungssperspektive sind z. B.: Mitarbeiter zielorientiert qualifizieren, Altersstruktur verjüngen, Mitarbeitermotivation und Unternehmertum im Werk verbessern, Information und Kommunikation systematisch verbessern, akzeptierte Beförderungsmodelle entwickeln und implementieren, Entwicklungszeiten neuer Lösungen massiv verkürzen, Wissen verfügbar machen, Internationalisierung der Mitarbeiter verankern. [Vgl. Horváth & Partners 2007, S. 50–52]

3.5.3.4 Verknüpfung der Ziele durch Ursache-Wirkungsketten

Die Herleitung von Kausalketten bzw. das Erarbeiten und Dokumentieren der Ursache-Wirkungsbeziehungen zwischen den strategischen Zielen, welche zur erfolgreichen Umsetzung der Strategie führen, ist ein integraler Bestandteil der BSC. Strategische Ziele stehen nicht losgelöst und unabhängig nebeneinander, sondern sind miteinander verknüpft und beeinflussen sich gegenseitig. Der Erfolg einer Strategie hängt vom Zusammenwirken mehrerer Faktoren ab. Die Abbildung der Ursache-Wirkungsketten wird in der Literatur zur BSC treffend als „Strategy Map" bezeichnet. [Vgl. Horváth & Partners 2007, S. 186 ff.; Kaplan/Norton 1997, S. 28 ff.; Schrank 2002, S. 85 ff.].

Der Aufbau von Strategy Maps erfolgt in drei Schritten:

1. Die Ursache-Wirkungsbeziehungen darstellen,
2. auf strategisch beabsichtigte Beziehungen konzentrieren,
3. Beziehungen in der Strategy Map dokumentieren und die „Story of Strategy" formulieren.

Ursache-Wirkungsbeziehungen darstellen:
Das Erarbeiten der Ursache-Wirkungsbeziehungen einer Strategy-Map erfordert eine intensive Kommunikation. Die Ursache-Wirkungsbeziehungen basieren auf Hypothesen. Beziehungsstärken zwischen den Zielen können aufgrund der unterschiedlich langen Time-lags sowie der meist qualitativen Zielgrößen

oft nur vermutet werden. In einem kontinuierlichen Lernprozess müssen die aufgestellten Hypothesen im Rahmen der BSC-Nutzung überprüft und gegebenenfalls korrigiert werden. [Vgl. Norton/Kaplan 1997, S. 143 f.; Stibbe/Wegener/Schultz 2004, S. 189]

> Analytische, letztlich rechnermäßig erfass- und „verdraht"-bare Zusammenhänge lassen sich in den meisten Fällen nicht ermitteln – selbst wenn man sich sehr darum bemüht. „Wer die Balanced Scorecard so „hart" verstanden hat, geht schon zu Beginn fehl." [Weber/Schäffer 2000, S. 8]

Die Ableitung der Strategy Maps kann

- ausgehend von den strategischen Zielen der Lern- und Entwicklungsperspektive,
- ausgehend von einzelnen Zielen der Finanzperspektive und
- ausgehend von einzelnen strategischen Zielen der Kundenperspektive

erfolgen. [Vgl. ausführlich: Horváth & Partners 2007, S. 188–190].

Auf strategisch beabsichtigte Beziehungen konzentrieren:
Häufig scheitert die Erstellung der Wirkungsbeziehungen an der Vielfältigkeit der Zielbeziehungen. Darüber hinaus führt der Versuch, alle Ursache-Wirkungsketten abzubilden, meist zu komplexen, wenig handhabbaren Matrizen. Bessere Ergebnisse werden erzielt, wenn nur die wichtigsten strategisch beabsichtigten Ursache-Wirkungsketten dargestellt werden. Hierdurch wird die Aussagefähigkeit erhöht, die Aufmerksamkeit auf die wesentlichen Stellhebel gelenkt und die Transparenz gewährleistet. [Vgl. ausführlich: Horváth & Partners 2007, S. 190–194]

Story of Strategy formulieren:
Die Dokumentation der Strategy Maps geschieht idealerweise zeitnah zu ihrer Erarbeitung. Wird auf eine Dokumentation verzichtet, ist es in der Regel schwierig, die Einzelgedanken im Zeitablauf noch nachvollziehen zu können. In dem meist vier- bis sechsseitigen Dokument werden sowohl die Ziele als auch die Zielverbindungen ausführlich in einem Fließtext beschrieben. Auf diese Weise erhält man eine ausführliche Erläuterung der angestrebten Strategie, die so genannte „Story of Strategy". [Vgl. ausführlich: Horváth & Partners 2007, S. 195–202]

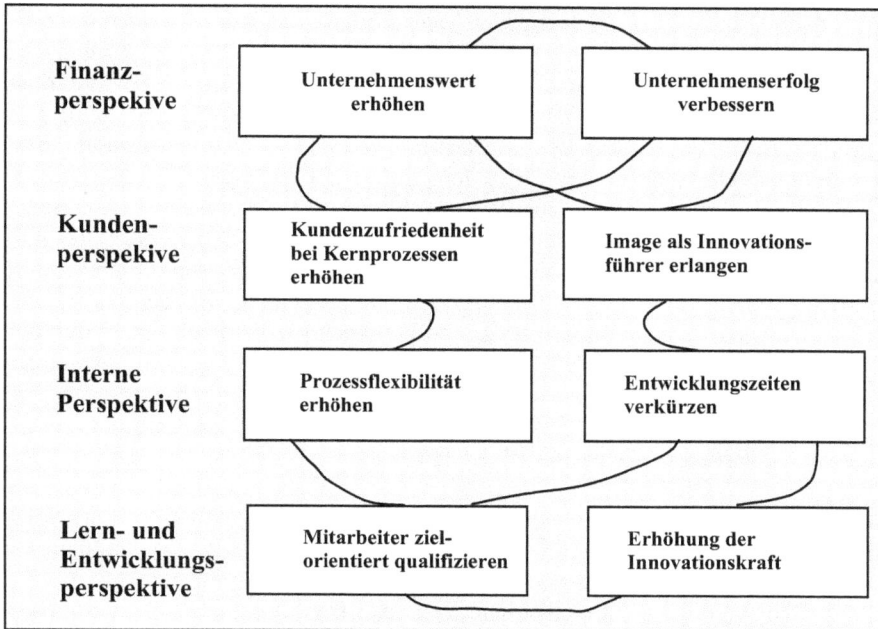

Abb. 50: Beispiel für Ursache-Wirkungsbeziehungen

3.5.3.5 Auswahl der Messgrößen, Festlegung der Zielwerte und Bestimmung der strategischen Aktionen

Die Messbarkeit und die Steuerbarkeit von Intangibles hängen von der Auswahl geeigneter Messgrößen ab. „Sicher, die Messung weicher Faktoren steht noch am Anfang der Wegstrecke. Die Balanced Scorecard verrät nicht, wie sich diese Faktoren messen lassen. Doch die Balanced Scorecard macht uns die Bedeutung einer solchen Messung bewusst … .“ [Horváth & Partners 2007, S. 60] Idealerweise werden die Messgrößen von denjenigen Personen abgeleitet, die den BSC-Prozess durchgängig begleitet haben. Im Idealfall wird jedes strategische Ziel durch exakt eine Messgröße bestimmt. Dies ist oftmals aber nicht möglich. Um die Komplexität gering zu halten und die Fokussierung zu gewährleisten, sollte die Anzahl der Messgrößen pro strategischem Ziel auf maximal drei beschränkt werden. [Vgl. ausführlich: Horváth & Partners 2007, S. 60, S. 202–213]

Im Anschluss an die Festlegung der Messgrößen sind jeder Messgröße Zielwerte zuzuordnen. „Ohne Zielwerte verlieren Messgrößen für strategische Ziele ihre Steuerungsrelevanz." [Horváth & Partners 2007, S. 63] Gute Zielwerte sollten anspruchsvoll, ehrgeizig aber glaubhaft erreichbar sein. Die grundsätzliche Problematik bei der Bestimmung von Zielwerten besteht darin, das richtige Anspruchsniveau zu finden. Zu hohe Zielvorgaben demotivieren, zu niedrige spornen nicht ausreichend an. Um die Akzeptanz der Zielwerte zu gewährleisten, sollten Ist- oder Vergleichswerte (z. B. aktuelle oder Vergangenheitswerte, Benchmarks, Ergebnisse aus Kundenbefragungen) präsentiert werden. Stehen keine Informationen oder Anhaltspunkte darüber zur Verfügung, welches Zielniveau ehrgeizig und erreichbar zugleich ist, kann der Zielwert geschätzt werden. Generell gilt bei der Erarbeitung von Zielwerten, dass ungenaue Vorstellungen besser sind als gar keine. Sobald erste Istwerte vorliegen, sollte allerdings ein Hinweis auf Aktualisierung erfolgen. [Vgl. Horváth & Partners 2007, S. 63 ff., S. 214 ff.]

Damit die Ziele der BSC erreicht werden können, müssen entsprechende strategische Aktionen durchgeführt werden. Strategische Aktionen stehen als Oberbegriff für sämtliche Maßnahmen, Projekte, Programme und Initiativen, die zur Umsetzung der strategischen Ziele ergriffen werden. [Vgl. ausführlich Horváth & Partners 2007, S. 48 f., 65ff., 171 ff.] Die Festlegung strategischer Aktionen mündet in ein konkretes, dokumentiertes und akzeptiertes Aktionsprogramm, das der Erreichung strategischer Ziele dient. Darin wird bestimmt, wer, was, bis wann durchführt und welches Ergebnis davon erwartet wird. Das Aktionsprogramm stellt grundsätzlich das Arbeitspapier für den Alltag dar und sollte in regelmäßigen Abständen revidiert werden. [Vgl. Horváth & Partners 2007, S. 230]

3.5.3.6 Vertikaler und horizontaler Roll-out und strategischer Lernprozess

Die Existenz einer BSC auf der Ebene des Gesamtunternehmens ist für eine erfolgreiche Strategieumsetzung nur in sehr kleinen Unternehmen ausreichend. In größeren Unternehmen besteht die Herausforderung darin, strategische Ziele auch für die nachgeordneten organisatorischen Einheiten zu konkretisieren. Das Herunterbrechen (Kaskadieren) und die horizontale Ausbreitung und Abstimmung der BSC auf sämtlichen Führungsebenen (horizontaler und vertikaler Roll-out) liefert einen entscheidenden Beitrag, um die gesamte

Organisation strategieorientiert auszurichten. [Vgl. Horváth & Partners 2007, S. 238 ff.; Stibbe/Wegener/Schultz 2004, S. 289–290]

3.5.4 Beurteilung der BSC im Rahmen eines Intangible-Management

Die BSC ist eine Scorecard-Methode, die insbesondere für die ganzheitliche Umsetzung der Unternehmensstrategie geeignet ist. Durch die Überführung von strategischen Unternehmenszielen in ein Ursache-Wirkungsmodell kann insbesondere die Wirkung von Intangibles auf den Unternehmenserfolg und Unternehmenswert transparent gemacht werden. Das Kostenmanagement erhält durch den Einsatz der BSC somit die Chance, die durch den Aufbau und die Nutzung von Intangibles entstehenden Kosten-/Nutzenrelationen sachlogisch transparent zu machen.

Mit der Auswahl der Ziele und Perspektiven, der über Hypothesen ermittelten Wirkungszusammenhänge, der Messgrößenzuordnung, der Ermittlung von Soll-/Ist-Werten, der Formulierung der strategischen Aktionen sowie dem horizontalen und vertikalen Roll-out- darf die Konzeption und Einführung einer BSC nicht als abgeschlossen betrachtet werden. Erst mit der Sicherstellung eines konsequenten, kontinuierlichen BSC-Einsatzes schließt letztlich die erfolgreiche Implementierung einer BSC ab. Wichtig ist, dass die BSC in das Management- und Steuerungssystem eingebunden wird, da nur so die Realisierung der in der BSC formulierten Ziele dauerhaft gewährleistet ist. In einem kontinuierlichen Lernprozess müssen die Strategie, die Ziele, Messgrößen, strategischen Aktionen und aufgestellten Hypothesen bezüglich der Wirkungszusammenhänge im Sinne des strategischen Lernens überprüft und ggf. aktualisiert werden. [Vgl. Stibbe/Wegener/Schultz 2004, S. 290]

3.5.5 Lehrfragen und Übungen

1. Grenzen Sie ausführlich des Begriff „Intangibles" ab.

2. Das KM hat die Aufgabe, die Kosten und den Nutzen von Intangibles transparent zu machen. Erläutern Sie die in diesem Zusammenhang existierenden Möglichkeiten und Probleme.

3. Charakterisieren Sie ausführlich die BSC. Bauen Sie im Rahmen Ihrer Erläuterungen den Intangible-Bezug auf.

4. Welche Probleme ergeben sich im Rahmen der Erstellung der so genannten Strategy Maps?

5. Konzipieren Sie eine BSC unter besonderer Berücksichtigung von Intangibles. Stützen Sie Ihre Ausarbeitungen auf im Vorfeld ausformulierte Annahmen (z. B. Unternehmensbranche, Unternehmensstrategie, strategie-relevante Intangibles).

Literatur (Intangible-Management):

Daum, J. H.: Intangible Assets oder die Kunst, Mehrwert zu schaffen, Bonn 2002.

Daum, J. H.: Transparenzproblem Intangible Assets: Intellectual Capital Statements und der Neuentwurf eines Frameworks für Unternehmenssteuerung und externes Reporting, in: Intangibles in der Unternehmenssteuerung, Horváth,P./Möller, K. (Hrsg.) München 2004, S. 45–81.

Gleich, R.: Das System des Performance Measurement: Theoretisches Grundkonzept, Entwicklungs- und Anwendungsstand, München 2001.

Greiter, O.: Strategiegerechte Budgetierung, München 2004.

Günther, E./Günther, Th.: Immaterielle und ökologische Ressourcen im Rechnungswesen, in: Intangibles in der Unternehmenssteuerung, Horváth,P./Möller, K. (Hrsg.) München 2004, S. 365–385.

Hoffecker, J./Goldenberg, C.: Using the Balanced Scorecard to develop company-wide-performance measures, in: Journal of Cost Management, 8. Jg. (1994), Nr. 3, S. 5–17.

Hornung, K./Mayer, J. H.: Erfolgsfaktoren-basierte Balanced Scorecards zur Unterstützung einer wertorientierten Unternehmensführung, in: Controlling, 11 (1999), Nr. 4/5, S. 193–199.

Horváth, P.: Umsetzungserfahrungen mit der Balanced Scorecard, in: Kostenrechnungspraxis, Sonderheft 2/2000, S. 125–127.

Horváth, P./Möller, K. (Hrsg.): Intangibles in der Unternehmenssteuerung, München 2004.

Horváth & Partners (Hrsg.): Balanced Scorecard umsetzten, 4., überarbeitete Auflage, Stuttgart 2007.

Jossé, G.: Balanced Scorecard – Ziele und Strategien messbar umsetzen, München 2005.

Kaplan, R./Norton, D.P.: Balanced Scorecard – Strategien erfolgreich umsetzen, Stuttgart 1997.

Klingebiel, N.: Performance Measurement & Balanced Scorecard, München 2001.

Lamparter, D. H.: Wer bleibt am Standort D? in: DIE ZEIT, Nr. 38, 11. September 2003, S. 23–24.

Müller, A.: Strategisches Management mit der Balanced Scorecard, Stuttgart 2005.

Müthel, M./Högl, M.: Intellektuelles Kapital – Konzeptualisierung und Messung von Wissen als Produktionsfaktor, in: Controlling & Management, 52. Jg. 2008, Heft 3, S. 175–177.

Peters, Th .J./Watermann, R.H.: Auf der Suche nach Spitzenleistungen: was man von den bestgeführten US-Unternehmen lernen kann, 9. Auflage, Frankfurt/Main 2003.

Pietsch, G.(I): Humankapitalbewertung und opportunistische Interpretationsstrategien, in: Controlling, Heft 3, März 2008, S. 131–137.

Pietsch, G. (II): Humankapitalbewertung im Personalcontrolling – Jenseits der Verantwortlichkeitserosion, in: Controlling & Management, 52. Jg. 2008, Heft 3, S. 178–189.

Preißner A.: Balanced Scorecard anwenden: kennzahlengestützte Unternehmenssteuerung, 2. Auflage, München 2007.

Sandt, J.: Management mit Kennzahlen und Kennzahlensystemen: Bestandsaufnahme, Determinanten und Erfolgsauswirkungen, Wiesbaden 2004.

Schrank, R.: Neukonzeption des Performance Measurements, Sternenfels 2002.

Seidenschwarz, W.: Balanced Scorecard – Ein Konzept für den zielgerichteten strategischen Wandel, in: Controlling & Finance, hrsg. V. Horváth, P., Stuttgart 1999, S. 247–276.

Servatius, H.-G.: Immaterielles Vermögen, innovative Geschäftsprozesse und nachhaltige Wertsteigerung, in: Controlling, Heft 3/4, März/April 2003, S. 155 – 161.

Stibbe, R./Wegener, W./Schultz, Th.: Einsatz einer Balanced Scorecard zur Planung und Gestaltung eines Altautoverwertungsnetzes am Beispiel der Ford-Werke-AG, in: ZfCM, 48. Jg. 2004, H. 3, S. 186–192.

Stoi, R.: Identifikation und Steuerung der immateriellen Werttreiber, in: Controlling, Heft 3/4, März/April 2003, S. 175–183.

Stoi, R.: Management und Controlling von Intangibles auf Basis der immateriellen Werttreiber des Unternehmens, in: Intangibles in der Unternehmenssteuerung, Horváth,P./Möller, K. (Hrsg.) München 2004, S. 187–201.

Sveiby, K.E.: Wissenskapital, Landsberg am Lech 1998.

Vohl, H.-J.: Balanced Scorecard im Mittelstand: Veränderungsprozesse in mittelständischen Unternehmen (KMU) mit der Balanced Scorecard (BSC) meistern, 1. Auflage, Hamburg 2004.

Weber, J.: Balanced Scorecard – Management-Innovation oder alter Wein in neuen Schläuchen? in: Kostenrechnungspraxis, Sonderheft 2/2000, S. 5–15.

Weber, J./Schäffer, U.: Balanced Scorecard & Controllingimplementierung – Nutzen für Manager und Controller – Erfahrungen in deutschen Unternehmen, 2., aktual. Aufl., Wiesbaden 2000.

Weiss, M./Zirkler, B./Guttenberger, B.: Performance Measurement Systeme und ihre Anwendung in der Praxis, in: Controlling, Heft 3, März 2008, S. 139–147.

3.6 Product Life Cycle Management

Sowohl bei Konsum- als auch bei Investitionsgütern ist festzustellen, dass die Marktphasen dieser Güter immer kürzer werden, d. h. die Produkte werden immer schneller von ihren Nachfolgegenerationen abgelöst. Wird der Marktzyklus eines Erzeugnisses um den Entstehungs- und Nachsorgezyklus ergänzt, so ist festzustellen, dass die Entstehungszyklus- bzw. Vorlaufkosten sowie die Nachsorgezyklus- bzw. Nachlaufkosten einen wachsenden Anteil an den Gesamtzykluskosten einnehmen. [Vgl. Back-Hock 1992, S. 703 ff.; Pfeiffer/Dörrie/Gerharz/Goetze von 1992, S. 867 ff.; Scheer/Boczanski/Muth/ Schmitz/Segelbacher 2005, S. 13; Siegwart/Senti 1995, S. 3 ff.]

> Das Ziel des Kostenmanagements ist es, die lebensspezifischen Kosten der Erzeugnisse unter Einbeziehung der Vorlauf- und Nachlaufkosten aktiv zu gestalten.

Für die Planung, Steuerung und Kontrolle der Kosten, Erlöse und Erfolge über den gesamten Produktlebenszyklus eines Erzeugnisses hat sich in der Betriebswirtschaftslehre der Begriff „Product Life Cycle Management" durchgesetzt.

In der Lehre und in der Praxis steht häufig der klassische Produktlebenszyklus im Vordergrund. Aus diesem Grund wird nachfolgend der klassische Produktlebenszyklus aus der Sicht des Kostenmanagements beurteilt. Im Anschluss daran wird der so genannte Integrierte Produktlebenszyklus vorgestellt.

3.6.1 Modell des klassischen Produktlebenszyklus

Der klassische Produktlebenszyklus ist durch eine Abfolge von fünf Phasen (Einführung, Wachstum, Reife, Sättigung, Degeneration) charakterisiert (vgl. Abbildung 51); während die Reihenfolge der Zyklen unabänderlich festliegt, kann die Länge der Phasen je nach Produkt variieren: [Vgl. Baum/Coenenberg/Günther 2007, S. 84 ff.]

- In der Einführungsphase geht es darum, für das neue Produkt durch einen optimalen Werbemitteleinsatz und durch andere absatzpolitische Bemühungen einen Markt zu gewinnen. Diese Phase des Produktlebenszyklus ist durch geringe Umsätze, hohe Aufwendungen und geringen oder sogar negativen Deckungsbeiträgen charakterisiert.

- In der Wachstumsphase nehmen die Umsätze infolge stark steigender Nachfrage überproportional zu. Die Deckungsbeiträge werden größer, dies löst bei den Konkurrenten Alarm aus, sie versuchen ebenfalls ein ähnliches Produkt auf den Markt zu bringen. Es gilt schnell zu wachsen, um Marktanteile zu gewinnen und durch das Mengenwachstum die Stückkosten zu senken, also Erfahrungskurveneffekte zu nutzen. Die zu diesem Zweck notwendigen Erweiterungsinvestitionen führen zu einem steigenden Kapitalbedarf.

- In der Reifephase hat sich das Produkt auf dem Markt etabliert. Aufgrund der zunehmenden Sättigung des Erstbedarfs und das Aufkommen von alternativen Problemlösungen als Ergebnis des technischen Fortschritts verlangsamt sich die Zunahme des Absatzvolumens mit der Folge eines abnehmenden Umsatzzuwachses.

- Bei nachlassender Nachfrage tritt das Produkt aufgrund einer Markterschöpfung in die Sättigungsphase ein. In der Regel kommt es zur Degenerationsphase.

- In der Degenerationsphase sind der Umsatz und der Gewinn rückläufig. Starke Konkurrenz, neue Produkte, veränderte Verbrauchergewohnheiten, zusätzliche Kosten, die durch Qualitätsansprüche der Nachfrager und Gewährleistungen bedingt sind, belasten die Ertragssituation. Das Produkt wird aus dem Markt gedrängt und muss schließlich aufgegeben werden.

In der Literatur wird insbesondere das im Rahmen des klassischen Produktlebenszyklus unterstellte idealtypische Phasenablaufmuster, die ungenaue Abgrenzung des Produktbegriffs, die Phasenabgrenzung sowie das phasenspezifische Normverhalten der Marktteilnehmer kritisiert. Empirische Untersuchungen belegen, dass der klassische Produktlebenszyklus-Verlauf nur als ein möglicher Umsatzverlauf unter einer Vielzahl in der Realität existierender Verläufe angesehen werden kann. Der idealtypische Phasenverlauf konnte dabei bisher nur bei wenigen Produkten nachgewiesen werden. [Vgl. Siegwart/Senti 1995, S. 7]

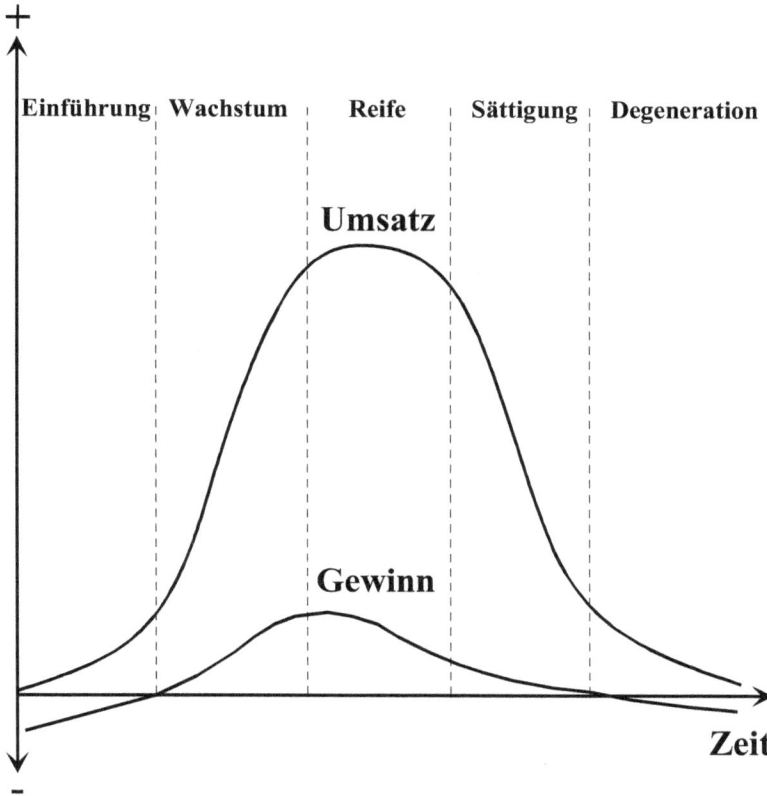

Abb. 51: Klassischer Produktlebenszyklus

Das Problem, Produktlebenszyklen nachzuweisen, wird dadurch erschwert, dass es an einer exakten Abgrenzung des Produktbegriffes mangelt. So wird z. B. nicht deutlich, ob der Kurvenverlauf sich auf Produktklassen (z. B. Bier, Bohrmaschinen), auf Produktgruppen (z. B. Light Bier, Schlagbohrmaschinen) oder Marken/Varianten (z. B. Feldschlößchen light, Hilti TE 10) bezieht. Empirische Untersuchungen haben in diesem Zusammenhang u. A. gezeigt, dass die Umsatzentwicklung von Produktgruppen dem idealtypischen S-förmigen Verlauf am nächsten kommt; bei Produktklassen konnte dagegen aufgrund des langen Verbleibens am Markt kein klares Entwicklungsmuster nachgewiesen werden. Das klassische Produktlebenszyklusmodell beantwortet auch nicht die Frage, ob es sich um einteilige oder mehrteilige Erzeugnisse handelt. Das Besondere bei mehrteiligen Erzeugnissen ist, dass i. d. R. Komponenten eines Erzeugnisses (z. B. Motor eines Autos) andere Lebenszyklen als das Gesamterzeugnis (z. B. Auto) aufweisen. Da nicht genau bestimmt werden kann, was eine Produktvariation und was ein „neues" Produkt ist, ist die Frage schwierig, ob ein neuer Produktlebenszyklus entsteht, ob lediglich eine Phase des bestehenden Lebenszyklus verlängert wird oder ob der Trend der Umsatzentwicklung sich in einer bestimmten Richtung verändert (vgl. Abb. 52). Daneben werden im Rahmen des klassischen Produktlebenszyklus-Konzeptes Marktregenerationen aufgrund wiederkehrender Modetrends ausgeschlossen. Produktlebenszyklusverlängerungen und Marktregenerationen können letztlich dazu führen, dass ein Abgleiten eines Produktes in die Degenerationsphase temporal oder dauerhaft vermieden wird. Neben dem beschriebenen Problem der Produktabgrenzung wird der Nachweis von Produktlebenszyklen dadurch erschwert, dass keine eindeutigen Kriterien zur Phasenabgrenzung existieren. Das idealtypische Phasenablaufmuster macht letztlich nur einen Sinn, wenn man normierte Verhaltensweisen der Marktteilnehmer unterstellt. Die Realität zeigt aber, dass sowohl das Herstellerverhalten als auch das Abnehmerverhalten sehr vielfältig sein können. Bei angenommenem Normverhalten eines Produktes in einer bestimmten Phase des Lebenszyklusses wird zudem eine einheitliche Entwicklung der Marktstruktur unterstellt, d. h. die Wirkung konjunktureller und struktureller Einbrüche wird vernachlässigt. [Vgl. Baum/Coenenberg/Günther 2007, S. 88 ff.; Siegwart/Senti 1995, S. 10–12]

Trotz der beschriebenen Kritikpunkte kann das klassische Produktlebenszyklus-Konzept als ein allgemeines Beschreibungsmodell charakterisiert werden. Der Nutzen dieses Beschreibungsmodells ist primär in der Bewusstseinsbildung zu sehen, dass

- alle Produkte nur eine begrenzte Lebensdauer besitzen,

- sich die Absatz- und Marktbedingungen im Zeitablauf ändern,

- die Produkt-/Markt-Kombinationen dynamisch neu gestaltet werden müssen,

- die von einem Unternehmen angebotenen Produkte aus unterschiedlichen Produktlebenszyklusphasen stammen sollten.

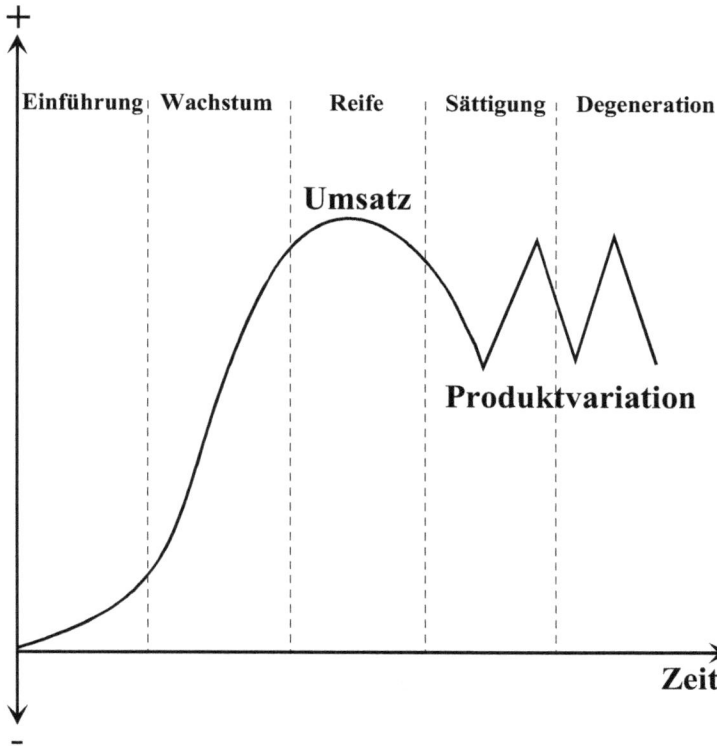

Abb. 52: Produktlebenszyklus-Verlängerung durch Produktvariation

3.6.2 Modell des Integrierten Produktlebenszyklus

Das Kostenmanagement hat die Zielsetzung, die lebensspezifischen Kosten der Erzeugnisse aktiv zu gestalten. Die klassische Produktlebenszyklus-Kurve stellt den Umsatz- und/oder Gewinnverlauf eines Produktes dar. Im Rahmen des Kostenmanagements ist insbesondere der Gewinnverlauf als Resultante des mengenabhängigen Kosten- und Erlösverlaufes von Interesse. Für eine aktive Gestaltung der Kosten- bzw. Gewinnverläufe muss allerdings die beschränkte Sichtweise des traditionellen Produktlebenszyklus-Konzeptes aufgegeben werden.

Ebenso wie das Hersteller- und das Abnehmerverhalten sehr vielfältig sein können, folgt auch der Umsatz- bzw. Gewinnverlauf eines Produktes nicht zwingendermaßen einem vorgegebenen Entwicklungsmuster. Durch Antizipation zukünftiger Entwicklungen und durch Identifizierung von Marktwiderständen ist es möglich, mittels des strategischen und operativen Marketing- und Entwicklungspotentials auf den Produktlebenszyklus sowie z. T. auf den Markt gestaltend einzuwirken.

> Der Lebenszyklus ist somit als aktiv zu gestaltender Prozess zu verstehen und nicht als vorgegebenes Muster, an dem sich die Entscheidungen der Unternehmung normativ ausrichten sollen, wie dies aufgrund des klassischen Modells empfohlen wird. [Vgl. Siegwart/Senti 1995, S. 11]

Da beträchtliche Kosten und Erlöse sowohl vor der Markteinführung wie auch nach dem letzten verkauften Produkt anfallen, ist der Marktzyklus um den Entwicklungs- und Nachsorgezyklus für ein Produkt zu ergänzen (vgl. Abb. 53). Diese ganzheitliche Betrachtung des Produktlebenszyklusses wird als Integrierter Produktlebenszyklus bezeichnet. [Vgl. im Folgenden: Back-Hock 1992, S. 706 ff.; Pfeiffer/Bischof 1981, S. 135 ff.; Siegwart/Senti 1995, S. 11 ff.]

3.6.2.1 Teilzyklen des Integrierten Produktlebenszyklus

Das Integrierte Produktlebenszyklus-Modell besagt, dass die Phase der Produktentstehung, die Phase des Angebots am Markt und Verpflichtungen als Folge des Angebots am Markt für ein Produkt gesamtheitlich zu sehen sind. In diesem Zusammenhang werden drei Teilzyklen, der Entwicklungszyklus, der Marktzyklus und der Nachsorgezyklus, unterschieden. Entsprechend diesen Teilzyklen ist es möglich, zwischen Vorlaufkosten und Vorlauferlösen, begleitenden Kosten und Erlösen sowie Nachsorgekosten und -erlösen zu differenzieren (vgl. Abb. 54).

Bei der Betrachtung des Integrierten Produktlebenszyklus-Modells ist zu beachten, dass sich die drei Teilzyklen zeitlich überschneiden. So beginnen die Nachsorgeverpflichtungen (z. B. Garantie-, Reparatur- und Serviceleistungen sowie evtl. Entsorgungspflichten) von dem Zeitpunkt an, an dem das erste Produkt beim Kunden in Betrieb genommen wird. In den meisten Fällen sind die Entwicklungsarbeiten bei Markteinführung nicht abgeschlossen, da im Laufe des Marktzyklus i. d. R. kontinuierlich Maßnahmen zur Produktvariation getroffen werden.

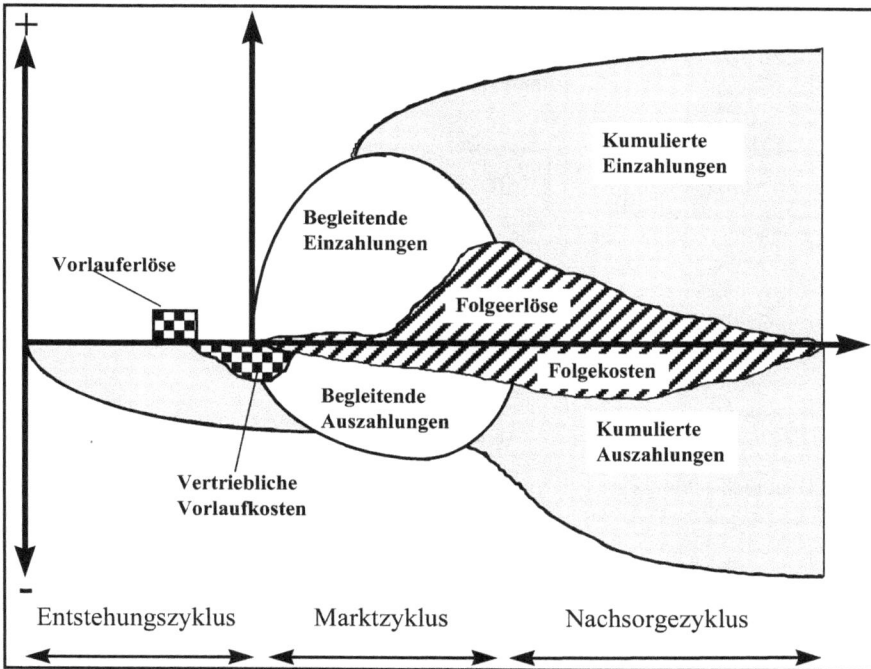

Abb. 53: Integrierter Produktlebenszyklus
[In Anlehnung an: Back-Hock 1992, S. 706]

Die maßgeblichen Einflussgrößen der Kosten- und Erlösverläufe sind der Zustand des Produktes, der Unternehmung, der Umwelt und der Kunden sowie die Produktbewertung aus Abnehmersicht und die Entscheidungsprozesse des Unternehmens. Entscheidungen sollen die Produktgestaltung und die Kosten- und Erlösverläufe steuern. Entscheidungsträger sind die Führungskräfte. Die lenkende Beeinflussung der Kostenverläufe fällt in den Aufgabenbereich des Kostenmanagements.

```
┌─────────────────────────────────────────────────────────────┐
│                    ┌───────────────────┐                     │
│                    │     K o s t e n   │                     │
│                    └───────────────────┘                     │
│                                                              │
│  ┌──────────────┐   ┌──────────────────┐   ┌──────────────┐  │
│  │ Vorlaufkosten│   │ Begleitende Kosten│  │  Folgekosten │  │
│  └──────────────┘   └──────────────────┘   └──────────────┘  │
│                                                              │
│  - technologische Kosten  - Einführungskosten    - Wartung   │
│  - vertriebliche Kosten   - laufende Kosten      - Reparatur │
│  - Anpassungskosten       - Auslaufkosten        - Garantie  │
│  - Änderungskosten                               - Sonstige  │
│  - Sonstige                                                  │
│                                                              │
│  - Subventionen           - Aktionserlöse        - Wartung   │
│  - sonstige Ver-          - laufende Erlöse       - Reparatur │
│    günstigungen           - Abbauerlöse          - Sonstige  │
│                                                              │
│  ┌──────────────┐   ┌──────────────────┐   ┌──────────────┐  │
│  │ Vorlauferlöse│   │ Begleitende Erlöse│  │  Folgeerlöse │  │
│  └──────────────┘   └──────────────────┘   └──────────────┘  │
│                                                              │
│                    ┌───────────────────┐                     │
│                    │    E r l ö s e    │                     │
│                    └───────────────────┘                     │
└─────────────────────────────────────────────────────────────┘
```

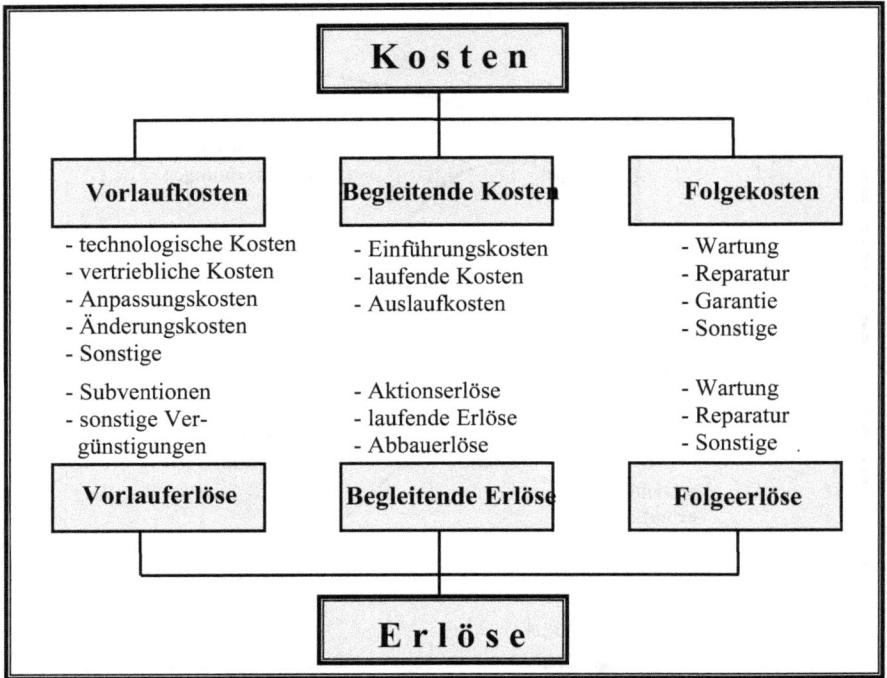

Abb. 54: Lebenszyklusbezogene Kosten- und Erlöskategorien
[In Anlehnung an: Back-Hock, A. 1992, S. 707]

3.6.2.2 Bedeutung des Kostenmanagements im Rahmen des Integrierten Produktlebenszyklus

Das Kostenmanagement hat in der Vorlaufphase des Produktlebenszyklusses die Aufgabe, die Vorlaufkosten und Vorlauferlöse in der Weise zu beeinflussen, dass über Wirtschaftlichkeits- und Kostenanalysen die günstigste Kostensituation realisiert und Vorlauferlöse (z. B. Subventionen des Staates) ausgeschöpft werden. Des Weiteren hat das Kostenmanagement bei der markt- und kundenorientierten Zielkostenfindung für das jeweilige Produkt mitzuwirken. Neben den Produktkosten stehen in zunehmendem Maße die mit dem Erzeugnis verbundenen Funktions- und Prozesskosten im Vordergrund der Analysen, die mit Hilfe eines Target Costing und/oder dem Einsatz einer Wertanalyse (Value Engineering) geplant und im weiteren Verlauf des Produktlebenszyklusses schließlich durch entsprechende Maßnahmen und Entscheide realisiert bzw. zielorientiert beeinflusst werden. Damit die richtigen Entscheidungen und Maßnahmen gefällt und getroffen werden, müssen die aktuellen Kosten und Erlöse fortlaufend mit den Zielen verglichen werden. Zur zielorientierten Gestaltung der Kosten und Leistungen im Rahmen des Markt- und Nachsorgezyklusses stehen dem Kostenmanagement neben der Wertanalyse und dem Target Costing verschiedene Instrumente und Methoden wie z. B. Kontinuierlicher Verbesserungsprozess (KVP), (reformiertes) Betriebliches Vorschlagswesen, Benchmarking, Gemeinkostenwertanalyse (GWA), Zero-Base-Budgeting (ZBB), Outsourcing und die Prozesskostenrechnung zur Verfügung.

Im Rahmen des Kostenmanagements ist zu berücksichtigen, dass mit dem Eintritt in den Marktzyklus bereits die Nachsorgeverpflichtungen für ein Erzeugnis beginnen. Nachsorgeverpflichtungen – wie z. B. Garantie-, Reparatur- und Serviceleistungen sowie evtl. Entsorgungspflichten – verursachen Kosten, die unmittelbar auf Absatzleistungen im Markt bezogen sind. Je komplexer ein Produkt ist, desto größer sind im Allgemeinen die Nachsorgekosten. Umgekehrt besteht die Möglichkeit, Servicekosten dem Kunden zu belasten, d. h. im Nachsorgezyklus sind auch Erlöse und Deckungsbeiträge erzielbar, die bei der Erfolgsanalyse mit berücksichtigt werden müssen.

Ein erfolgreiches Kostenmanagement muss bei der Beeinflussung der Kosten- und Erlösstrukturen von zwei Sichtweisen ausgehen, d. h. es muss

- die Produktlebenszykluskosten aus Kundensicht und
- die Produktlebenszykluskosten und -erlöse aus Herstellersicht

in die Analysen und Maßnahmen mit einbeziehen.

<u>Produktlebenszykluskosten aus Kundensicht:</u>
Für den Kunden sind im Rahmen des Kaufentscheidungsprozesses die Anschaffungskosten sowie die Kosten für Unterhalt, Betrieb sowie Entsorgung und schließlich die Dauer des Lebenszyklusses relevant (vgl. Abb. 55). Zur Sicherung des Produkterfolges sind somit bei der Entwicklung und Konstruktion des Erzeugnisses nicht nur die Kosten des anbietenden Unternehmens und der Preis des Erzeugnisses, sondern auch die aus der Sicht des Kunden mit dem Erwerb eines Produktes über die Nutzungsdauer entstehenden Nutzungs- und Folgekosten zu berücksichtigen. Der Kunde strebt nicht nur nach minimalen Anschaffungskosten, sondern nach minimalen Gesamtkosten (inkl. Betrieb, Unterhaltung, Entsorgung).

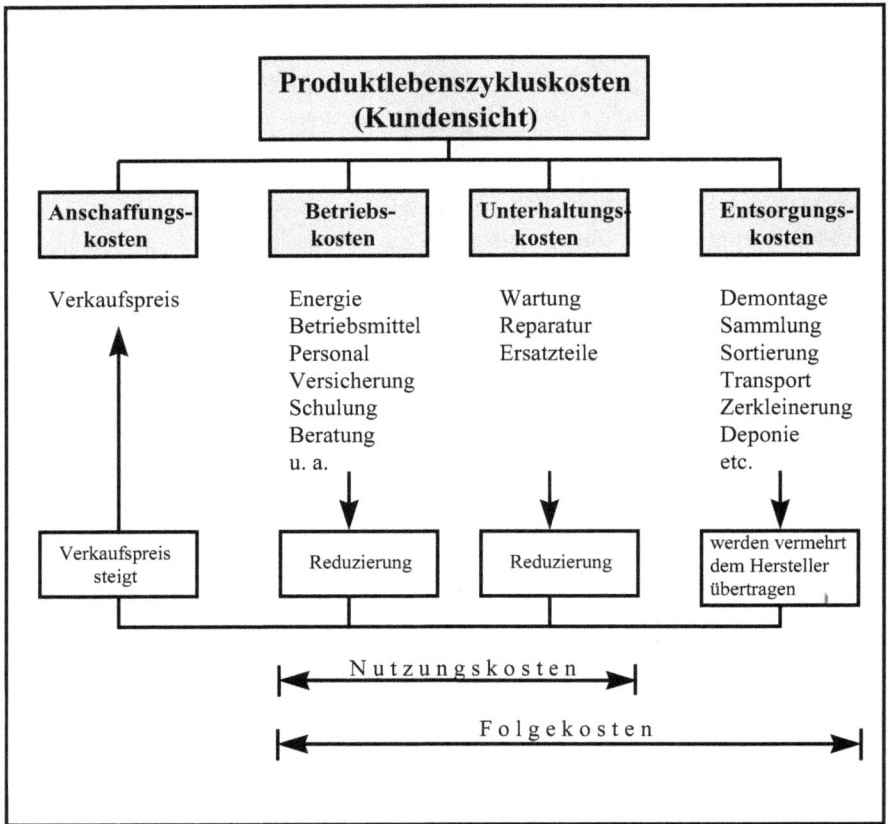

Abb. 55: Lebenszykluskostenstruktur aus Kundensicht
[In Anlehnung an: Siegwart/Senti 1995, S. 80]

Produktlebenszykluskosten und -erlöse aus Herstellersicht:
Bei der Planung und Gestaltung der Lebenszykluskosten aus Herstellersicht sind neben den Kosten der Herstellung und des Vertriebes sowie den Entwicklungskosten insbesondere auch die nach dem Verkauf beim Kunden anfallenden Kosten (Betrieb und Unterhalt) zu berücksichtigen, um das Produkt entsprechend gestalten zu können und um zusätzliche Vertriebsargumente zu erhalten (vgl. Abb. 56).

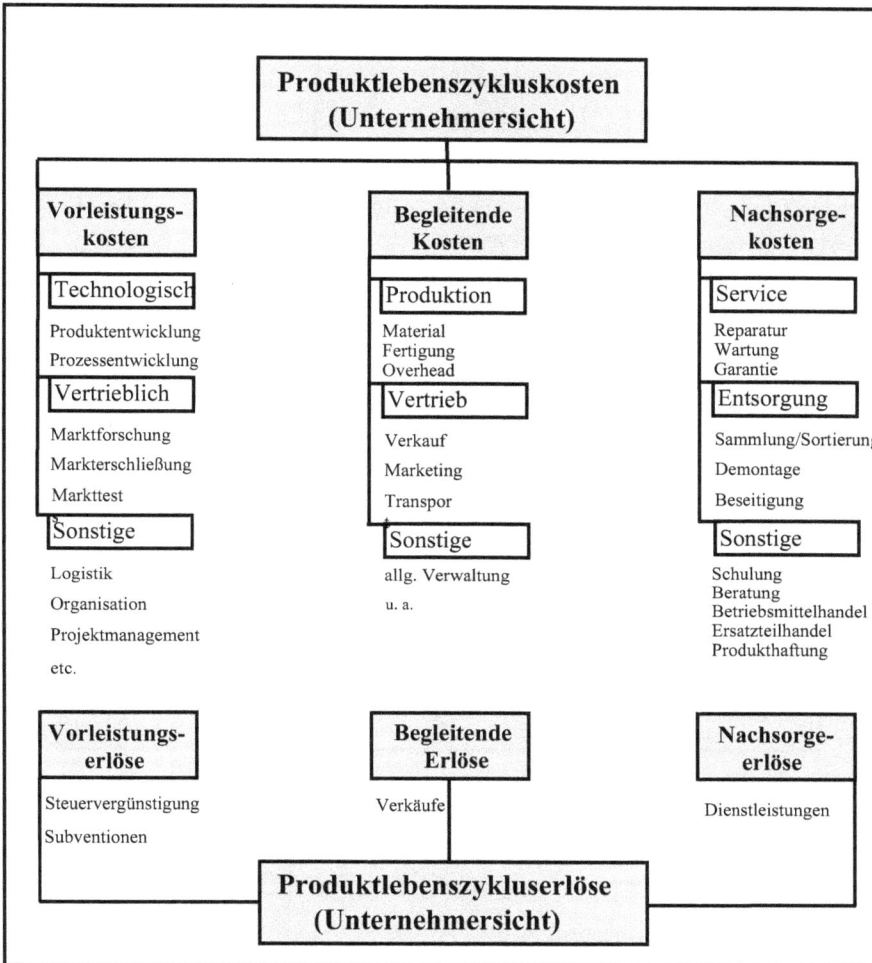

Abb. 56: Lebenszykluskosten- und -erlösstruktur aus Herstellersicht
[In Anlehnung an: Siegwart/Senti 1995, S. 83]

Die Erträge eines Erzeugnisses (Verkaufspreis, Reparatur- und Wartungserlös) müssen nicht nur die Kosten der Produktion und des Vertriebes decken, sondern ebenfalls die Entwicklungskosten sowie Garantie-, Service-, Entsorgungs- und Rücknahmekosten. In diesem Zusammenhang ist es sinnvoll, den Produkterfolg nach den Komponenten Vorleistungserfolg (Projekterfolg), begleitendem Erfolg (Markterfolg) und Folgeerfolg (Nachsorgeerfolg) zu strukturieren (vgl. Abb. 57). Der Vorleistungserfolg ist i. d. R. negativ, da außer einer eventuellen staatlichen Unterstützung keine Erlöse zu erwarten sind. Der eigentliche Produkterfolg wird zum größten Teil im Marktzyklus durch den Verkauf des formalen Produktes erzielt. Vorleistungs- und Nachsorgeerfolg sind in den Produkterfolg zu integrieren. Der Produkterfolg ergibt sich grundsätzlich aus der Differenz von Kosten und Erlös; dies sollte nicht zu dem Fehlschluss verleiten, dass der Produkterfolg nur durch diese beiden Faktoren bestimmt wird, auch wenn es der erwartete oder realisierte finanzwirtschaftliche Erfolg ist, der Aufschluss gibt, ob das Produkt ein Erfolg oder ein Misserfolg ist. Neben dem finanzwirtschaftlichen Erfolg sind Qualität und Zeit unentbehrliche Erfolgsfaktoren.

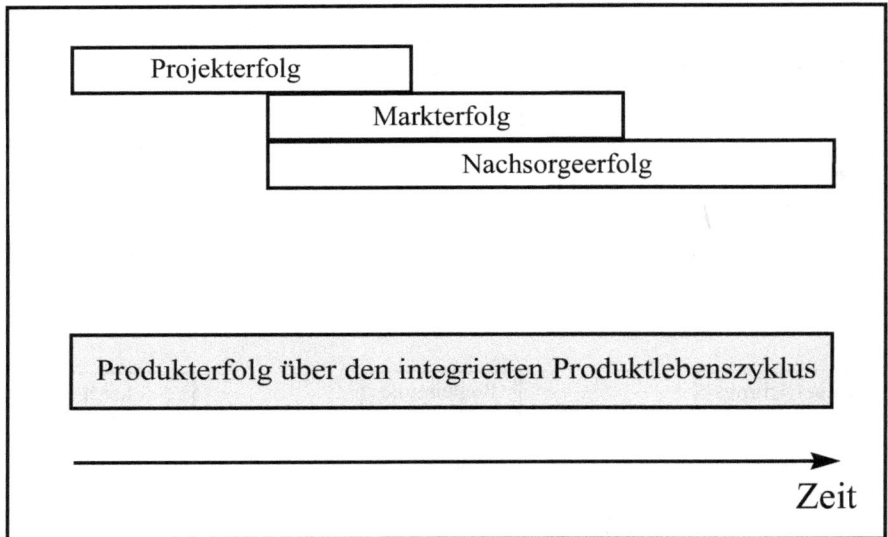

Abb. 57: Erfolgsstrukturierung
[In Anlehnung an: Siegwart/Senti 1995, S. 84]

3.6.2.3 Beurteilung des Integrierten Produktlebenszyklus

Das Integrierte Produktlebenszyklus-Konzept dient insbesondere der erfolgswirksamen Unterstützung der operativen und strategischen Instrumente und Methoden des Kostenmanagements. Mit Hilfe des integrierten Produktlebenszyklus-Konzeptes wird sichergestellt, dass Kostenanalysen und Kostenbeeinflussungsmaßnahmen nicht nur auf den Marktzyklus bezogen werden, sondern dass bereits in der Entwicklungsphase eines Produktes die Folgekosten aus Kunden- und Herstellersicht mit Blick auf den Produkterfolg zielorientiert beeinflusst werden. Nur über die integrierte Sichtweise des Produktlebenszyklusses kann letztlich sichergestellt werden, dass die mit einem Erzeugnis verbundenen Kosten über die Produktlebenszykluserlöse gedeckt und der Produkterfolg maximiert wird.

3.6.3 Lehrfragen und Übungen

1. Beschreiben Sie das klassische Produktlebenszyklus-Modell und beurteilen Sie dieses aus der Sicht des Kostenmanagements.

2. Beschreiben Sie den so genannten Integrierten Produktlebenszyklus.

3. Im Rahmen des Integrierten Produktlebenszyklus werden verschiedene Erlös- und Kostenkategorien unterschieden. Nennen und erläutern Sie diese und begründen Sie, warum das Kostenmanagement die Erlös- und Kostenkomponenten sowohl aus Hersteller- als auch aus Kundensicht analysieren muss.

4. Zur Ermittlung des Produkterfolges im Rahmen des Integrierten Produktlebenzyklus wird der Projekt-, der Markt- und der Nachsorgeerfolg unterschieden. Begründen Sie die Notwendigkeit dieser Unterscheidungskriterien und erläutern Sie diese ausführlich.

5. Beurteilen Sie das Modell des Integrierten Produktlebenszyklus aus der Sicht des Kostenmanagements.

Literatur (Product Life Cycle Management):

Baum, H.-G./Coenenberg, A. G./Günther, Th.: Strategisches Controlling, 4. überarb. Auflage, Stuttgart 2007.

Back-Hock, A.: Produktlebenszyklusorientierte Ergebnisrechnung, in: Handbuch Kostenrechnung, hrsg. v. W. Männel, Wiesbaden 1992, S. 703–714.

Dollmayer, A.: Target Costing: Modernes Zielkostenmanagement in Theorie und Praxis, Marburg 2003.

Pfeiffer, W./Bischof, P.: Produktlebenszyklen – Instrumente jeder strategischen Planung, in: Unternehmensführung I: Planung und Kontrolle, hrsg. v. Steinmann, München 1981.

Pfeiffer, W./Dörrie, U./Gerharz, A./Goetze von, S.: Variantenkosten, in: Handbuch Kostenrechnung, hrsg. v. W. Männel, Wiesbaden 1992, S. 861–877.

Reichmann, Th.:. Controlling mit Kennzahlen und Managementberichten, 6. überarb. und erw. Auflage, München 2001.

Scheer, A.-W./Boczanski, M./Muth, M./Schmitz, W.-G./Segelbacher, U.: Prozessorientiertes Product Life Cycle Management, Berlin 2005.

Siegwart, H./Senti, R.: Product Life Cycle Management: Die Gestaltung eines integrierten Produktlebenszyklus, Stuttgart 1995.

Stark, J.: Product life cycle management: 21st century paradigm for product realisation, London 2006.

Stark, J.: Global product: strategy, product life cycle management and the billion customer question, London 2007.

3.7 Prozessorientierte Kosten- und Leistungsrechnung (KLR)

Die im Vordergrund des Kostenmanagements stehende Beeinflussung der Kosten erfolgt im Bestreben, die Kosten in die jeweils gewünschte Richtung zu beeinflussen.

> Die zu beeinflussenden Kosten müssen jedoch im ersten Schritt ermittelt werden, um die Notwendigkeit einer Einflussnahme auf die Kosten zu erkennen. [Vgl. Franz 1992, S. 127]

Die Erfassung, Gegenüberstellung und Bereitstellung zielrelevanter Kosten- und Leistungsinformationen fällt in das Aufgabengebiet der Kosten- und Leistungsrechnung (KLR), die als Servicefunktion den Mitgliedern des Unternehmens und hier insbesondere den Verantwortlichen des Kostenmanagements die zur Funktionserfüllung notwendigen Informationen vorzuhalten hat. Das Kostenmanagement setzt also die rechnerische Erfassung und Abbildung der Kosten voraus:

> „Wohl ist eine Kostenrechnung ohne ihre Nutzung durch ein Kostenmanagement denkbar, nicht aber ein Kostenmanagement ohne die Unterstützung durch eine entsprechende Kostenrechnung." [Franz 1992, S. 127]

Ein effektives Kostenmanagement ist nur dann realisierbar, wenn die KLR den zur gewünschten Kostenbeeinflussung notwendigen Informationsbedarf auch decken kann:

Die zielorientierte Beeinflussung der Kosten durch das Kostenmanagement in Richtung sinkender Stückkosten im Rahmen eines Chancen- und Risikomanagements ist z. B. daran gebunden, dass Informationen über Stückkostendegressionen, Stückkostenprogressionen und Komplexitätskosten je Stück zur Verfügung stehen. Des Weiteren setzt der wirkungsvolle Einsatz der Methoden und Instrumente des Kostenmanagements (z. B. Wertanalyse, Zero-Base-Budgeting, Target Costing und Benchmarking) voraus, dass die Funktions- und Prozesskosten transparent ausgewiesen werden. Die flexible Plankostenrechnung ist aufgrund ihrer Stärken im Rahmen der Kostenkontrolle als KLR-Basissystem unverzichtbar, wichtige, kostenstellenübergreifende Kosteninformationen können jedoch nicht bereitgestellt werden. Als Unterstützungssystem für Kostenmanagemententscheidungen ist die flexible Plankostenrechnung nicht konzipiert worden und von daher für sich allein genommen meist nicht geeignet. [Vgl. Kilger/Pampel/Vikas 2007, S. 1 ff.; Remer 2005, S. 9 ff.]

> „Unter Beachtung der bedeutsamen Führungsaufgaben und Rechnungszwecke muss ein geschlossenes kostenrechnerisches Gesamtkonzept für die Unternehmensführung etabliert werden, welches auch auf die speziellen Bedürfnisse des Kostenmanagements auszurichten ist." [Männel 1995, S. 44]

Nachfolgend wird zunächst die flexible Plankostenrechnung auf Voll- und Teilkostenbasis aus der Sicht des Kostenmanagements analysiert. Im Mittelpunkt der Untersuchung steht die Ableitung von Entscheidungsinformationen für das strategische Kostenmanagement. Aus diesem Grunde werden z. B. Verfahren der Kostenplanung sowie die Möglichkeiten der operativen Kostenkontrolle nicht oder nur am Rande in die Analyse eingebunden. Anschließend werden aus der Perspektive des Kostenmanagements die Stärken und Schwächen einer prozessorientierten KLR aufgezeigt.

3.7.1 Flexible Plankostenrechnung als (traditionelles) Basissystem der KLR

Den entscheidenden Impuls zur Entwicklung der flexiblen Plankostenrechnung löste die Erkenntnis aus, dass ohne eine permanente Überwachung der Kostenwirtschaftlichkeit eine rationelle Betriebsführung nicht möglich ist. Die für eine Kostenstellenkontrolle erforderliche Ermittlung der Sollkosten je Kostenart und Kostenstelle wird im System der flexiblen Plankostenrechnung gewährleistet, indem im Rahmen der Kostenplanung sämtliche Kosten in ihre fixen und variablen Bestandteile aufgelöst werden. Wesentlich ist, dass die Plankosten in der flexiblen Plankostenrechnung für verschiedene Beschäftigungsgrade (z. B. für eine Kapazitätsauslastung von 100%, 90%, 80 %, 70%) ermittelt werden. Statt fester Beträge werden den Kostenstellen Kostenfunktionen vorgegeben, die angeben, wie sich die Kosten einer Kostenstelle in Abhängigkeit von der Beschäftigung unter wirtschaftlichen Gesichtspunkten verhalten sollen. Die durch diese Funktionen angegebenen Kosten werden als Sollkosten bezeichnet. [Vgl. Kilger/Pampel/Vikas 2007, S. 59]

Heute werden zwei Ausgestaltungsformen der flexiblen Plankostenrechnung unterschieden, und zwar die auf Vollkosten basierende flexible Plankostenrechnung und die auf Teilkosten basierende flexible Plankostenrechnung (auch: Grenzplankostenrechnung).

3.7.1.1 Flexible Plankostenrechnung auf Vollkostenbasis

Das charakteristische Merkmal einer flexiblen Plankostenrechnung auf Vollkostenbasis besteht darin, dass die Aufsplittung der Kosten in fixe und variable Komponenten ausschließlich für die Zwecke der Kostenkontrolle erfolgt (vgl. Abb. 58). Für die Verrechnungssatzbildung im Rahmen der innerbetrieblichen Leistungsverrechnung und die Bildung der Kalkulationssätze für die Hauptkostenstellen werden dagegen Vollkosten herangezogen. Bei diesem Rechnungssystem werden die Kosten je Kostenart und Kostenstelle in ihrer funktionalen Abhängigkeit von der Beschäftigung (B) in der Weise geplant, dass die für eine bestimmte Planbeschäftigung (x_p) ermittelten Plankosten (K_p) monatlich an die Istbeschäftigung (x_i) angepasst werden können. Durch Umrechnung der Plankosten auf die unterschiedlichen Beschäftigungsgrade wird der Sollkostenverlauf bestimmt, d. h. es werden jene Kosten ermittelt, die unter der Voraussetzung wirtschaftlichen Verhaltens eingehalten werden sollen, wenn die Beschäftigung nicht ihren Planwert (x_p), sondern einen beliebigen Istwert (x_i) annimmt. Weichen die Istkosten (K_i) von den Sollkosten (K_s) oder den verrechneten Plankosten (K_{verr}) ab, können mit Hilfe der flexiblen Plankostenrechnung auf Vollkostenbasis Verbrauchs- (ΔV) und Beschäftigungsabweichungen (ΔB) festgestellt werden (vgl. Abb. 58). [Vgl. Haberstock 2008, S. 16 ff.; Kilger/Pampel/Vikas 2007, S. 58–60]

3.7.1.1.1 Verrechnung der Kosten im System der flexiblen Plankostenrechnung auf Vollkostenbasis

Eine grundlegende Voraussetzung für die Verrechnung der Kosten auf die Kostenstellen und Kostenträger bildet die Bezugsgrößenwahl. Mit der Wahl der Bezugsgröße, als Maßstab für die Kostenverursachung einer Kostenstelle, wird die entscheidende Festlegung für die in der flexiblen Plankostenrechnung auf Vollkostenbasis verankerten Sollkostenfunktion getroffen. [Vgl. im Folgenden: Haberstock 2008, S. 40 ff.; Kilger/Pampel/Vikas 2007, S. 252 ff.]

Grundsätzlich können Bezugsgrößen mit doppelter Funktion, Bezugsgrößen mit einfacher Funktion sowie direkte und indirekte Bezugsgrößen unterschieden werden. Bezugsgrößen mit doppelter Funktion sind dadurch charakterisiert, dass sie erstens als verursachungsgerechter Maßstab für die Kostenstellenkosten verwandt werden (Kostenkontrollfunktion) und zweitens in einer möglichst direkten Beziehung zu den Kostenträgern stehen, auf die die Kos tenstellenkosten verrechnet werden (Kalkulationsfunktion). Bezugsgrößen mit einfacher Funktion zeichnen sich dadurch aus, dass sie entweder eine Kontroll- oder eine Kalkulationsfunktion wahrnehmen.

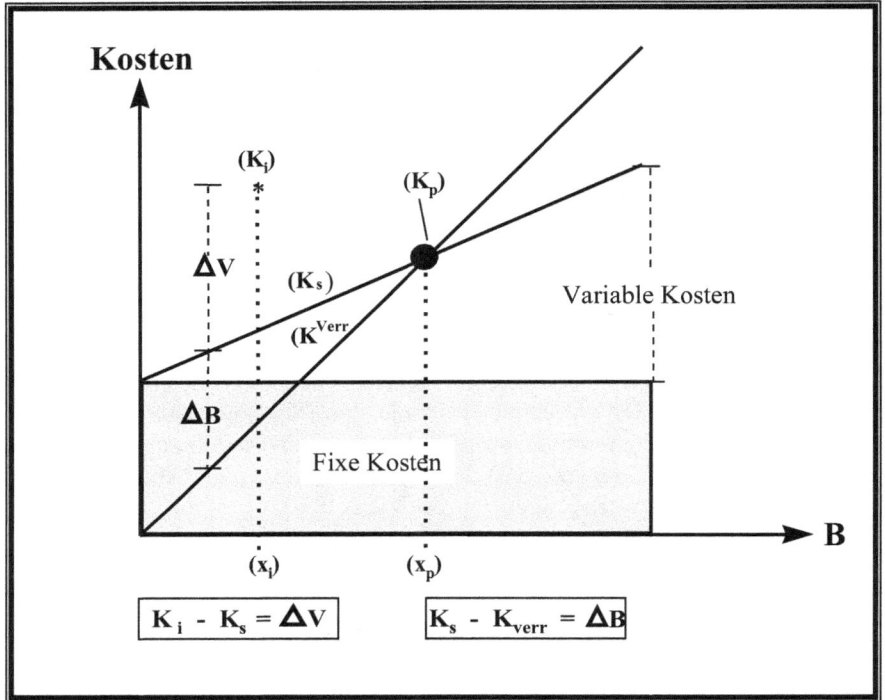

Abb. 58:
Kostenkontrolle im System der flexiblen Plankostenrechnung auf Vollkostenbasis

Sämtliche quantitativen Maßgrößen der Kostenverursachung einer Kostenstelle (z. B. Stückzahlen, Fertigungszeiten, Gewichtseinheiten) werden als direkte Bezugsgrößen bezeichnet. Ist eine unmittelbare, quantitative Messung nicht oder nur mit wirtschaftlich nicht vertretbarem Aufwand möglich, müssen für die jeweiligen Kostenstellen indirekte Bezugsgrößen (auch: Hilfs- oder Verrechnungsbezugsgrößen) gebildet werden, die aus den Bezugsgrößen anderer Kostenstellen, aus Kostenartenbeträgen (z. B. Material- oder Lohnkosten) oder den Herstellkosten der abgesetzten Erzeugnisse abgeleitet werden können.

Für die Kostenstellen des direkten Fertigungsbereiches lassen sich die Produktionsbeiträge in nahezu allen Fällen mit Hilfe direkter Bezugsgrößen erfassen. Für die indirekten Kostenstellen des Gemeinkostenbereiches können grundsätzlich ebenso direkte Bezugsgrößen ermittelt werden, soweit die Leistungen der Kostenstellen quantifizierbar sind (vgl. Abb. 59). Im Rahmen der flexiblen Plankostenrechnung wird in der Praxis jedoch i. d. R. auf eine Verwendung direkter Bezugsgrößen in den Gemeinkostenstellen verzichtet. Gegen die Verwendung direkter Bezugsgrößen in den indirekten Leistungsbereichen werden in der Literatur vor allem nachstehende Gründe angeführt:

- Falls es gelingt, Leistungseinheiten für bestimmte Verwaltungstätigkeiten zu ermitteln, dürfte es problematisch sein, die entsprechenden Sollkosten (Vorgabewerte) pro Leistungseinheit festzulegen.
- Zwar sind diese Bezugsgrößen durchaus zur Leistungsmessung und Durchführung des Soll-/Ist-Vergleichs geeignet, dagegen fehlt jedoch die unmittelbare kalkulatorische Weiterverrechnung auf die betrieblichen Erzeugnisse.
- In der Praxis der Plankostenrechnung werden direkte Bezugsgrößen für die indirekten Leistungsbereiche nur selten eingeführt, da der Planungs- und Erfassungsaufwand solcher Bezugsgrößen relativ hoch ist.

> Für den Fall, dass für die Zwecke der Kostenkontrolle für indirekte Leistungsbereiche direkte Bezugsgrößen herangezogen werden, ist im Konzept der flexiblen Plankostenrechnung zur kalkulatorischen Weiterverrechnung der Kosten indirekter Leistungsbereiche auf die Produkte nur die Verwendung indirekter Bezugsgrößen erlaubt.

So lassen sich z. B. in den Kostenstellen des Materialbereiches für die Kostenkontrolle direkte Bezugsgrößen finden (z. B. Anzahl der Frachtbriefe, Anzahl der Ladungsträger). Zur kalkulatorischen Weiterverrechnung dient aber die indirekte Bezugsgröße „€-Materialkosten". Zum Beispiel werden die Materialgemeinkosten-Zuschlagsprozentsätze ermittelt, indem die Materialgemeinkosten durch die Materialeinzelkosten dividiert werden. Für die Verrechnung der Fertigungsgemeinkosten auf die Produkte werden als Bezugsgrößen z. B. die Fertigungseinzelkosten (Fertigungslöhne) oder Maschinenstunden herangezogen. Für die Zuschlagsprozentsatzbildung des Vertriebs sowie des Verwaltungsbereichs werden i. d. R. die Herstellkosten der Erzeugnisse als Bezugsbasis gewählt (vgl. Abb. 60 und 61).

3.7.1.1.2 Beurteilung der flexiblen Plankostenrechnung auf Vollkostenbasis

Die im System der flexiblen Plankostenrechnung übliche Verrechnung der indirekten Kosten mit Hilfe pauschaler Zuschlagsprozentsätze auf die Erzeugnisse ist mit der Gefahr verbunden, dass Gemeinkosten in hohem Maße ungenau kalkuliert werden: [Vgl. im Folgenden: Cooper/Kaplan 1993, S. 7 ff.; Kilger/Pampel/Vikas 2007, S. 64 ff.; Remer 2005, S. 19 ff.; Weber 1992, S. 30]

Zurechnungsfehler durch Materialgemeinkostenzuschläge:
In den Materialgemeinkosten sind die Kosten des Einkaufs, des Wareneingangslagers, der Materialdisposition usw. zusammengefasst. Bis auf wenige Ausnahmen (z. B. Kosten für Transportversicherungen) ist aber kaum ein Kostenbetrag tatsächlich von der indirekten Bezugsgröße des Materialeinsatzwertes abhängig. Die Verrechnung der Materialgemeinkosten auf der Basis pauschaler Zuschlagsprozentsätze bringt es mit sich, dass ein Produkt mit hohem Materialeinsatzwert hohe Materialgemeinkosten zugerechnet bekommt und umgekehrt. Der Materialeinsatzwert verursacht jedoch nicht die meisten Materialgemeinkosten:

> Ob ein Zukaufteil für 20,--€, 200,-- € oder 2000,-- € eingekauft wird, die Ressourcenbeanspruchung und der Werteverzehr sind niemals vom Materialeinsatzwert eines zu produzierenden Erzeugnisses abhängig (vgl. Abb. 60 und 61).

Zurechnungsfehler durch Fertigungsgemeinkostenzuschläge:
In die Fertigungsgemeinkosten fließen neben den Gemeinkosten der direkten Fertigungskostenstellen auch die Gemeinkosten der Fertigungs-Hilfskostenstellen (z. B. Innerbetrieblicher Transport, Produktionsplanung und -steuerung, Arbeitsvorbereitung) ein. Für die Verrechnung der Fertigungsgemeinkosten werden häufig noch die Fertigungslohneinzelkosten als Zuschlagsbasis verwendet (vgl. Abb. 60 u. 61). Automatisierung und Mechanisierung innerhalb des Fertigungsbereiches haben zu einer Kostenstrukturverschiebung in Richtung steigender Fix- bzw. Gemeinkosten und sinkender Lohneinzelkosten geführt. Unter dem Gesichtspunkt des Kostenverursachungsprinzips sind die Fertigungslohneinzelkosten als Zuschlagsbasis und damit Bezugsgröße für die Fertigungsgemeinkosten denkbar ungeeignet. Außerdem ist es nur in Ausnahmefällen denkbar, dass ein Produkt mit hohen Fertigungslohnkosten in gleichem Maße auch höhere Kosten in den Fertigungs-Hilfskostenstellen nach sich zieht.

Art der Kostenstelle	Art der Bezugsgröße
Laboratorien	Anzahl der Proben Anzahl der Analysen
Einkauf	Anzahl bearbeitete Angebote Anzahl Bestellungen Anzahl geprüfte Rechnungen
Materiallager/ Fertigwarenlager	Anzahl Zugänge Anzahl Abgänge
Finanzbuchhaltung	Anzahl der Buchungen
Kalkulation	Anzahl Vorkalkulationen Anzahl Nachkalkulationen
Lohnabrechnung	Anzahl Bruttolohnab- rechnungen
Fakturierung	Anzahl Rechnungen Anzahl Rechnungspositionen
Versand	Anzahl Versandaufträge

Abb. 59: Direkte Bezugsgrößen für Gemeinkostenstellen
[In Anlehnung an: Kilger/Pampel/Vikas 2007, S. 263]

Materialgemeinkosten-Zuschlagsprozentsatz (MGK-ZS):

Zum Beispiel:

MGK-ZS $= \dfrac{\sum \text{Materialgemeinkosten}}{\sum \text{Materialeinzelkosten}} * 100 = [\%]$

MGK-Block:
Fixe Kosten: 6.000.000,- €
Variable Kosten: 2.000.000,- €
Gesamtkosten: 8.000.000,- €

MGK-ZS $= \dfrac{8.000.000,- €}{32.000.000,- €} * 100 = 25\,\%$

Fertigungsgemeinkosten-Zuschlagsprozentsatz (FGK-ZS):

Zum Beispiel:

FGK-ZS $= \dfrac{\sum \text{Fertigungsgemeinkosten}}{\sum \text{Fertigungseinzelkosten}} * 100 = [\%]$

FGK-Block:
Fixe Kosten: 33.000.000,- €
Variable Kosten: 3.000.000,- €
Gesamtkosten: 36.000.000,- €

FGK-ZS $= \dfrac{36.000.000,- €}{6.000.000,- €} * 100 = 600\,\%$

Verwaltungsgemeinkosten-Zuschlagsprozentsatz (VwGK-ZS):

Zum Beispiel:

VwGK-ZS $= \dfrac{\sum \text{Verwaltungsgemeinkosten}}{\sum \text{Herstellkosten}} * 100 = [\%]$

VwGK-Block:
Fixe Kosten: 3.885.000,- €
Variable Kosten: 215.000,- €
Gesamtkosten: 4.100.000,- €

VwGK-ZS $= \dfrac{4.100.000,- €}{82.000.000,- €} * 100 = 5\,\%$

Vertriebsgemeinkosten-Zuschlagsprozentsatz (VtrGK-ZS):

Zum Beispiel:

VtrGK-ZS $= \dfrac{\sum \text{Vertriebsgemeinkosten}}{\sum \text{Herstellkosten}} * 100 = [\%]$

VtrGK-Block:
Fixe Kosten: 1.025.000,- €
Variable Kosten: 1.025.000,- €
Gesamtkosten: 2.050.000,- €

VtrGK-ZS $= \dfrac{2.050.000,- €}{82.000.000,-- €} * 100 = 2,5\,\%$

Abb. 60:
Zuschlagsprozentsatzbildung auf Vollkostenbasis am Beispiel der Lohnzu-schlagskalkulation

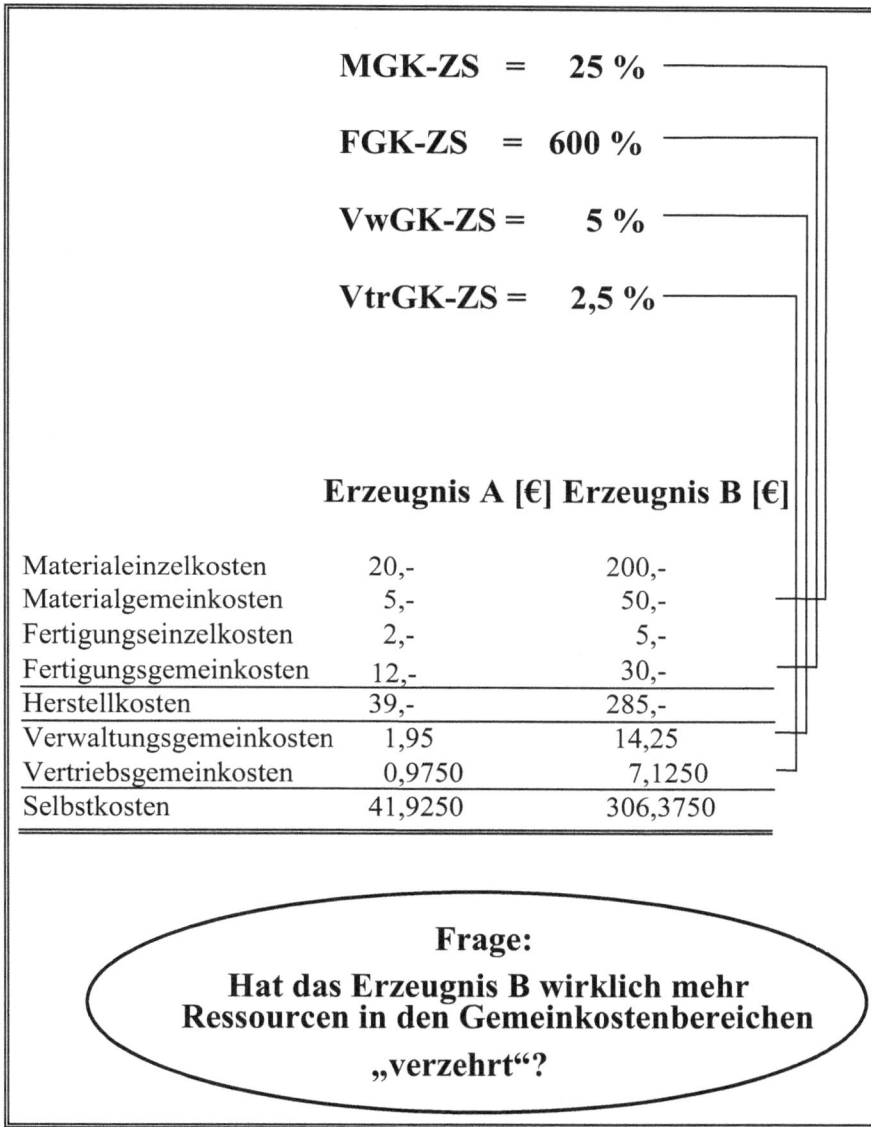

$$MGK\text{-}ZS \;=\; 25\,\%$$

$$FGK\text{-}ZS \;=\; 600\,\%$$

$$VwGK\text{-}ZS \;=\; 5\,\%$$

$$VtrGK\text{-}ZS \;=\; 2,5\,\%$$

	Erzeugnis A [€]	Erzeugnis B [€]
Materialeinzelkosten	20,-	200,-
Materialgemeinkosten	5,-	50,-
Fertigungseinzelkosten	2,-	5,-
Fertigungsgemeinkosten	12,-	30,-
Herstellkosten	39,-	285,-
Verwaltungsgemeinkosten	1,95	14,25
Vertriebsgemeinkosten	0,9750	7,1250
Selbstkosten	41,9250	306,3750

Frage:

Hat das Erzeugnis B wirklich mehr Ressourcen in den Gemeinkostenbereichen „verzehrt"?

Abb. 61:
Stückkalkulation auf Vollkostenbasis am Beispiel der Lohnzuschlagskalkulation

Zurechnungsfehler durch Verwaltungs- und Vertriebsgemeinkostenzuschläge:
In den Verwaltungsgemeinkosten werden u. a. die Kosten der Unternehmensleitung, des Rechnungswesens, des Controllings, der Personal- und EDV-Ab-
teilung zusammengefasst. Die Vertriebsgemeinkosten setzen sich z. B. aus den
Kosten des Endproduktelagers und des Versandes zusammen. Für die Zu-
schlagssatzbildung dieser beiden Gemeinkostenbereiche werden i. d. R. die
Herstellkosten des Umsatzes als Bezugsbasis herangezogen. Auch hier gilt,
dass angesichts der vielen verschiedenen Verwaltungs- und Vertriebsleistun-
gen eine verursachungsgerechte Kalkulation dieser Kosten auf die Erzeugnisse
nicht möglich ist, da die Ressourcenbeanspruchung dieser Gemeinkostenstellen durch die Erzeugnisse von den Herstellkosten weitgehend unabhängig ist.

Ein weiterer Schwachpunkt ergibt sich aus der Tatsache, dass in der flexiblen
Plankostenrechnung auf Vollkostenbasis sowohl die variablen als auch die
fixen Kosten über jeweils gleiche Bezugsgrößen auf die Erzeugnisse weiter-
verrechnet werden (= Fixkostenproportionalisierung). Dieser Umstand ist mit
gravierenden Fehlentscheidungen im Rahmen der Verkaufssteuerung und der
Lösung von Verfahrenswahlproblemen verbunden. Hier sei beispielhaft auf
die Eliminierung von (angeblichen) Verlustartikeln verwiesen.

> Oft werden Erzeugnisse aus dem Produktionsprogramm herausgenommen,
> weil die ermittelten Vollkosten über den Marktpreis nicht gedeckt sind.

Bei derartigen Entscheidungen wird häufig nicht bedacht, dass mit der
Eliminierung dieses Produktes zwar die variablen Kosten abgebaut werden,
die bisher verrechneten Fixkosten aber bei Konstanz der Kapazitäten bestehen
bleiben bzw. von den übrigen Produkten mit der Wirkung getragen werden
müssen, dass sich entweder die Vollkostensätze erhöhen oder der Gewinn
mindert. Ähnliche Probleme ergeben sich auch bei der Wahl zwischen Eigenfertigung und Fremdbezug, wenn Vollkosten als Entscheidungsbasis für
Make-or-Buy-Entscheidungen herangezogen werden. Da die flexible Plankostenrechnung die Kalkulation bzw. kostenmäßige Abbildung von Dienstleistungsaktivitäten nicht vorsieht, ist es mit diesem Rechnungssystem auch
nicht möglich, dem Kostenmanagement geeignete Informationen für Outsourcing-Entscheidungen bereitzustellen. Ein weiteres Problem ergibt sich daraus,
dass bei der Durchführung einer Vollkostenrechnung die Preisuntergrenzen
der betrieblichen Erzeugnisse nicht bekannt sind. Damit besteht die Gefahr,
dass in einer angespannten Wirtschaftslage Verkaufspreise angesetzt werden,
die erheblich unter der Preisuntergrenze liegen.

> Es besteht Einigkeit darüber, dass im Rahmen kurzfristiger Entscheidungen Vollkosteninformationen zu Fehlentscheidungen führen. Bei Entscheidungen von längerfristiger Wirkung sind allerdings Vollkosteninformationen notwendig.

So ist es für ein Unternehmen bspw. – mit Blick auf die langfristige Existenzsicherung – von großer Bedeutung, dass mittel- bis langfristig die Gesamterlöse die Gesamtkosten mindestens decken. Das bedeutet, dass in der Kostenrechnung die Selbstkosten auf Vollkostenbasis für den einzelnen Kostenträger ermittelt werden müssen. Die vollen Selbstkosten stellen für die Preisbeurteilung bzw. im Rahmen von Preisauskommensrechnungen die langfristige Preisuntergrenze dar.

Wegen der längerfristigen Wirkungen von Entscheidungen im Rahmen des strategischen Kostenmanagements bauen die zur Kostenbeeinflussung eingesetzten Instrumente und Methoden stets auf Vollkosteninformationen auf (z. B. Erfahrungskurven-Konzept, Wertanalyse, Gemeinkostenwertanalyse, Target Costing, Benchmarking und Produktlebenszyklusrechnungen). Allerdings ist der erfolgreiche Einsatz dieser Instrumente und Methoden daran gebunden, dass die verwendeten Stückkosteninformationen die Realität bzw. den durch die Erzeugnisse beanspruchten Ressourcenverzehr abbilden. Die durch ein Erzeugnis beanspruchte Ressourcennutzung kann mit Hilfe der flexiblen Plankostenrechnung auf Vollkostenbasis über die herkömmliche Stückkalkulation jedoch nicht abgebildet werden.

Zusammenfassend kann festgehalten werden, dass der für den Einsatz der Methoden und Instrumente des Kostenmanagements notwendige Ausweis von Stückkostenprogressionen, Stückkostendegressionen, Komplexitätskosten je Stück, Funktions- und Prozesskosten je Aktivität über den Einsatz einer flexiblen Plankostenrechnung auf Vollkostenbasis nicht realisiert werden kann, da die in hohem Maße falsch ermittelten Stückkosten nicht den tatsächlichen Ressourcenverzehr eines Erzeugnisses abbilden.

> Die Aufgabe der Kosten- bzw. Wirtschaftlichkeitskontrolle kann die flexible Plankostenrechnung auf Vollkostenbasis auf Kostenstellenebene erfüllen. Kostenstellenübergreifende Wirtschaftlichkeitskontrollen sind im System der flexiblen Plankostenrechnung allerdings nicht möglich.

Aus der Sicht des Kostenmanagements erweist es sich jedoch als problematisch, dass die Kostenstellenleiter lediglich die aus ihren Entscheidungen innerhalb der jeweils eigenen Kostenstelle resultierenden Folgewirkungen zu vertreten haben. Eventuelle bereichsübergreifende negative Auswirkungen auf andere Kostenstellen sind somit nicht durch den Entscheidungsträger, sondern durch andere Kostenstellenleiter zu verantworten.

3.7.1.2 Flexible Plankostenrechnung auf Teilkostenbasis (auch: Grenzplankostenrechnung)

Die flexible Plankostenrechnung auf Teilkostenbasis, für die sich in der Praxis der Begriff Grenzplankostenrechnung durchgesetzt hat, stellt eine Weiterentwicklung der flexiblen Plankostenrechnung auf Vollkostenbasis dar. [Vgl. im Folgenden: Kilger/Pampel/Vikas 2007, S. 70 ff.; vg. auch: Haberstock 2008, S. 21 ff.] Der wesentliche Unterschied zur Vollkostenrechnung besteht darin, dass sowohl bei der Bildung von Verrechnungssätzen für innerbetriebliche Leistungen als auch bei der Ermittlung von Kalkulationssätzen nur die variablen Kosten herangezogen werden. Auf diese Weise sollen die mit einem Vollkostenrechnungssystem verbundenen Mängel der Fixkostenproportionalisierung eliminiert werden.

> Die Hauptziele der Grenzplankostenrechnung liegen in der Ableitung von Entscheidungsinformationen auf der Basis gegebener Kapazitäten und in der kurzfristigen Planung und Kontrolle des Periodenerfolges mit Hilfe von Deckungsbeiträgen.

Die verrechneten Plankosten stimmen in der Grenzplankostenrechnung stets mit den proportionalen Sollkosten überein, so dass der für die Vollkostenrechnung typische Ausweis von Beschäftigungsabweichungen entfällt. Der Soll-/Ist-Kostenvergleich wird in der Grenzplankostenrechnung in gleicher Weise durchgeführt wie in der auf Vollkosten basierenden flexiblen Plankostenrechnung.

3.7.1.2.1 Verrechnung der Kosten im System der flexiblen Plankostenrechnung auf Teilkostenbasis

Hinsichtlich des Aufbaus der Grenzplankostenrechnung sowie der Bestimmung und Bedeutung der Bezugsgrößenwahl ergeben sich im System der Grenzplankostenrechnung und der flexiblen Plankostenrechnung auf Vollkostenbasis keine Unterschiede. Ein wesentlicher Vorteil der Grenzplankostenrechnung besteht darin, dass für die Zuschlagsprozentsatzbildung bzw. im

Rahmen der Kostenträgerstückrechnung lediglich die erzeugnisabhängigen variablen Kosten verrechnet werden (vgl. Abb. 62 und 63).

Auf diese Weise wird die in Vollkostenrechnungssystemen übliche Proportionalisierung der fixen Kostenbestandteile mit der Wirkung vermieden, dass die über die Grenzplankostenrechnung ermittelten Erzeugnisstückkosten als Entscheidungsinformationen für kurzfristige dispositive Planungsentscheidungen herangezogen werden können.

Hier sei insbesondere auf die mögliche Ermittlung von Preisuntergrenzen sowie auf dispositive Problemstellungen innerhalb der Verkaufssteuerung und kurzfristige Verfahrenswahlprobleme hingewiesen, für die die flexible Plankostenrechnung auf Vollkostenbasis i. d. R. keine Hilfestellung anbieten kann und häufig zu Fehlentscheidungen verleitet.

In der ursprünglichen Form der Grenzplankostenrechnung werden die fixen Kosten als undifferenziertes Ganzes (Fixkostenblock) in die Periodenerfolgsrechnung übernommen und im Rahmen der Erfolgsermittlung dem Gesamtdeckungsbeitrag der Periode nach folgender Grundformel gegenübergestellt:

$$G = \sum_{j=1}^{n} (p_j - k_{pj}) \bullet x_j - \sum_{i=1}^{m} K_{F_i}$$

Die Indizes j = 1, ..., n kennzeichnen die Anzahl der Produkte. Die Verkaufspreise bzw. Erlöse je Produktart werden mit p_j und die proportionalen Selbstkosten pro Einheit als k_{pj} bezeichnet. Die Differenzen $p_j - k_{pj}$ geben die Stückdeckungsbeiträge der betrieblichen Erzeugnisse an. Multipliziert man die Stückdeckungsbeiträge mit den jeweils abgesetzten Mengen x_j, so erhält man die Erzeugnisdeckungsbeiträge der betrachteten Periode. Werden diese über alle Produktarten summiert, so erhält man den Gesamtdeckungsbeitrag. Der „Gewinn" der Periode wird ermittelt, indem der Gesamtdeckungsbeitrag um die Fixkosten sämtlicher Kostenstellen gemindert wird. In der obigen Gleichung kennzeichnet der Index i die Kostenstellennummern, m gibt die Anzahl der Kostenstellen an. Ein positiver Gesamterfolg G kann nur entstehen, wenn der Gesamtdeckungsbeitrag größer als die Summe der Fixkosten ist.

Mit Hilfe der obigen „Gewinngleichung" erkennt man sofort, wie sich der Gesamterfolg verändert, wenn man einzelne Produkte aus dem Programm streicht oder die mengenmäßige Zusammensetzung des Verkaufsprogramms ändert.

3.7.1.2.2 Beurteilung der flexiblen Plankostenrechnung auf Teilkostenbasis

Die Funktion der Kostenkontrolle ist durch die Entwicklung der Grenzplankostenrechnung nicht wesentlich verändert worden; eine aus der Sicht des Kostenmanagements wichtige kostenstellenübergreifende Kostenkontrolle ist über den Einsatz einer auf Teilkosten basierenden flexiblen Plankostenrechnung ebenfalls nicht möglich. Informationen über die Ressourcennutzung einer Erzeugnisart oder eines Erzeugnisses, Stückkostendegressionen, Stückkostenprogressionen und Komplexitätskosten je Stück sowie Funktions- und Prozesskosten je Aktivität können mit Hilfe der Grenzplankostenrechnung für das Kostenmanagement ebenfalls nicht bereitgestellt werden. Ein wesentlicher Vorteil ist darin zu sehen, dass im Rahmen der Grenzplankostenrechnung lediglich die erzeugnisabhängigen variablen Kosten verrechnet werden. [Vgl. im Folgenden: Kilger/Pampel/Vikas 2007, S. 70 ff.]

Mit Hilfe der Kalkulation werden für sämtliche Produktarten Stückkosten ermittelt, die in dem ursprünglichen Konzept der Grenzplankostenrechnung auf den zugrunde gelegten Ansätzen der jährlichen Kostenplanung basieren.

Bei Übereinstimmung der zeitlichen Dimension des Entscheidungsfeldes mit dem Fristigkeitsgrad von einem Jahr stellen die jahresbezogenen Grenz-Stückkosten der Erzeugnisse zum einen die absolute Preisuntergrenze der Produkte und zum anderen die entscheidungsrelevanten Kosten für kurzfristige dispositive Entscheidungen dar.

Dies gilt jedoch nicht für Entscheidungen, die sich auf einen Planungshorizont beziehen, der kleiner oder größer als der Fristigkeitsgrad von einem Jahr ist, da sich die Kostenstruktur bzw. das Verhältnis zwischen den fixen und den variablen Kosten mit der Variation des Fristigkeitsgrades ebenfalls verändert.

Die Hauptvorteile der Grenzplankostenrechnung gegenüber der auf Vollkosten basierenden flexiblen Plankostenrechnung liegen darin, dass sie die Unternehmensleitung über die Preisuntergrenze der betrieblichen Erzeugnisse informiert, Fehlentscheidungen über die Zusammensetzung des Verkaufsprogramms entgegenwirkt und die Erfolgsplanung übersichtlicher gestaltet. Im Gegensatz zur Vollkostenrechnung sind in der flexiblen Plankostenrechnung auf Teilkostenbasis im Rahmen der kurzfristigen Ergebnisrechnung Zusammenhänge zwischen Unternehmenserfolg und der Variation der Produktions- und Absatzmengen erkennbar. Allerdings lässt sich über die globale Betrachtung des Fixkostenblocks keine Erkenntnis über den Grad der Fixkostendeckung durch die einzelnen Erzeugnisarten gewinnen. [Vgl. Aghte 1959,

S. 407] Diese Schwäche wird durch die stufenweise Fixkostendeckungsrechnung ausgeglichen.

Materialgemeinkosten-Zuschlagsprozentsatz (MGK-ZS):

Zum Beispiel:

MGK-Block:
Fixe Kosten: 6.000.000,- €
Variable Kosten: 2.000.000,- €
Gesamtkosten: 8.000.000,- €

$$\text{MGK-ZS} = \frac{\sum \text{Variable Material-GK}}{\sum \text{Materialeinzelkosten}} * 100 = [\%]$$

$$\text{MGK-ZS} = \frac{2.000.000,- €}{32.000.000,- €} * 100 = 6,25\,\%$$

Fertigungsgemeinkosten-Zuschlagsprozentsatz (FGK-ZS):

Zum Beispiel:

FGK-Block:
Fixe Kosten: 33.000.000,- €
Variable Kosten: 3.000.000,- €
Gesamtkosten: 36.000.000,- €

$$\text{FGK-ZS} = \frac{\sum \text{Variable Fertigungs-GK}}{\sum \text{Fertigungseinzelkosten}} * 100 = [\%]$$

$$\text{FGK-ZS} = \frac{3.000.000,- €}{6.000.000,- €} * 100 = 50\,\%$$

Verwaltungsgemeinkosten-Zuschlagsprozentsatz (VwGK-ZS):

Zum Beispiel:

VwGK-Block:
Fixe Kosten: 3.885.000,- €
Variable Kosten: 215.000,- €
Gesamtkosten: 4.100.000,- €

$$\text{VwGK-ZS} = \frac{\sum \text{Variable Verwaltungs-GK}}{\sum \text{Variable Herstellkosten}} * 100 = [\%]$$

$$\text{VwGK-ZS} = \frac{215.000,- €}{43.000.000,- €} * 100 = 0,5\,\%$$

Vertriebsgemeinkosten-Zuschlagsprozentsatz (VtrGK-ZS):

Zum Beispiel:

VtrGK-Block:
Fixe Kosten: 1.025.000,- €
Variable Kosten: 1.025.000,- €
Gesamtkosten: 2.050.000,- €

$$\text{VtrGK-ZS} = \frac{\sum \text{Variable Vertriebs-GK}}{\sum \text{Variable Herstellkosten}} * 100 = [\%]$$

$$\text{VtrGK-ZS} = \frac{1.025.000,- €}{43.000.000,-- €} * 100 = 2,3837\,\%$$

Abb. 62:
Zuschlagsprozentsatzbildung auf Teilkostenbasis am Beispiel der Lohnzu-
schlagskalkulation

MGK-ZS   =   6,25 %

FGK-ZS   =   50 %

VwGK-ZS =   0,5 %

VtrGK-ZS =   2,3837 %

	Erzeugnis A [€]	Erzeugnis B [€]
Materialeinzelkosten	20,-	200,-
Materialgemeinkosten	1,25	12,50
Fertigungseinzelkosten	2,-	5,-
Fertigungsgemeinkosten	1,-	2,50
Herstellkosten	24,25	220,-
Verwaltungsgemeinkosten	0,1213	1,10
Vertriebsgemeinkosten	0,5780	5,2441
Selbstkosten	24,9493	226,3441

Kurzfristige
Preisuntergrenzen

Abb. 63:
Stückkalkulation auf Teilkostenbasis am Beispiel der Lohnzuschlagskalkulation

3.7.1.3 Stufenweise Fixkostendeckungsrechnung

Mit dem Ziel, einen wirklichen Eindruck von dem Grad der Fixkostendeckung durch die einzelnen Erzeugnisarten und Erzeugnisgruppen zu erhalten und somit den Informationsgehalt der kurzfristigen Erfolgsrechnung zu verbessern, schlagen insbesondere Agthe und Mellerowicz eine differenzierte, soweit möglich verursachungsgemäße Zurechnung von Fixkostenbeträgen zu bestimmten Deckungsbeiträgen vor. Dieses Verfahren wird in der Literatur als stufenweise Fixkostendeckungsrechnung oder als mehrfach gestufte oder mehrstufige Deckungsbeitragsrechnung bezeichnet. [Vgl. im Folgenden insbesondere: Agthe 1959, S. 406 ff.; Mellerowicz 1972, S. 371 ff.; vgl. auch: Kilger/Pampel/Vikas 2007, S. 85 f.]

Die stufenweise Fixkostendeckungsrechnung ist keine geschlossene Form der Kostenrechnung, sondern lediglich eine Ergänzung der nach dem Deckungsbeitragsprinzip durchgeführten Erfolgsrechnung. Die Implementierung einer stufenweisen Fixkostendeckungsrechnung setzt allerdings eine nach dem Erzeugnisprinzip strukturierte Kostenstellenrechnung voraus.

Die Hauptzielsetzung der stufenweisen Fixkostendeckungsrechnung besteht darin, im Rahmen der Erfolgsanalyse zu erkennen, bis zu welcher „Produktionstiefe" die Deckungsbeiträge der betrieblichen Erzeugnisse zur Fixkostendeckung ausreichen.

3.7.1.3.1 Verrechnung der Kosten im Rahmen der stufenweisen Fixkostendeckungsrechnung

Die stufenweise Fixkostendeckungsrechnung ist dadurch charakterisiert, dass die als fix klassifizierten Kostenarten innerhalb einer nach leistungswirtschaftlichen sowie institutionellen Aspekten differenzierten Hierarchie von Kalkulationsobjekten jeweils dem Kalkulationsobjekt zugeordnet werden, für die sie sich dem Einzelkostenprinzip folgend (ohne Verrechnungsschlüssel) direkt als Kosten erfassen lassen. Zu diesem Zweck werden die in den Rechnungsperioden angefallenen Fixkosten in Fixkostenschichten unterteilt und stufenförmig den Kalkulationsobjekten (Erzeugnissen, Erzeugnisgruppen, Kostenstellen, Bereichen und der Gesamtunternehmung) zugewiesen (vgl. Abb. 64).

Die verschiedenen Fixkostenschichten können in Verbindung zu ihrer jeweiligen Zurechnungsbasis in Erzeugnisfix-, Erzeugnisgruppenfix-, Kostenstellenfix-, Bereichsfix- und Unternehmensfixkosten gegliedert werden.

Erzeugnisfixkosten sind sämtliche Fixkosten, die durch die Entwicklung, Produktion oder den Vertrieb einer bestimmten Erzeugnisart verursacht werden. Derartige Kostengrößen stellen bspw. die kalkulatorischen Kapitalkosten (kalkulatorische Zinsen, kalkulatorische Abschreibungen) von Produktionsanlagen dar, die nur der Herstellung eines Produktes dienen.

```
        Erzeugniserlös
   -    variable Erzeugniskosten
   =    Deckungsbeitrag I
   -    Erzeugnisfixkosten
   =    Deckungsbeitrag II
   -    Erzeugnisgruppenfixkosten
   =    Deckungsbeitrag III
   -    Kostenstellenfixkosten
   =    Deckungsbeitrag IV
   -    Bereichsfixkosten
   =    Deckungsbeitrag V
   -    Unternehmensfixkosten
   =    Nettoerfolg
```

Abb. 64:
Schematische Darstellung der stufenweisen Fixkostendeckungsrechnung

Können die Fixkosten keiner bestimmten Erzeugnisart, wohl aber einer bestimmten Erzeugnisgruppe angelastet werden, so spricht man von Erzeugnisgruppenfixkosten. Hierunter fallen u. a. die Entwicklungskosten einer bestimmten Produktgruppe (z. B. Fernsehapparate) oder die fixen Kosten eines Zwischenlagers innerhalb der Produktion, das für die entsprechende Erzeugnisgruppe eingerichtet worden ist.

Unter Kostenstellenfixkosten werden sämtliche Fixkosten zusammengefasst, die direkt und somit schlüsselfrei einer bestimmten Kostenstelle angelastet werden können, wie z. B. das Gehalt eines Meisters einer Montagekostenstelle oder die Kapitalbindungs- und Abschreibungskosten einer Kostenstelle des innerbetrieblichen Transports, die von mehreren Kostenträgern verschiedener Erzeugnisgruppen in wechselndem Ausmaß beansprucht wird. Die Deckung dieser Kosten erfolgt aus den zusammengefassten Deckungsbeiträgen sämtlicher Produkte, die die entsprechende Kostenstelle in Anspruch genommen haben.

Bereichsfixkosten können nicht mehr einzelnen Kostenstellen, sondern lediglich einem Bereich bzw. einer Gruppe von Kostenstellen zugerechnet werden.

Der Rest der Fixkosten, der nur noch sämtlichen Kostenträgern und Kostenstellen zugerechnet werden kann, wird als Unternehmensfixkosten dem gesamten Erzeugnisumfang angelastet; dies sind bspw. die Gehälter der Vorstandsmitglieder oder die Kosten für den Pförtner.

Die Anwendung der stufenweisen Fixkostendeckungsrechnung setzt neben der Ermittlung der Grenzherstellkosten und der Erlöse der einzelnen Erzeugnisse eine sorgfältige Analyse des Fixkostenanfalls innerhalb des Unternehmens voraus. Um eine differenzierte Aufspaltung des gesamten Fixkostenblocks in die einzelnen Fixkostenschichten zu erreichen, ist von vornherein eine getrennte Erfassung des Fixkostenanfalls entsprechend der Zurechenbarkeit zu bestimmten Erzeugnisarten, Erzeugnisgruppen, Kostenstellen und Bereichen erforderlich, denn sind die Fixkosten erst einmal in einen gemeinsamen Topf geworfen worden, so ist es sehr schwer, sie daraus wieder herauszulösen. Dies ist wiederum an die Voraussetzung geknüpft, dass die fixen Kosten nicht weitergewälzt, sondern in den entsprechenden Kostenstellen erfasst und ausgewiesen werden, in denen sie als primäre Kosten angefallen sind, d. h. sekundäre Kosten existieren in einer stufenweisen Fixkostenrechnung nicht. Nur wenn diese Bedingungen erfüllt sind, ist eine Gruppierung der Fixkosten nach den oben beschriebenen Fixkostenschichten möglich.

Die Zielsetzung der stufenweisen Fixkostendeckungsrechnung besteht darin, Informationen über die Deckungsfähigkeit einzelner Erzeugnisse bereitzustellen. Treten Erzeugnisse oder Erzeugnisgruppen auf, bei denen die Deckungsfähigkeit bereits bei den Erzeugnisfixkosten oder den Erzeugnisgruppenfixkosten versiegt, so sollte überprüft werden, ob es vorteilhaft ist, sie aus dem Produktionsprogramm zu streichen und die zugehörigen Teilbereiche stillzulegen bzw. auf eine spätere Reinvestition zu verzichten. Die stufenweise Fixkostendeckungsrechnung ist darüber hinaus geeignet, den Informationsgehalt von Break-Even-Point-Analysen zu erhöhen, da über die Integration der

Fixkostenlogik in das Break-Even-Diagramm ersichtlich wird, zu welchen Zeitpunkten die einzelnen Fixkostenschichten bei Einhaltung der Planbedingungen durch den Umsatz gedeckt sind (vgl. Abb. 65). Als Instrument zur Unterstützung der Anpassung an wechselnde Marktverhältnisse kann die Break-Even-Point-Analyse im Rahmen der laufenden Gewinnüberprüfung eingesetzt werden. Wenn bspw. aus einem monatlichen Soll-Ist-Vergleich erkennbar ist, dass die voraussichtliche Kostendeckung aufgrund zurückgehender Umsätze oder ungeplanter Kostensteigerungen bei einer im Vergleich zum geplanten Break-Even-Point höhere Absatzmengen-Erlös-Kombination liegen wird, so können auf Basis dieser Break-Even-Analyse erste Überlegungen für Gegensteuerungsmaßnahmen angestellt werden. Dabei ist zu untersuchen, inwiefern durch kurzfristige und mittelfristige Fixkostensenkungen, Senkungen der proportionalen Kosten und durch vermehrte Verkaufsanstrengungen die Plan-Gewinnschwelle noch erreicht werden kann oder ob eine Revision der verbleibenden Plandaten unvermeidlich ist.

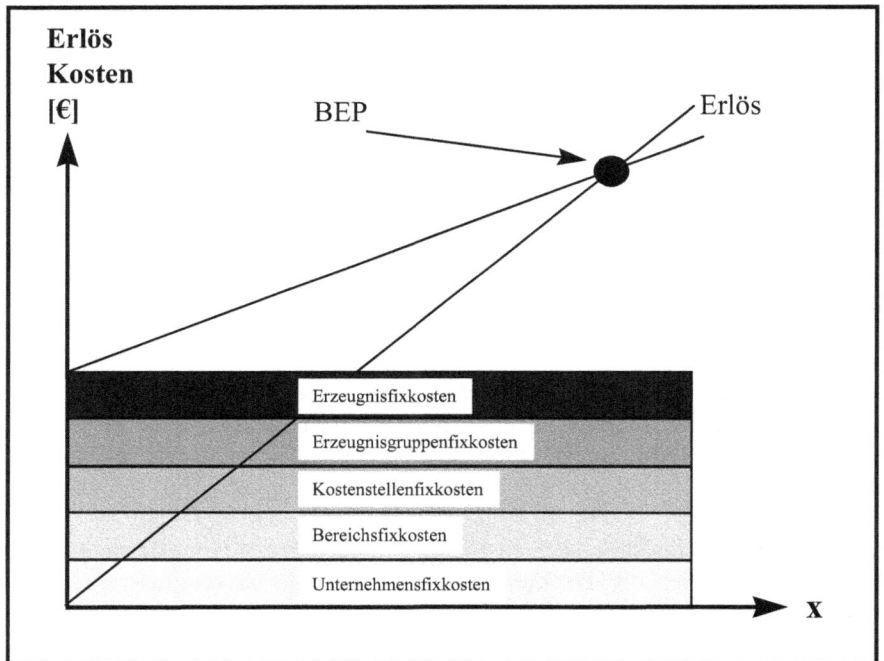

Abb. 65:
Integration der Fixkostendeckungslogik in die Break-Even-Point-Analyse

Um die Fixkosten als zu beeinflussenden Kostenbestandteil in ihrer zeitlichen Struktur transparent zu machen und eine problemorientierte Gestaltung jetziger und zukünftiger Potentiale zu ermöglichen, schlagen einige Autoren vor, das ursprüngliche Konzept der stufenweisen Fixkostendeckungsrechnung um eine Differenzierung in „abbaufähige" und „nicht-abbaufähige" Fixkosten zu ergänzen (vgl. Abb. 66). [Vgl. im Folgenden: Layer 1992, S. 69–76; Oecking 1995, S. 253–260; Seicht 1963, S. 693–709]

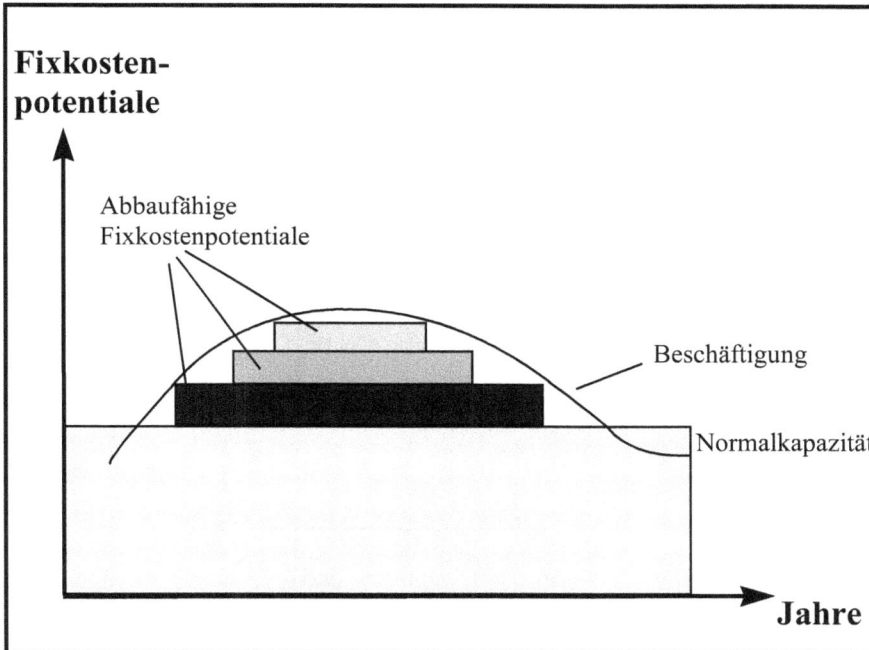

Abb. 66:
Fixkostenabbaustruktur bei schwankender Beschäftigung

Bei Gebrauchsgütern, die sich im Eigentum des Unternehmens befinden (im Folgenden: Eigentumspotentiale), ist die zeitliche Differenzierung der Abbaufähigkeit problematisch, da diese „Kosten offener Perioden" darstellen. Das Ende der Nutzungsdauer ist im Voraus nicht genau bestimmbar, so dass man sich in diesen Fällen auf Schätzwerte stützen muss. Einfacher ist die zeitliche Disposition bei den Vertragspotentialen, da diese in der Regel einem zeitabhängigen Verzehr unterliegen und ihre Nutzungsdauer im Voraus bekannt ist.

Zu jedem vertraglich gebundenen Fixkostenpotential kann eine Abbaufähigkeit mit Zeitangabe festgestellt und dokumentiert werden (vgl. Abb. 67).

Eigentumspotentiale	Vertragspotentiale
○ Maschinelle Anlagen	○ Miet- und Pachtverträge
○ Fuhrpark	○ Leasingverträge
○ Datenverarbeitung	○ Wartungsverträge
○ ...	○ Versicherungsverträge
○ ...	○ Arbeitsverträge
○ ...	○ Beratungsverträge
○ ...	○ ...

Abb. 67: Differenzierung in Eigentums- und Vertragspotentiale

3.7.1.3.2 Beurteilung der stufenweisen Fixkostendeckungsrechnung

Über den Einsatz der stufenweisen Fixkostendeckungsrechnung kann die Erfolgsanalyse des Unternehmens verbessert werden, indem Produkte, die nicht einmal ihre Erzeugnisfixkosten decken, erkannt und ggf. eliminiert werden können. Die Herausnahme eines Produktes aus dem Produktionsprogramm aufgrund einer Erzeugnisfixkostenunterdeckung darf aber nicht dazu führen, dass höherrangige Fixkostenschichten (Kostenstellen-, Bereichs-, Unternehmensfixkosten) aus der weiteren Analyse des Kostenmanagements ausgeklammert werden, da ansonsten die Gefahr besteht, dass Kostensenkungspotentiale in den Gemeinkostenbereichen nicht erkannt werden. Insgesamt wird über die Implementierung einer stufenweisen Fixkostendeckungsrechnung die Kostentransparenz im Unternehmen erhöht. Durch die differenzierte Aufspaltung des Fixkostenblocks in abbaufähige und nicht-abbaufähige Kostenbestandteile wird neben der Erhöhung der Kostentransparenz auch die strategische Steigerung der Flexibilität des Unternehmens durch eine zukunftsorientierte Gestaltung von Fixkostenpotentialen ermöglicht (z. B. Kostenmanagement remanenter Kosten, Outsourcingentscheidungen).

Insgesamt kann festgehalten werden, dass mit der Ergänzung der Grenzplankostenrechnung um eine stufenweise Fixkostenrechnung dem Kostenmanagement ein Instrument zur Verfügung steht, mit Hilfe dessen ein leistungsfähiges Fixkostenmanagement realisiert werden kann. Ein Ausweis von Stückkostenprogressionen, Stückkostendegressionen, Komplexitätskosten je Stück, Funktions- und Prozesskosten je Aktivität sowie eine kostenstellen-übergreifende Kostenkontrolle sind jedoch auch im Rahmen einer stufenweisen Fixkostendeckungsrechnung nicht möglich.

3.7.2 Implementierung einer Prozesskostenrechnung in das Basissystem der KLR

Seit Mitte/Ende der 80- Jahre wird in der Literatur unter dem Begriff Prozesskostenrechnung ein Verfahren vorgestellt, das die Schwächen der flexiblen Plankostenrechnung ausgleichen soll. Die Prozesskostenrechnung wurde in den USA unter dem Namen „Activity Based Costing" entwickelt. Die Methode des Activity Based Costing basiert auf der Erkenntnis, dass im Rahmen der traditionellen KLR die Gemeinkosten mit Hilfe von meist indirekten Bezugsgrößen auf Produkte verrechnet werden, die keinen Maßstab für die tatsächliche Kostenverursachung darstellen. Die durch die Erstellung eines Erzeugnisses entstehenden Kosten der Ressourcennutzung können weder mit der flexiblen Plankostenrechnung auf Vollkostenbasis noch mit der flexiblen Plankostenrechnung auf Teilkostenbasis abgebildet werden. [Vgl. im Folgenden insbesondere: Horváth/Mayer 1989, S. 214 ff.; Remer 2005, S. 6 f.]

Damit eine KLR die Kosten der Ressourcennutzung eines Erzeugnisses abbilden kann, ist zunächst die nachstehende Frage zu beantworten:

Was kostet bezogen auf ein Erzeugnis z. B.

- die Abwicklung eines Fertigungs-, Versand- oder Kundenauftrages,
- die Betreuung einer Produktvariante,
- die Verwaltung einer Teilenummer,
- die Durchführung einer Produktänderung,
- die Entwicklung eines Produktes,
- die Betreuung eines Kunden oder Lieferanten.

Die den Produkten auf diese Weise zugerechneten Kosten der nicht produktionsmengenabhängigen fertigungs- und vertriebsunterstützenden Prozesse (Haupt-/Teilprozesse) stellen die produktspezifischen Komplexitätskosten dar:

> Komplexitätskosten repräsentieren den überwiegenden Teil der Gemeinkosten. Ohne sie oder durch eine falsche Schlüsselung dieser Kosten kann das Kostenmanagement die Aufgabe einer zielorientierten Beeinflussung der Gemeinkosten nicht erfüllen.

> Im Gegensatz zur flexiblen Plankostenrechnung, die die Kosten der Ressourcenbereitstellung abbildet, ist es über den Einsatz einer Prozesskostenrechnung möglich, die Kosten der Ressourcennutzung darzustellen (vgl. Abb. 68). [Vgl. Cooper/Kaplan 1993, S. 7–8]

3.7.2.1 Ziele, charakteristische Merkmale, Aufbau und Ablauf einer Prozesskostenrechnung

Die Verfechter der Prozesskostenrechnung erheben für ihren Ansatz den Anspruch, als strategisch orientiertes Entscheidungsinstrument konzipiert zu sein, dass nachstehende Ziele zu gewährleisten vermag: [Vgl. im Folgenden: Cooper/Kaplan 1993, S. 7–8; Hardt 1995, S. 283; Hardt 1996, S. 315; Remer 2005, S. 26 ff.]

- Erhöhung der Kostentransparenz in den indirekten Unternehmensbereichen,
- Verbesserung der Produktkalkulation,
- Kapazitätssteuerung und
- Planung und Kontrolle der Gemeinkosten.

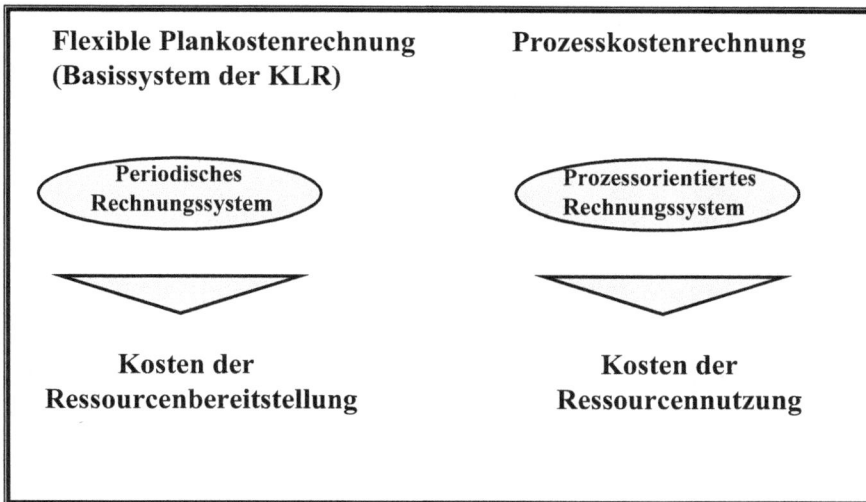

Flexible Plankostenrechnung (Basissystem der KLR)	Prozesskostenrechnung
Periodisches Rechnungssystem	**Prozessorientiertes Rechnungssystem**
Kosten der Ressourcenbereitstellung	**Kosten der Ressourcennutzung**

Abb. 68:
Abbildung der Kosten im System der flexiblen Plankostenrechnung und im System der Prozesskostenrechnung

Bei der Grundform der Prozesskostenrechnung handelt es sich methodisch um eine Plankostenrechnung auf Vollkostenbasis, die als zusätzliche, ergänzende Systemkomponente zu bereits vorhandenen KLR-Systemen (im Folgenden: Basissysteme) eingesetzt werden kann. Im Gegensatz zur flexiblen Plankostenrechnung sind prozessorientierte Kostenrechnungen jedoch keine kurzfristigen Modelle. Sie wurden entwickelt, um die Kosten der – durch geleistete Prozesse für Produkte, Dienstleistungen, Kunden, Werke, Projekte, etc. – genutzten Ressourcen zu schätzen. Daher sollten prozessorientierte Systeme nicht für die kurzfristige Kostenkontrolle verwendet werden.

Im Gegensatz zur flexiblen Plankostenrechnung werden im Rahmen einer Prozesskostenrechnung konsequent direkte Bezugsgrößen verwendet, die auch als Kostentreiber oder Cost Driver bezeichnet werden. Für die Prozesskostenrechnung ist des Weiteren charakteristisch, dass sämtliche abteilungsübergreifenden Prozesse, die für die Erstellung einer Leistung notwendig sind, erfasst, analysiert und bewertet werden. Die Anwendung der Prozesskostenrechnung ist allerdings auf repetitive, strukturierte Arbeitsabläufe begrenzt.

Im Rahmen der Gestaltung und der Umsetzung einer Prozesskostenrechnung können drei Teilschritte unterschieden werden:

- Aufbau einer Prozesskostenstellenrechnung,
- Bildung von Hauptprozessen,
- prozessorientierte Kostenträgerstückrechnung.

3.7.2.1.1 Aufbau einer Prozesskostenstellenrechnung

Die Tätigkeitsanalyse ist der erste und aufwendigste Schritt der Prozesskostenstellenrechnung. Sie kann auf verschiedene Weise durchgeführt werden, wie z. B. durch persönliche Befragung des Kostenstellenleiters, Dokumentenanalyse oder über die Ergebnisse einer Gemeinkostenwertanalyse (GWA) oder eines Zero-Base-Budgeting (ZBB). In der Literatur wird allerdings von der Verwendung einer GWA und eines ZBB abgeraten, da bei diesen Verfahren meist eine andere Strukturierung und Aggregation der Aktivitäten vorgenommen wird als bei der Prozesskostenrechnung. Im Hinblick auf eine ausreichende Genauigkeit und Plausibilität der Ergebnisse stellt n. h. M. der Vertreter der Prozesskostenrechnung die persönliche Befragung der Mitarbeiter die erfolgversprechendste, wenn auch aufwendigste Methode zur Ermittlung der Teilprozesse dar. [Vgl. im Folgenden: Horváth/Mayer 1989, S. 216; Horváth/Renner 1990, S. 102; Remer 2005, S. 101 ff.; Ropers 2006, S. 26 ff.]

> Das Ziel der Tätigkeitsanalyse besteht darin, auf der Grundlage der vorhandenen Bereichs- und Kostenstelleneinteilung unterscheidbare Teilprozesse herauszufiltern und somit die Kostenstellenleistungen in Form von operativen Tätigkeiten abzubilden.

Solche Teilprozesse können für die Kostenstelle Wareneingang z. B. die Aktivitäten Warenbegleitpapiere prüfen und bearbeiten, Waren/Material physisch annehmen sowie für die Kostenstelle Lager die Teilprozesse Waren/Material einlagern und Waren/Material auslagern sein (weitere Beispiele sind in Abbildung 69 dargestellt).

Nachdem die Teilprozesse der verschiedenen Kostenstellen strukturiert sind, werden diese daraufhin untersucht, ob sie sich in Abhängigkeit von dem in der jeweiligen Kostenstelle zu erbringenden Leistungsvolumen mengenvariabel bzw. leistungsmengeninduziert (lmi) oder mengenfix bzw. leistungsmengenneutral (lmn) verhalten. Für sämtliche lmi-Prozesse sind geeignete Bezugsgrößen zu finden, über die die Prozesse mengenmäßig quantifiziert werden können. Bezugsgrößen dieser Art können bspw. die Anzahl der Frachtbriefe,

Anzahl der Lieferscheine und Anzahl der (einzulagernden und auszulagernden) Ladungsträger darstellen.

Kostenstelle	Teilprozesse
Wareneingang	1 Warenbegleitpapiere prüfen und bearbeiten 2 Waren/Material physisch annehmen
Qualitätsprüfung	3 Physische Qualitätskontrollen „Waren/Material" durchführen 4 Physikalische Qualitätskontrollen „Waren/Material" durchführen
Lager	5 Waren/Material einlagern 6 Waren/Material kommissionieren 7 Waren/Material auslagern
Innerbetrieblicher Transport	8 Waren/Material transportieren 9 Ver- und Entsorgung „Ladungsträger" sicherstellen
Materialdisposition	10 Waren/Material disponieren 11 Lieferstand der Lieferanten kontrollieren
Ladungsträgerdisposition	12 Ladungsträger beschaffen 13 Bedarfs- und termingerechte Ladungs-trägerbereitstellung „werksinterne Kosten-stellen" 14 Bedarfs- und termingerechte Ladungs-trägerbereitstellung „Lieferanten"
Produktionssteuerung	15 Sachnummern dokumentieren und pflegen 16 Fertigungsaufträge bearbeiten
Versand	17 Waren/Material versenden 18 Verkehrsträger koordinieren und Verladung überwachen 19 Versandpapiere prüfen und bearbeiten

Abb. 69: Bildung von Teilprozessen am Beispiel einer Logistik-Prozesskette

Im weiteren Vorgehen sind im Rahmen der Prozesskostenstellenrechnung den
ermittelten logistischen Teilprozessen die zugehörigen Prozesskosten zuzuordnen. Aufgrund des mit einer analytischen Kostenplanung verbundenen
hohen Analyseaufwandes werden aus wirtschaftlichen Gründen im Regelfall
die herkömmlichen Kostenstellengesamtkosten des Basissystems zur Ermittlung der Prozesskosten je Kostenstelle herangezogen (vgl. Abb. 70).

Flexible Plankostenrechnung   Prozesskostenstellenrechnung

Kostenstelle 4711 (indirekt)

Kostenart	Gesamt kosten	Fixe Kosten	Variable Kosten
Gehälter			
Sozialleistungen			
EDV-Kosten			
Abschreibungen			
Energiekosten .			
Summe			

Kostenstelle 4711 (indirekt)

TeilProzess	Prozess-menge	Kapazität	Prozess-kosten	je Durch-führung
Bestellungen durchführen	1000	3 MJ	30000	30
Angebote einholen	120	4 MJ	12000	100
. . . .				
Summe				

Prozessanalyse

Übernahme aus
flexibler Plankostenrechnung

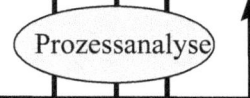

Abb. 70:
Vergleich bzw. Zusammenspiel zwischen dem Basissystem der Kosten- und Leistungsrechnung und der Prozesskostenrechnung

Die Zuordnung der Prozesskosten auf die einzelnen Tätigkeiten kann mit Hilfe verschiedener Verteilungsschlüssel erfolgen. Für die Anwendung der Prozesskostenrechnung wird in der Literatur die Verwendung des Arbeitsaufwandes in Mannjahren (MJ) je Teilprozess als Verteilungsschlüssel für die Kostenstellengesamtkosten vorgeschlagen. Diese in den meisten Fällen zulässige Vereinfachung bei der Prozesskostenermittlung führt allerdings nur dann zu guten Ergebnissen, wenn die Personalkosten einen erheblichen Teil der gesamten Kostenstellenkosten ausmachen.

Auf der Basis der Prozesskosten ist für sämtliche lmi-Prozesse ein Prozesskostensatz (lmi-Prozesskostensatz) zu ermitteln. Dies erfolgt durch Division der anteiligen Prozesskosten und der zugehörigen Prozessmenge. Die lmn-Prozesse werden proportional zu den lmi-Prozessen umgelegt, so dass für jeden lmi-Prozess der Kostenstelle jeweils ein lmi-Prozesskostensatz, ein lmn-Prozesskostensatz sowie ein Gesamtprozesskostensatz vorliegt (vgl. Abb. 71).

In den Kosten der lmi- und lmn-Prozesse sind jeweils sowohl fixe als auch variable Kostenbestandteile enthalten, d. h. die in der flexiblen Plankostenrechnung für die Zwecke der Kostenstellenkontrolle übliche Aufteilung der Kosten in fixe und variable Bestandteile wird in der Prozesskostenrechnung nicht beibehalten (vgl. Abb. 72).

Prozesskostenstellenrechnung

Kostenstelle: Lager						Teilprozesskosten in €					
Lfd. Nr. Teilprozess	Teilprozesse	Bezugsgröße	Prozessmenge	Kostenstellenkosten	Kapazität (MJ)	TP-Kosten (lmi) Gesamt	je TP	TP-Kosten (lmn) Gesamt	je TP	TP-Kosten (lmi + lmn) Gesamt	je TP
5	Waren/Material einlagern	lmi	Anzahl Ladungsträger	335.000	→	24,0	4.956.521,74	14,80	830.280,29	2,48	5.786.802,03	17,27
6	Waren/Material kommissionieren	lmi	Anzahl Ladungsträger	7.250	→	2,0	413.043,48	56,97	69.190,02	9,54	482.233,50	66,51
7	Waren/Material auslagern	lmi	Anzahl Ladungsträger	238.000	→	13,4	2.767.391,30	11,63	463.573,16	1,95	3.230.964,47	13,58
	Sonstige Prozesse	lmn	-	-	→	4,9			1.011.956,52			
	Bereich leiten	lmn	-	-	→	1,7			351.086,96			
Summe				9.500.000		46,0	8.136.956,52		1.363.043,48		9.500.000	

Flexible Plankostenrechnung

Abb. 71:
Prozesskostenstellenrechnung am Beispiel der Kostenstelle Lager

3.7.2.1.2 Bildung von Hauptprozessen

Im Anschluss an die Prozesskostenstellenrechnung werden die Teilprozesse zu Hauptprozessen zusammengefasst. Für die Bildung von Hauptprozessen bestehen folgende Verdichtungsmöglichkeiten: [Vgl. im Folgenden: Glaser 1991, S. 230; Remer 2005, S. 131 ff.; Ropers 2006, S. 37 ff.]

- mehrere Teilprozesse aus verschiedenen Kostenstellen werden zu einem Hauptprozess zusammengefasst,
- mehrere Teilprozesse derselben Kostenstelle bilden einen Hauptprozess,
- ein Teilprozess einer Kostenstelle geht in mehrere Hauptprozesse ein und
- ein Teilprozess bildet zugleich einen (unechten) Hauptprozess, wenn eine Verdichtung mehrerer Teilprozesse nicht möglich ist.

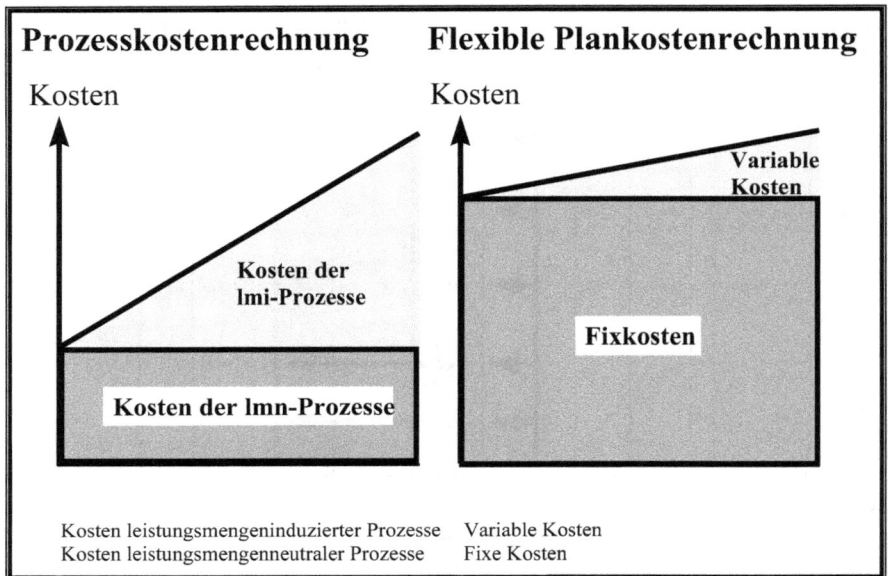

Abb. 72: Zwei Sichtweisen der gleichen Kostenstelle im indirekten Bereich

Das Prinzip der Hauptprozessverdichtung ist zur Veranschaulichung in Abbildung 73 dargestellt.

Die Prozessstrukturen sämtlicher Hauptprozesse können in einer Hierarchietabelle hinterlegt werden (vgl. Abb. 74):

In dem betrachteten Beispiel sind die Teilprozesse 10 (Waren/Material disponieren), 11 (Lieferstand der Lieferanten kontrollieren), 12 (Ladungsträger beschaffen) und 15 (Sachnummern dokumentieren und pflegen) zu dem Hauptprozess Sachnummern „Kaufteile" betreuen zusammengefasst worden. Als Cost Driver ist die Anzahl der Sachnummer „Kaufteile" bestimmt worden.

Jede neue Sachnummer hat in dem betrachteten Unternehmen eine Erhöhung der Ressourcennutzung bzw. eine Erhöhung der Anzahl der Teilprozesse in den Kostenstellen Materialdisposition, Ladungsträgerdisposition und Produktionssteuerung zur Folge.

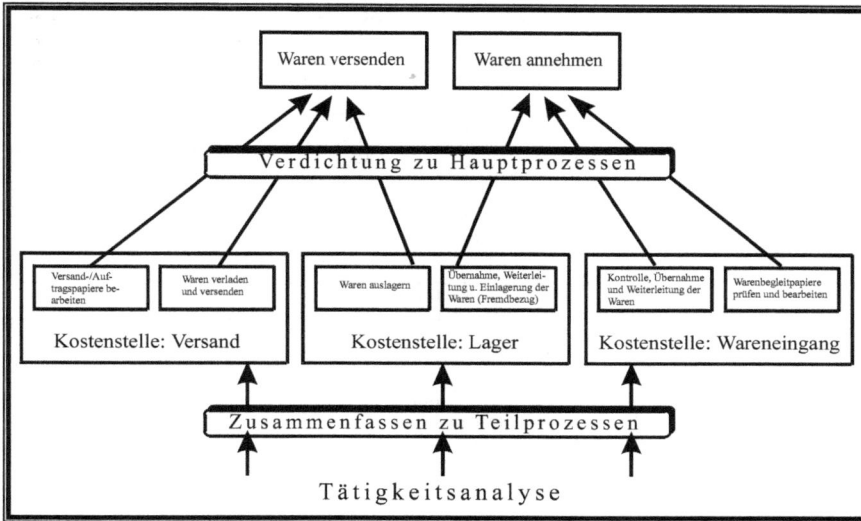

Abb. 73: Prinzip der Hauptprozessverdichtung

Als weiteres Beispiel sei auf den Hauptprozess Fertigungsaufträge abwickeln verwiesen, der aus den Teilprozessen 5, 6, 7, 8, 9, 13 und 16 gebildet worden ist (vgl. Abb. 74). In diesem Fall wurde als Cost Driver die Anzahl Fertigungsaufträge ausgewählt, da diese die Anzahl der Teilprozesse und damit die Ressourcennutzung in den Kostenstellen Lager, Innerbetrieblicher Transport, Ladungsträgerdisposition und Produktionssteuerung maßgeblich beeinflusst.

> Die übergeordneten Cost Driver charakterisieren die Bestimmungsgrößen, die für das Kostenvolumen in den Gemeinkostenbereichen verantwortlich sind.

Die Cost Driver können aus der Sicht des Kostenmanagements Ansatzpunkte für Maßnahmen liefern, die zu Kostenbeeinflussungen und langfristig zu Kostensenkungen im Gemeinkostenbereich führen können. Kostenreduzierungen können herbeigeführt werden, indem die Hauptprozesse kostengünstiger gestaltet oder mengenmäßig verringert werden. Bspw. würde der vermehrte Einsatz von Gleichteilen in dem obigen Beispiel zu einer Verringerung der Anzahl der Sachnummern „Kaufteile" und zu einer Reduzierung der Anzahl der sachnummernabhängigen Teilprozesse 10, 11, 12 und 15 führen.

Hauptprozess	Cost Driver (Anzahl)	Haupt prozess menge	lfd. Nr. Teilpro- zess	Teilprozess	Quelle (Kosten- stelle)	Bezugs- größe (Anzahl)	Teil- prozess menge	Menge in Haupt prozess
Sachnummern „Kaufteile" betreuen	Sachnummern „Kaufteile"	6.380	10	Waren/Material disponieren	Material- disposition	Sachnummern „Kaufteile"	6.380	6.380
			11	Lieferstand der Lieferanten kontrollieren	Material- disposition	Sachnummern „Kaufteile"	6.380	6.380
			12	Ladungsträger beschaffen	Ladungsträger- disposition	Sachnummern	18.688	6.380
			15	Sachnummern dokumentieren und pflegen	Produktions- steuerung	Sachnummern	18.688	6.380
Fertigungs- aufträge abwickeln	Fertigungs- aufträge	30.000	5	Waren/Material einlagern	Lager	Ladungsträger	335.000	165.000
			6	Waren/Material kommissionieren	Lager	Ladungsträger	7.250	6.200
			7	Waren/Material auslagern	Lager	Ladungsträger	238.000	180.000
			8	Waren/Materia transportieren	Innerbetrieb- licher Transport	Ladungsträger	448.000	448.000
			9	Ver- und Entsorgung „Ladungsträger" sicherstellen	Innerbetrieb- licher Transport	Ladungsträger	264.000	264.000
			13	Bedarfs- und termin- gerechte Ladungs- trägerbereitstellung „werksinterne Kosten- stellen"	Ladungsträger- disposition	Ladungsträger	150.000	150.000
			16	Fertigungsaufträge bearbeiten	Produktions- steuerung	Fertigungsauf- träge	30.000	30.000

Abb. 74: Ausschnitt einer Hierarchietabelle zur Hauptprozessverdichtung

Ein positiver Kosteneffekt ist jedoch nur dann zu erwarten, wenn die Verringerung der Anzahl der durchzuführenden Teilprozesse gleichzeitig mit einem Abbau der Kosten in den Kostenstellen Materialdisposition, Ladungsträgerdisposition und Produktionssteuerung verbunden ist.

> Bei der Interpretation der Ergebnisse einer Prozesskostenrechnung sollte stets beachtet werden, dass sich die Prozesskosten nicht automatisch mit dem Abbau von Prozessen verringern. Eine Reduzierung dieser Kosten ist vielmehr erst nach der Realisierung von Kapazitätsanpassungsmaßnahmen in den Gemeinkostenstellen möglich.

Aus den genannten Gründen kann eine Prozesskostenrechnung über die Höhe, den Zeitpunkt und die Struktur der Kostenveränderung keine Informationen bereitstellen. Diese hängen von einer Vielzahl von zusätzlichen Fragestellungen und Entscheidungen (z. B. „Welche Anlagegüter können wann desinvestiert werden?", „Welche Mitarbeiter (MJ) können wann freigesetzt werden?", „Welche Kostenremanenzen können wann abgebaut werden?") ab. Für derartige Fragestellungen kann eine stufenweise Fixkostendeckungsrechnung eine gute Hilfestellung bieten, vorausgesetzt, die Fixkostenpotentiale sind nach abbaufähigen und nicht-abbaufähigen Kosten differenziert.

3.7.2.1.3 Prozessorientierte Kostenträgerstück-rechnung

Ist ein Unternehmen lediglich an der Darstellung der kostenstellenübergreifen-den Prozesse zwecks einer besseren Kosten- und Leistungstransparenz und daraus ableitbarer Entscheidungsinformationen interessiert, so können diese über das vorstehende Instrumentarium der Hauptprozessverdichtung abgeleitet werden. Soll die Prozesskostenrechnung darüber hinaus Auskünfte über die anteilige Ressourcennutzung und/oder die Höhe der Funktionskosten je Er-zeugniseinheit (z. B. Logistikkosten, Qualitätskosten) bereitstellen, müssen die ermittelten Prozesse und Prozesskosten auf die Produkte verrechnet werden. Über den Einsatz einer prozessorientierten Kalkulation können im Gegensatz zur herkömmlichen Kalkulation im Rahmen der flexiblen Plankostenrechn-ung nachstehende Fragen beantwortet werden: [Vgl. im Folgenden: Coenenberg/Fischer 1991, S. 31 ff.; Glaser 1991, S. 236; Remer 2005, S. 178 ff.; Renner 1994, S. 18; Ropers 2006, S. 42 ff.]

- Wie hoch sind die Kosten einer (exotischen) Produktvariante, wenn die Komplexitätskosten in der Kalkulation berücksichtigt werden?
- Verursacht ein Kaufteil mit hohen Materialeinzelkosten bzw. hohem Kaufpreis tatsächlich auch höhere Kosten als ein preiswerteres Zukauf-teil?
- Wie hoch sind die Steuerungskosten von Hausteilen, wenn die Fertigungs-aufträge einmal 20.000 Stück und ein anderes Mal 10 Stück umfassen?

Für die Umsetzung der prozessorientierten Kostenträgerstückrechnung in die Praxis müssen die ermittelten Prozesskostensätze den einzelnen Komponenten (Baugruppen, Bauteile, Hausteile) des Enderzeugnisses zugewiesen werden. In diesem Zusammenhang stellt sich das Problem, das über herkömmliche

Arbeitspläne, Stücklisten, Produktdokumentationen und Kalkulationsprogramme keine Informationen über die mit einem Erzeugnis oder Arbeitsvorgang verbundene Ressourcennutzung in den indirekten Bereichen abgeleitet werden können. Aus diesem Grunde wird in der Literatur vorgeschlagen, die Arbeitspläne und Stücklisten für die Zwecke der Prozesskostenrechnung um die Prozesse in den indirekten Bereichen zu erweitern.

Im Rahmen der prozessorientierten Produktkalkulation werden die Einzelkosten direkt den Kostenträgern zugerechnet. Für die Verrechnung der Gemeinkosten können je nach Rechnungszweck die leistungsmengeninduzierten Prozesskostensätze oder die Gesamtprozesskostensätze je Aktivität herangezogen werden. Über eine prozessorientierte Produktkalkulation können eine Fülle von Informationen abgeleitet werden, die sich im Rahmen des Kostenmanagements zum Zwecke strategischer Kostenbeeinflussungsmaßnahmen nutzen lassen. Im Einzelnen sind hier drei Effekte zu unterscheiden: der Allokationseffekt, der Komplexitätseffekt und der Degressionseffekt.

Allokationseffekt:
Bei Anwendung der Prozesskostenrechnung erfolgt die Zuordnung der Gemeinkosten auf die Produkte unabhängig von der Höhe traditionell wertorientierter Zuschlagsbasen. Stattdessen werden die Gemeinkosten nach der Inanspruchnahme der betrieblichen Ressourcen auf die einzelnen Erzeugnisse verteilt. Der Aufwand, der z. B. für die Beschaffung und Lagerung von Fertigungsmaterial erforderlich ist, wird ja nicht durch die wertmäßige Höhe der Einzelkosten bestimmt, sondern durch die Kosten der zur Abwicklung erforderlichen Prozesse. Der Allokationseffekt stellt die numerische Differenz zwischen den Ergebnissen der Prozesskostenrechnung und der traditionellen Zuschlagskalkulation dar; das Ausmaß möglicher Kostenverzerrungen bei Anwendung der traditionellen Zuschlagskalkulation verdeutlicht Abbildung 75.

| | Material-einzel-kosten | Materialgemeinkosten | | Allokationseffekt (Gemeinkostendifferenz) |
		Zuschlag 25 %	Prozess-kosten-satz	
Steckkarte A	38,-- €	9,50 €	12,-- €	+ 2,50 €
Steckkarte B	64,-- €	16,-- €	12,-- €	- 4,00 €
Steckkarte C	115,-- €	28,75 €	12,-- €	- 16,75 €

Abb. 75: Allokationseffekt in der Gemeinkosten-Verrechnung
[In Anlehnung an: Coenenberg/Fischer 1991, S. 32]

Komplexitätseffekt:
Die Prozesskostenrechnung ermöglicht es insbesondere, die Komplexität der
Produkte in der Kalkulation abzubilden (vgl. Abb. 76).

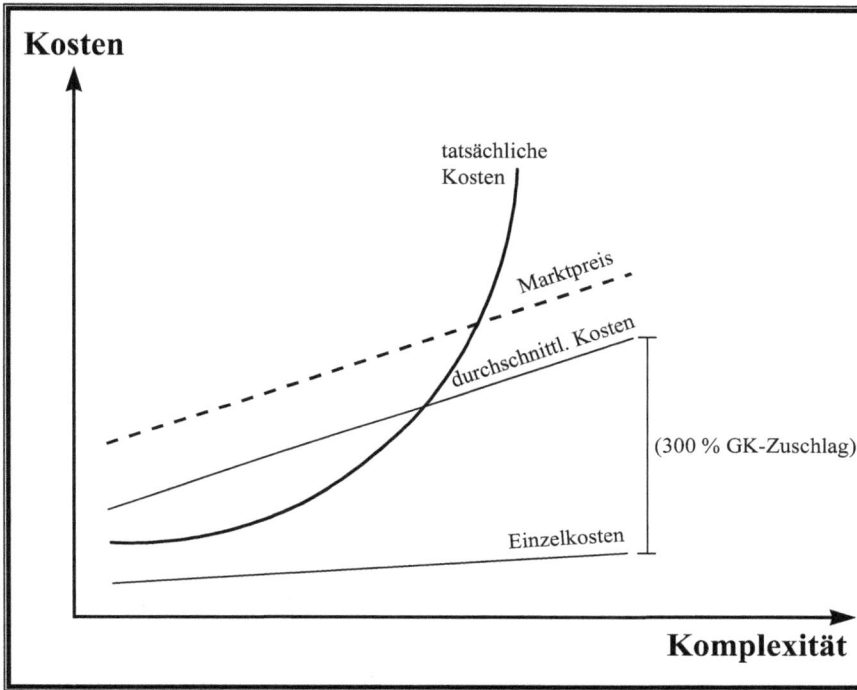

Abb. 76: Komplexitätseffekt in der Prozesskostenrechnung
[In Anlehnung an: Coenenberg/Fischer 1991, S. 33]

Die Forderung nach einer verursachungsgerechten Verrechnung der Komplexitätskosten ist darin begründet, dass bei der Herstellung von komplexeren
Produktvarianten gegenüber einfachen Produkten ein deutlich höherer Bedarf
an Gemeinkosten verursachenden Aktivitäten erforderlich ist. Wie im Rahmen
der Ausführungen zur flexiblen Plankostenrechnung gezeigt wurde, verrechnet
die traditionelle Zuschlagskalkulation Gemeinkosten und damit Komplexitätskosten proportional in Abhängigkeit von der Höhe der jeweiligen Zuschlagsbasis. Wie Abbildung 76 zeigt, werden Produkte mit niedriger (hoher)
Komplexität folglich zu teuer (zu billig) am Markt angeboten, so dass sich
gravierende Fehlsteuerungen im Produkt-Mix ergeben können.

Degressionseffekt:
Ein aus der Sicht des Kostenmanagements weiterer Vorteil der Prozesskostenrechnung ergibt sich daraus, dass Degressionseffekte transparent werden.

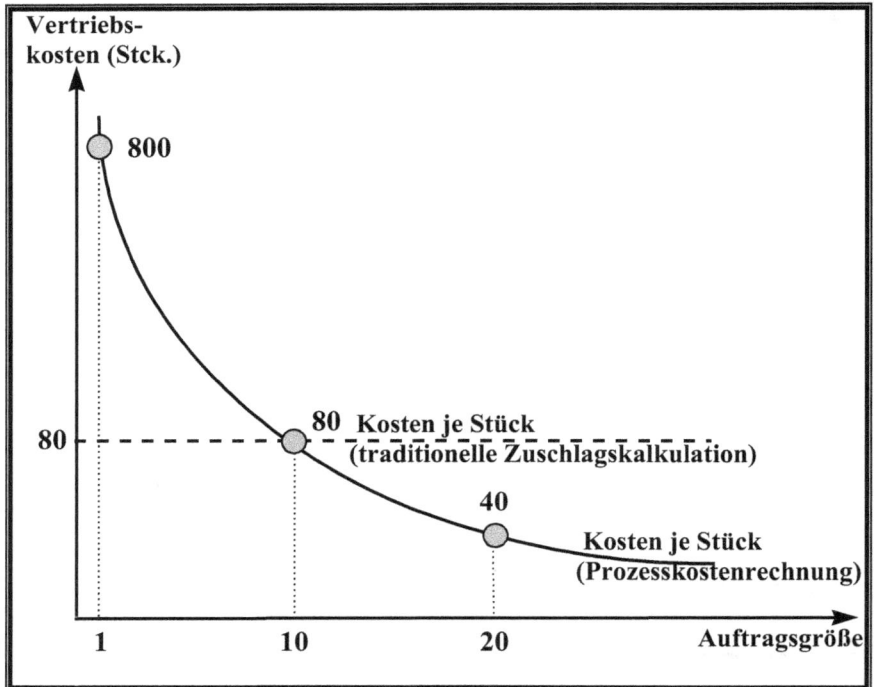

Abb. 77: Degressionseffekt in der Prozesskostenrechnung
[In Anlehnung an: Coenenberg/Fischer 1991, S. 34]

Bei der herkömmlichen Zuschlagskalkulation wird aufgrund der proportionalen Verrechnung der Gemeinkosten jeweils ein konstanter Gemeinkostensatz pro Stück verrechnet. Wie das nachstehende Beispiel verdeutlicht, verringern sich die Kosten für die Ressourcennutzung je Stück für die interne Abwicklung von z. B. Materialbestellungen, Fertigungslosen, Kundenaufträgen mit steigenden Stückzahlen. So entstehen die Vertriebsgemeinkosten z. B. durch die Bearbeitung eines Kundenauftrages; sie sind jedoch nicht von der bestellten Stückzahl abhängig. Kostet die Abwicklung eines Kundenauftrags bspw. 800,-- €, so fällt dieser Betrag bei einem Auftrag von einem Stück wie auch

bei einer Bestellung von 500 Stück an. Bei Anwendung der Zuschlagskalkulation werden die Vertriebsgemeinkosten über einen pauschalen
Vertriebsgemeinkostenzuschlagsprozentsatz auf der Basis der Herstellkosten
verrechnet. Dies führt dazu, dass Aufträge mit niedrigen Stückzahlen gering
belastet werden, obwohl gerade deren Abwicklung die betrieblichen Ressourcen am stärksten beansprucht. Umgekehrt werden die Kosten von Aufträgen
mit großen Stückzahlen durch die proportionale Zurechnung zu hoch ausgewiesen. Mit Hilfe der Prozesskostenrechnung können Degressionseffekte
transparent gemacht werden (vgl. Abb. 77).

3.7.2.2 Beurteilung der Prozesskostenrechnung

Wie gezeigt wurde, ist die Prozesskostenrechnung <u>nicht</u> als ein eigenständiges
KLR-System, sondern als eine zu bestehenden Rechnungssystemen (Basissysteme) ergänzende Systemkomponente zu verstehen. Auf diese Weise werden die unterschiedlichen Sichtweisen von periodisch orientierten Basissys-
temen und Prozesskostenrechnungen integriert bzw. ein Zusammenhang zwischen den Kosten der Ressourcenbereitstellung (= Basissysteme) und den
Kosten der Ressourcennutzung (= Prozesskostenrechnung) hergestellt.

Die Befriedigung des Informationsbedarfes der internen und externen Be-
darfsträger kann heute in der Regel nicht mehr über den Einsatz eines einzigen
Rechnungssystems erfüllt werden. Dies wird insbesondere damit begründet,
dass die KLR durch Ihre Informationen sowohl den strategischen als auch den
operativen Entscheidungsbedarf zu decken hat.

> Die Ableitung kurzfristiger Entscheidungsinformationen kann n. h. M. über
> den Einsatz einer flexiblen Plankostenrechnung auf Teilkostenbasis realisiert
> werden; für strategische Entscheidungen sind allerdings Vollkosteninformati-
> onen unerlässlich.

Wie gezeigt wurde, führen im Rahmen der flexiblen Plankostenrechnung auf
Vollkostenbasis Fixkostenproportionalisierungen und pauschale Gemeinkos-
tenzuschläge zu Zurechnungsfehlern in der Kalkulation und – in Folge – zu
Fehlentscheidungen im Rahmen der Programmplanung und Verkaufssteuerung. Die Problematik der Gemeinkostenschlüsselung soll im Rahmen der
Prozesskostenrechnung vermieden werden, indem für die Ermittlung entschei-
dungsrelevanter Kosten ausschließlich lmi-Prozesskostensätze herangezogen
werden. Hierbei ist jedoch zu beachten, dass mit Hilfe der Prozesskostenrechnung nicht alle Gemeinkosten auf die Produkte verrechnet werden. Hier sei an

die Kosten derjenigen Bereiche gedacht, in denen überwiegend nicht-repetitive Aktivitäten (z. B. Layout-Planung) oder prozessmengenunabhängige lmn-Prozesse dominieren. Derartige Kosten werden im Rahmen der Prozesskostenrechnung entweder gar nicht berücksichtigt oder den lmi-Prozesskosten anteilig zugeschlüsselt.

Sollen für den Ausweis von Vollkosteninformationen alle Kosten auf die Produkte verrechnet werden, so kann also auch über den Einsatz einer Prozesskostenrechnung nicht auf die Verwendung von Gemeinkostenschlüsseln verzichtet werden.

Die Vorteile einer prozessorientierten Kostenträgerstückrechnung aus der Perspektive des Kostenmanagements sind insbesondere darin zu sehen, dass über den Einsatz einer Prozesskostenrechnung Komplexitätskosten transparent und Kostendegressionen und – im Umkehrschluss – Kostenprogressionen je Stück sowie im Rahmen der Prozesskostenstellenrechnung Funktions- und Prozesskosten je Aktivität ausgewiesen werden, die letztlich als Basisdaten für eine Vielzahl strategischer Methoden und Instrumente des Kostenmanagements herangezogen werden können. Diese Vorteile mögen jedoch nicht darüber hinwegtäuschen, dass die Zuordnung von Prozessen auf die Kostenträger als umstrittenster Teil der Prozesskostenrechnung bezeichnet werden kann. Glaser bezeichnet die über eine prozessorientierte Kostenträgerstückrechnung gewonnenen Erkenntnisse sogar als Zufallsprodukte, „… worüber auch die „Scheingenauigkeit" der durchgeführten Berechnungen nicht hinwegtäuschen sollte." [Glaser 1991, S. 236]

„Die prozessorientierte Produktkalkulation ist zweifellos kein operatives Instrument, d. h. sie zeigt nicht, welche Kosten durch ein Produkt zusätzlich induziert werden bzw. welche Kosten im Fall des Verzichts auf die Herstellung des Erzeugnisses nicht anfallen." [Burger 1995, S. 159]

Ein effektives Kostenmanagement setzt die rechnerische Erfassung und Abbildung der zu beeinflussenden Kostengrößen voraus. Für die Bereitstellung von Plandaten für operative Zwecke kann aus der Sicht des Kostenmanagements als Basissystem der kombinierte Einsatz einer flexiblen Plankostenrechnung auf Vollkostenbasis und einer Grenzplankostenrechnung empfohlen werden. Der für die Aufgaben des strategischen Kostenmanagements erforderliche Ausweis von Komplexitäts-, Funktions- und Prozesskosten je Stück kann durch das Basissystem der KLR nicht realisiert werden. Wie die vorstehenden Ausführungen gezeigt haben, können durch die zusätzliche Implementierung einer Prozesskostenrechnung eine Vielzahl von Informationen abgeleitet werden, die den effektiven Einsatz der strategischen Methoden und Instrumente des Kostenmanagements vielfach erst ermöglichen.

3.7.3 Lehrfragen und Übungen

1. Stellen Sie die wesentlichen Unterschiede einer flexiblen Plankostenrechnung und einer Prozesskostenrechnung gegenüber.

2. Die Verfechter der Prozesskostenrechnung behaupten: „One Cost System Istn't Enough". Begründung Sie diese Aussage.

3. Beschreiben Sie die Vorgehensweise einer Prozesskostenstellenrechnung. Welche Informationsvorteile bietet eine Prozesskostenstellenrechnung gegenüber einer herkömmlichen Kostenstellenrechnung im System der flexiblen Plankostenrechnung.

4. Im Anschluss an die Prozesskostenstellenrechnung werden die Teilprozesse zu Hauptprozessen zusammengefasst. Beschreiben Sie, auf welche Weise Hauptprozesse im Rahmen der Prozesskostenrechnung gebildet werden können. Welche Informationsvorteile bietet die Hauptprozessbildung?

5. Eine Kostenträgerstückrechnung kann sowohl im Rahmen der flexiblen Plankostenrechnung als auch im Rahmen einer Prozesskostenrechnung durchgeführt werden. Arbeiten Sie die Unterschiede sowie die Vor- und Nachteile aus der Sicht des Kostenmanagements heraus.

6. Im Rahmen der prozessorientierten Produktkalkulation können für die Verrechnung der Gemeinkosten sowohl die leistungsmengeninduzierten Prozesskostensätze als auch die Gesamtprozesskostensätze herangezogen werden. Welche Form der Verrechnung empfehlen Sie jeweils aus der Perspektive des Kostenmanagements?

7. Kann bei Einsatz einer Prozesskostenrechnung auf herkömmliche Kostenrechnungssysteme verzichtet werden?

Literatur (prozessorientierte KLR):

Agthe, K.: Stufenweise Fixkostendeckung im System des Direct Costing, in: ZfB 29/1959, 1959, S. 404–418.

Andreas, D./Eiselmayer, K.: Kosten-Controlling & Prozessverbesserung: Methodenbuch zur Arbeitsvereinfachung, Offenburg/Wörthsee 2005.

Burger, A.: Kostenmanagement, München/Wien 1995.

Coenenberg, A. G./Fischer, Th. M.: Prozesskostenrechnung – Strategische Neuorientierung in der Kostenrechnung, in: DBW 51 (1991) 1, 1991, S. 21–38.

Cooper, R./Kaplan, R.S.: Prozessorientierte Systeme: Die Kosten der Ressourcennutzung Messen, in: krp Sonderheft 2/93, 1993, S. 7–14.

Franz, K.-P.: Moderne Methoden der Kostenbeeinflussung in: krp 3/92, 1992, S. 127–134.

Glaser, H.: Möglichkeiten und Grenzen der Prozesskostenrechnug als Controlling-Instrument, in: Synergien durch Schnittstellen-Controlling, hrsg. v. P. Horváth, Stuttgart 1991.

Haberstock, L.: Kostenrechnung II: (Grenz-)Plankostenrechnung mit Fragen, Aufgaben und Lösungen, bearb. v. Volker Breithecker, 10., neu bearb. Aufl., Berlin 2008

Hardt, R.:: Zielsteuerung und Kapazitätsplanung mit Hilfe der Prozesskostenrechnung, in: ZP 3/95, 1995, S. 277 f.

Hardt, R.: Von der flexiblen Plankostenrechnung zur Prozesskostenrechnung, in: Zukunftsgerichtetes Controlling, hrsg. v. C. Steinle u. A., 2. Auflage, Wiesbaden 1996, S. 306–325.

Horváth, P./Mayer, R.: Prozesskostenrechnung: Der neue Weg zu mehr Kostentransparenz und wirkungsvolleren Unternehmensstrategien, in: Controlling, Heft 4, Juli 1989, S. 214–219.

Horváth, P./Renner, A.: Prozesskostenrechnung – Konzept, Realisierungsschritte und erste Erfahrungen, in: FB/IE, 39. Jg (1990), 1990, S. 100–107.

Kilger W./Pampel, J./Vikas K.: Flexible Plankostenrechnung und Deckungsbeitragsrechnung, 12., vollständig überarbeitete und erweiterte Auflage, Wiesbaden 2007.

Layer, M.: Prognose, Planung und Kontrolle fixer Kosten, in: krp 2/92, 1992, S. 69–76.

Löcker, M.: Integration des Prozesskostenrechnung in ein ganzheitliches Prozess- und Kostenmanagement, Berlin 2007.

Männel, W.: Ziele und Aufgabenfelder des Kostenmanagement, in: Handbuch Kosten- und Erfolgscontrolling, München 1995, S. 25–45.

Mellerowicz, K.: Planung und Plankostenrechnung, Bd.2, Freiburg 1972.

Müller, A.: Gemeinkosten-Management: Vorteile der Prozesskostenrechnung, 2., vollständig überarbeitete und erweiterte Auflage, Wiesbaden 1998.

Oecking, G.: Strategisches und operatives Fixkostenmanagement, München 1994.

Oecking, G.: Kostenrechnung für das Fixkostenmanagement, in: krp 5/95, S. 253 – 259.

Olshagen, Chr.: Prozesskostenrechnung: Aufbau und Einsatz, korrigierte Ausgabe, Wiesbaden 1995.

Remer, D.: Einführen von Prozesskostenrechnung, 2. überarbeitete und erweiterte Auflage, Stuttgart 2005.

Renner, A.: Komplexität meistern – Gemeinkosten senken, in: FB/IE (1994) 1, S. 16–19.

Ropers, J.: Prozesskostenrechnung: Leitfaden zur erfolgreichen Anwendung, Offenburg 2006.

Seicht, G.: Die stufenweise Grenzkostenrechnung: Ein Beitrag zur Weiterentwicklung der Deckungsbeitragsrechnung, in: ZfB, 33 (1963) 12, S. 693–709.

Weber, J.: Kalkulation von Logistikkosten, in: krp Sonderheft 1/92, 1992, S. 29–36.

Literaturverzeichnis

Aghte, K.: Stufenweise Fixkostendeckung im System des Direct Costing, in: ZfB 29/1959, S. 404–418.

Alewell, D.: Outsourcing von Personalfunktionen: Motive und Erfahrungen im Spiegel von Experteninterviews, München 2007.

Andreas, D./Eiselmayer, K.: Kosten-Controlling & Prozessverbesserung: Methodenbuch zur Arbeitsvereinfachung, Offenburg/Wörthsee 2005.

Ausschuss Betriebliche Personalpolitik der Bundesvereinigung der Deutschen Arbeitgeberverbände (Hrsg.): Arbeitsbericht Betriebliches Vorschlagswesen, Köln 1994, S. 1–6.

Back-Hock, A.: Produktlebenszyklusorientierte Ergebnisrechnung, in: Handbuch Kostenrechnung, hrsg. v. W. Männel, Wiesbaden 1992, S. 703–714.

Bartholomay, C.: Kaizen, in: Schlanker Materialfluss mit Lean Production, Kanban und Innovation, hrsg. v. P. Dickmann, Berlin 2006, S. 18–21.

Bauer, H.H.: Das Erfahrungskurvenkonzept: Möglichkeiten und Problematik der Ableitung strategischer Handlungsalternativen, Frankfurt/Main 1986.

Baum, H.-G./Coenenberg, A.G../Günther, Th.: Strategisches Controlling, 4. Auflage, Stuttgart 2007.

Beier, D./Gnau, P.: Auslagerung von kaufmännischen Funktionen in einem mittelständischen Unternehmen als Element einer umfassenden Spin-Off-Strategie, in: Praxishandbuch Outsourcing, hrsg. v. A. Wullenkord, München 2005, S. 293–302.

Bismarck, W.-B. von: Das Vorschlagswesen: Von der Mitarbeiteridee bis zur erfolgreichen Umsetzung, München und Mering, 2000.

Bliesener M. M.: Outsourcing als mögliche Stratgeie zur Kostensenkung, in: BfuP 4/94, S. 276–290.

Brandt, O.: Das betriebliche Vorschlagswesen – Grenzen und Gestaltungspotential, Mering 2007.

Brinkmann, E. P./Simon, A.: Grundzüge des Betrieblichen Vorschlagswesens, in: angew. Arbeitswiss., 1994, Nr. 140, S. 37–66.

Bühner, R.: Betriebswirtschaftliche Organisation, 10. bearbeitete Auflage, München 2004.

Bühner, R./Tuschke, A.: Outsourcing, in: DBW 57 (1997) 1, S. 20–30.

Burckhardt, W.: Der Benchmarking-Prozess, in: Bechmarking – Leitfaden für den Vergleich mit den Besten, hrsg. v. K. Mertins, Düsseldorf 2004, S. 59–72.

Burger, A.: Kostenmanagement, 3. Auflage, München/Wien 1999.

Coenenberg, A. G./Fischer, Th. M.: Prozesskostenrechnung – Strategische Neuorientierung in der Kostenrechnung, in: DBW 51 (1991) 1, 1991, S. 21–38.

Coenenberg, A. G./Fischer, Th./Schmitz, J.: Target Costing und Product Life Cycle Costing als Instrumente des Kostenmanagement, in: ZP (1994) 5 S. 1–38.

Conrad, A.: Erfahrungskurvenkonzept als Instrument zur Ableitung von strategischen Handlungsalternativen, München 2005.

Cooper, R./Kaplan, R. S.: Prozessorientierte Systeme: Die Kosten der Ressourcennutzung Messen, in: krp Sonderheft 2/93, 1993, S. 7–14.

Daum, J. H.: Intangible Assets oder die Kunst, Mehrwert zu schaffen, Bonn 2002.

Daum, J. H.: Transparenzproblem Intangible Assets: Intellectual Capital Statements und der Neuentwurf eines Frameworks für Unternehmenssteuerung und externes Reporting, in: Intangibles in der Unternehmenssteuerung, Horváth, P./Möller, K. (Hrsg.) München 2004, S. 45–81.

Deisenhofer, Th.: Marktorientierte Kostenplanung auf Basis von Erkenntnissen der Marktforschung bei der Audi AG, in: Target Costing, hrsg. v. P. Horváth, Stuttgart 1993, S. 93–117.

Deutscher Normenausschuss (Hrsg.): DIN 69910, Wertanalyse-Begriffe, Methode, August 1973.

Deutscher Institut für Normung e.V. (Hrsg.): DIN 69910, Wertanalyse August 1987.

Deutscher Normenausschuss (Hrsg.): DIN EN 1325-1: Value Management, Wertanalyse, Funktionenanalyse, Wörterbuch – Teil 1: Wertanalyse und Funktionenanalyse; Deutsche Fassung EN 1325-1:1996, Ausgabe 1996-11.

Deutscher Normenausschuss (Hrsg.): DIN EN 1325-2: Value Management, Wertanalyse, Funktionenanalyse, Wörterbuch – Teil 2: Value Management; Deutsche Fassung EN 1325-2:2004, Ausgabe 2004-11.

Deutscher Normenausschuss (Hrsg.): DIN EN 12973: Value Management; Deutsche Fassung EN 12973:2000, Ausgabe 2002-02.

Deutscher Normenausschuss (Hrsg.): DIN EN 12973 Berichtigung 1: Berichtigung zu DIN EN 12973:2002-02; Ausgabe 2003-12.

Diensberg, C.: BVW im betrieblichen Kulturwandel, in: BVW Zeitschrift für Vorschlagswesen, Heft: 98.01, Berlin 1998, S. 11–14.

Dollmayer, A.: Target costing: Modernes Zielkostenmanagement in Theorie und Praxis, Marburg 2003.

Dreher, C./Kinkel, S.: Auf lange Sicht: Outsourcing und langfristige Potentiale, Stuttgart 2007.

Dressler, S.: Shared Services, Business Process Outsourcing und Offshoring: die moderne Ausgestaltung des Back Office – Wege zu Kostensenkung und mehr Effizienz im Unternehmen, 1. Auflage, Wiesbaden 2007

Ellram, L.: Defining Strategic Alliances: Life Cycle Patterns, in: NAPM Conference Proceedings, 1993, S. 1–6.

Erxleben, K.: KVP und Entgelt – Grundlagen, Chancen, Perspektiven, Saarbrücken 2006.

Franz, K.-P.: Moderne Methoden der Kostenbeeinflussung in: krp 3/92, 1992, S. 127–134.

Franz, K.-P.: Die Gemeinkostenwertanalyse als Instrument des Kostenmanagements, in: Strategisches Personalmanagement: Konzeptionen und Realisationen, hrsg. v. Christian Scholz, Stuttgart 1995.

Gaiser, B./Kieninger, M.: Fahrplan für die Einführung des Target Costing, in: Target Costing, hrsg. v. P. Horváth, Stuttgart 1993, S. 53–73.

Gasior, W.: Neues Vorschlagswesen weckt Ideenpotential, in: Personalführung 4/93, 1993, S. 288–295.

Glaser, H.: Möglichkeiten und Grenzen der Prozeßkostenrechnug als Controlling-Instrument, in: Synergien durch Schnittstellen-Controlling, hrsg. v. P. Horváth, Stuttgart 1991.

Gleich, R.: Das System des Performance Measurement: Theoretisches Grundkonzept, Entwicklungs- und Anwendungsstand, München 2001.

Götz, R.: Einführung von Wertanalyse als Innovations- und Kostensenkungsmethode im Unternehmen – Mit Value-Management die Wertschöpfung steigern, in: VDI-Berichte, Düsseldorf 2006, Band 1955, S. 59–70.

Götze, U.: ZP – Stichwort: Target Costing, in: ZP 4/93, S. 381–389.

Greiter, O.: Strategiegerechte Budgetierung, München 2004.

Gross, J./Bordt, J./Musmacher, M.: Business Process Outsourcing – Grundlagen, Methoden, Erfahrungen, Wiesbaden 2006.

Günther, E./Günther, Th.: Immaterielle und ökologische Ressourcen im Rechnungswesen, in: Intangibles in der Unternehmenssteuerung, Horváth, P./Möller, K. (Hrsg.) München 2004, S. 365–385.

Guth, W./Sieben A.: Business Process Outsourcing: Von der Idee zur Umsetzung, in: Praxishandbuch Outsourcing, hrsg. v. A. Wullenkord, München 2005, S. 93–116.

Haak, Renâe: Toyota – Managementsystem des Wandels, Wiesbaden 2007.

Haberstock, L.: Kostenrechnung I (Einführung), 13., neu bearbeitete Auflage, Berlin 2008.

Hardt, R.: Zielsteuerung und Kapazitätsplanung mit Hilfe der Prozesskostenrechnung, in: ZP 3/95, 1995, S. 277 f.

Hardt, R.: Von der flexiblen Plankostenrechnung zur Prozesskostenrechnung, in: Zukunftsgerichtetes Controlling, hrsg. v. C. Steinle u. A., 2. Auflage, Wiesbaden 1996, S. 306–325.

Hardt, R./Schalow, W.: Motivation zur Innovation – Freisetzung von Kreativpotential, in: Vorsprung durch Einmaligkeit, hrsg. v. S. Skirl, Wiesbaden 1995, S. 89–100.

Haug, N./Martens, B./Pudeg, R.: Prozeßoptimierung durch Mitarbeiterbeteiligung, in: FB/IE (1993) 4, S. 148–153.

Hauptmann, S.: Gestaltung des Outsourcings von Logistikleistungen, 1. Auflage, Wiesbaden 2007.

Henderson, B. D.: Die Erfahrungskurve in der Unternehmensstrategie, Frankfurt/Main 1984.

Hieber, W.: Lern- und Erfahrungskurveneffekte und ihre Bestimmung in der flexibel automatisierten Produktion, München 1991.

Hoffecker, J./Goldenberg, C.: Using the Balanced Scorecard to develop company-wide-performance measures, in: Journal of Cost Management, 8. Jg. (1994), Nr. 3, S. 5–17.

Hoffjan, A..: Cost Benchmarking und Kaizen Costing, in: ZP (1995), S. 155–166.

Hornung, K./Mayer, J. H.: Erfolgsfaktoren-basierte Balanced Scorecards zur Unterstützung einer wertorientierten Unternehmensführung, in: Controlling, 11 (1999), Nr. 4/5, S. 193–199.

Horváth, P.: Umsetzungserfahrungen mit der Balanced Scorecard, in: Kostenrechnungspraxis, Sonderheft 2/2000, S. 125–127.

Horváth, P./Lamla, J.: Cost Benchmarking und Kaizen Costing, in: Handbuch Kosten- und Erfolgs-Controlling, hrsg. v. Th. Reichmann, München 1995, S. 63–88.

Horváth, P./Lamla, J.: Kaizen Costing, in: krp, 40. Jg., 1996, Heft 6, S. 335–340.

Horváth, P./Mayer, R.: Prozesskostenrechnung: Der neue Weg zu mehr Kostentransparenz und wirkungsvolleren Unternehmensstrategien, in: Controlling, Heft 4, Juli 1989, S. 214–219.

Horváth, P./Möller, K. (Hrsg.): Intangibles in der Unternehmenssteuerung, München 2004.

Horváth, P./Niemand, S./Wobold, M.: Target Costing – State of the Art, in: Target Costing, hrsg. v. P. Horváth, Stuttgart 1993, S. 1–27.

Horváth & Partners (Hrsg.): Balanced Scorecard umsetzten, 4., überarbeitete Auflage, Stuttgart 2007.

Horváth, P./Renner, A.: Prozesskostenrechnung – Konzept, Realisierungsschritte und erste Erfahrungen, in: FB/IE, 39. Jg (1990), 1990, S. 100–107.

Imai, M: Kaizen – Der Schlüssel zum Erfolg der Japaner im Wettbewerb, 4., durchges. Aufl., München 1992.

Industriegewerkschaft Metall (IGM) (Hrsg.): Gestaltungshinweise und Regelungsvorschläge zum kontinuierlichen Verbesserungsprozess („Kaizen, KVP, CIP"), Frankfurt/Main 1994.

Jehle, E.: Wertanalyse: Ein System zum Lösen komplexer Probleme, in: WiSt 6/91, S.287–294.

Jehle, E.: Gemeinkostenmanagement, in: Handbuch Kostenrechnung, hrsg. v. W. Männel, Wiesbaden 1992, S. 1506–1523.

Jehle, E.: Value Management (Wertanalyse) als Instrument des Logistik-Controlling, in: krp-Sonderheft 1792, S. 68–75.

Jehle, E.: Wertanalyse und Kostenmanagement, in: Handbuch Kosten- und Erfolgscontrolling, hrsg. v. Th. Reichmann, München 1995, S. 145–165.

Jehle, E./Willeke, M: Value Management und Kaizen als Instrumente des Kostenmanagement, in: krp, 40. Jg., 1996, H. 5, S. 255–260.

Jossé, G.: Balanced Scorecard – Ziele und Strategien messbar umsetzen, München 2005.

Kaplan, R./Norton, D. P.: Balanced Scorecard – Strategien erfolgreich umsetzen, Stuttgart 1997.

Karlöf, B./Östblom, S.: Das Benchmarking-Konzept: Wegweiser zur Spitzenleistung in Qualität und Produktivität, München 1994.

Kilger W./Pampel, J./Vikas K.: Flexible Plankostenrechnung und Deckungsbeitragsrechnung, 12., vollständig überarbeitete und erweiterte Auflage, Wiesbaden 2007.

Klingebiel, N.: Performance Measurement & Balanced Scorecard, München 2001.

Köhler-Frost, W.: Outsourcing, 4. Auflage, Berlin 2005.

Kostka, C./Kostka, S.: Der kontinuierliche Verbesserungsprozess: Methoden des KVP, 3., völlig neubearb. Aufl., München 2007.

Küpper, H.-U.: Controlling: Konzeption, Aufgaben und Instrumente, Stuttgart 2005.

Lamparter, D. H.: Wer bleibt am Standort D? in: DIE ZEIT, Nr. 38, 11. September 2003, S. 23–24.

Layer, M.: Deckungsbeitragsrechnung, in: Management-Enzyklopädie, 8. Auflage, München 1982, S. 748.

Layer, M.: Prognose, Planung und Kontrolle fixer Kosten, in: krp 2/92, S. 69–76.

Löcker, M.: Integration des Prozesskostenrechnung in ein ganzheitliches Prozess- und Kostenmanagement, Berlin 2007.

Männel, W.: Ziele und Aufgaben des Kostenmanagements, in: Handbuch Kosten- und Erfolgs-Controlling, München 1995, S. 25–45.

Mellerowicz, K.: Planung und Plankostenrechnung, Bd.2, Freiburg 1972.

Mertins, K.: Benchmarking – Leitfaden für den Vergleich mit den Besten, Düsseldorf 2004.

Mertins, K./Kohl, H. (I): Benchmarking – der Vergleich mit den Besten, in: Benchmarking – Leitfaden für den Vergleich mit den Besten, hrsg. v. K. Mertins, Düsseldorf 2004, S. 15–57.

Mertins, K./Kohl, H. (II): Benchmarking-Techniken, in: Benchmarking – Leitfaden für den Vergleich mit den Besten, hrsg. v. K. Mertins, Düsseldorf 2004.

Meyer, J. W.: Produktionsinnovationserfolg und Target costing, 1. Auflage, Wiesbaden 2003.

Meyer-Piening, A.: Zero Base Budgeting-erprobte technik, zur Senkung der Gemeinkosten und zur Steigerung der Effizienz, in: Das Management der Gemeinkosten, Wien 1982, S. 63–95.

Meyer-Piening, A.: Zero Base Planning als analytische Personalplanungs-methode im Gemeinkostenbereich: Einsatzbedingungen und Grenzen der Methodenanwendung, Stuttgart 1994.

Müller, A.: Gemeinkosten-Management: Vorteile der Prozesskostenrechnung, 2., vollständig überarbeitete und erweiterte Auflage, Wiesbaden 1998.

Müller, A.: Strategisches Management mit der Balanced Scorecard, Stuttgart 2005.

Müngersdorff, R.: Das erneute Kaizen: ein Positionspapier zur Renaissance des Kaizen, Königsdorf 2005.

Müthel, M./Högl, M.: Intellektuelles Kapital – Konzeptualisierung und Messung von Wissen als Produktionsfaktor, in: Controlling & Management, 52. Jg. 2008, Heft 3, S. 175–177.

Niemand, S.: Target Costing – konsequente Marktorientierung durch Zielkostenmanagement, in: FB/IE – 41 (1992), S. 118–123.

Noltemeier, S.: Zur Konzeption monetärer Anreizsysteme für das target costing, Aachen 2003.

Oecking, G.: Strategisches und operatives Fixkostenmanagement, München 1994.

Oecking, G.: Kostenrechnung für das Fixkostenmanagement, in: krp 5/95, S. 253–259.

Ohno, T.: Toyota Production System-Beyond Large Scale Production, Cambridge, Massachusetts, USA 1988.

Olshagen, Chr.: Prozesskostenrechnung: Aufbau und Einsatz, korrigierte Ausgabe, Wiesbaden 1995.

Peters, Th .J./Watermann, R.H.: Auf der Suche nach Spitzenleistungen: was man von den bestgeführten US-Unternehmen lernen kann, 9. Auflage, Frankfurt/Main 2003.

Pfeiffer, W./Bischof, P.: Produktlebenszyklen – Instrumente jeder strategischen Planung, in: Unternehmensführung I: Planung und Kontrolle, hrsg. v. Steinmann, München 1981.

Pfeiffer, W./Dörrie, U./Gerharz, A./Goetze von, S.: Variantenkosten, in: Handbuch Kostenrechnung, hrsg. v. W. Männel, Wiesbaden 1992, S. 861–877.

Pietsch, G. (I): Humankapitalbewertung und opportunistische Interpretationsstrategien, in: Controlling, Heft 3, März 2008, S. 131–137.

Pietsch, G. (II): Humankapitalbewertung im Personalcontrolling – Jenseits der Verantwortlichkeitserosion,in: Controlling & Management, 52. Jg. 2008, Heft 3, S. 178–189.

Porter, M.E.: Wettbewerbsvorteile: Spitzenleistungen erreichen und behaupten, 6. Auflage, Frankfurt/Main 2000.

Porter, M.E.: Competitive Advantage: creating and sustaining superior performance, 1st export edition, New York 2004.

Preißner A.: Balanced Scorecard anwenden: kennzahlengestützte Unternehmenssteuerung, 2. Auflage, München 2007.

Reichel, F.-G./Cmiel, H.-G.: Vergütungsinstrumente für Verbesserungsaktivitäten der Mitarbeiter im Zusammenhang mit modernen Konzepten der Arbeitsorganisation in der Metall- und Elektro-Industrie, in: angew. Arbeitswiss. (1994), Nr. 140, S. 21–36.

Reichmann, Th.:. Controlling mit Kennzahlen und Managementberichten, 6. überarbeitete und erweiterte Auflage, München 2001.

Reichmann, Th./Pollocks, M.: Make-or-buy-Entscheidungen: Was darf der Fremdbezug kosten, wenn die eigenen Kosten weiterlaufen, in: Controlling, Heft 1, Januar/Februar 1995, S. 4–11.

Remer, D.: Einführen von Prozesskostenrechnung, 2. überarbeitete und erweiterte Auflage, Stuttgart 2005.

Renner, A.: Komplexität meistern – Gemeinkosten senken, in: FB/IE (1994) 1, S. 16–19.

Ropers, J.: Prozesskostenrechnung: Leitfaden zur erfolgreichen Anwendung, Offenburg 2006.

Sandt, J.: Management mit Kennzahlen und Kennzahlensystemen: Bestandsaufnahme, Determinanten und Erfolgsauswirkungen, Wiesbaden 2004.

Schat, H.-D.: Ideen fürs Ideenmanagement: BVW und KVP gemeinsam realisieren, Köln 2005.

Schermer, H.: Business-Excellence-Benchmarking: Konzeption und Durchführung, Saarbrücken 2007.

Scherzinger, F.: Shared Service Center als Organisationsmodell zur Kostenreduktion im Finanz- und Rechnungswesen, in: Praxishandbuch Outsourcing, hrsg. v. A. Wullenkord, München 2005, S. 207–223.

Schmitt, R.: Outsourcing von Rechnungswesen-Dienstleistungen, München 2007.

Scholtissek, S.: Global Sourcing: Ein nächster kleiner Schritt zum Quantensprung?, in: Praxishandbuch Outsourcing, hrsg. v. A. Wullenkord, München 2005, S. 31–41.

Schrank, R.: Neukonzeption des Performance Measurements, Sternenfels 2002.

Schröder, H.H.: Wertanalyse als Instrument optimierender Produktgestaltung, in: Handbuch Produktionsmanagement: Strategie – Führung – Technologie – Schnittstellen, hrsg. v. H. Corsten, Wiesbaden 1994.

Seicht, G.: Die stufenweise Grenzkostenrechnung: Ein Beitrag zur Weiterentwicklung der Deckungsbeitragsrechnung, in: ZfB, 33 (1963) 12, S. 693–709.

Seidenschwarz, W.: Target Costing – Ein japanischer Ansatz für das Kostenmanagement, in: Controlling, Heft 4, Juli/August 1991, S. 198–203.

Seidenschwarz, W.: Target Costing – Durch marktgerechte Produkte zu operativer Effizienz oder: Wenn der Markt das Unternehmen steuert, in: Target Costing, hrsg. v. P. Horváth, Stuttgart 1993, S. 29–52.

Seidenschwarz, W.: Target Costing – Verbindliche Umsetzung marktorientierter Strategien, in: krp 1/94, S. 74–83.

Seidenschwarz, W.: Balanced Scorecard – Ein Konzept für den zielgerichteten strategischen Wandel, in: Controlling & Finance, hrsg. v. Horváth, P., Stuttgart 1999, S. 247–276.

Servatius, H.-G.: Immaterielles Vermögen, innovative Geschäftsprozesse und nachhaltige Wertsteigerung, in: Controlling, Heft 3/4, März/April 2003, S. 155–161.

Siegwart, H./Senti, R.: Product Life Cycle Management: Die Gestaltung eines integrierten Produktlebenszyklus, Stuttgart 1995.

Simon, A.: Kontinuierlicher Verbesserungsprozess, in: Lean Production, Idee – Konzept – Erfahrungen in Deutschland, in: Schriftenreihe des IfaA, Bd. 27, Köln 1992, S: 170–195.

Simon, A.: Der Kontinuierliche Verbesserungsprozess, – Idee, Konzept, Abgeltung, Abgrenzung, in: angew. Arbeitswiss. (1994), Nr. 142, S. 54–75.

Simon, A.: Der Kontinuierliche Verbesserungsprozeß – Konzept, Abgrenzung, Honorierung, in: REFA-Nachrichten 2/96, 49 Jg., S. 22–33.

Skinner, W.: The productivity paradox, in: Harvard Business Review, July-August 1986, S. 55–59.

Spahl, S.: Die Methode der Zukunft – das Ideenmanagement, in: Betriebliches Vorschlagswesen, 12. Jg. 1986, S. 119–126.

Stark, J.: Product life cycle management: 21st century paradigm for product realisation, London 2006.

Stark, J.: Global product: strategy, product life cycle management and the billion customer question, London 2007.

Stibbe, R./Wegener, W./Schultz, Th.: Einsatz einer Balanced Scorecard zur Planung und Gestaltung eines Altautoverwertungsnetzes am Beispiel der Ford-Werke-AG, in: ZfCM, 48. Jg. 2004, H. 3, S. 186–192.

Stoi, R.: Identifikation und Steuerung der immateriellen Werttreiber, in: Controlling, Heft 3/4, März/April 2003, S. 175–183.

Stoi, R.: Management und Controlling von Intangibles auf Basis der immateriellen Werttreiber des Unternehmens, in: Intangibles in der Unternehmenssteuerung, Horváth, P./Möller, K. (Hrsg.) München 2004, S. 187–201.

Streitfeldt, L.: Kostenmanagement im Produktionsbereich, in: Handbuch Produktionsmanagement: Strategie – Führung – Technologie – Schnittstellen, hrsg. v. H. Corsten, Wiesbaden 1994, S. 475–495.

Sure, M.: Vorbereitung, Planung und Realisation von Business Process Outsourcing bei kaufmännischen und administrativen Backoffice-Prozessen, in: Praxishandbuch Outsourcing, hrsg. v. A. Wullenkord, München 2005, S. 261–282.

Sveiby, K.E.: Wissenskapital, Landsberg am Lech 1998.

Thom, N.: Betriebliches Vorschlagswesen: Ein Instrument der Betriebsführung und des Verbesserungsmanagements, 6. Aufl., Bern 1993.

Twardowski, D.: Innovation durch Benchmarking, Berlin 2006.

Vohl, H.-J.: Balanced Scorecard im Mittelstand: Veränderungsprozesse in mittelständischen Unternehmen (KMU) mit der Balanced Scorecard (BSC) meistern, 1. Auflage, Hamburg 2004.

Wald, P.M.: Neue Herausforderungen im Personalmanagement – Best Practices – Reorganisation – Outsourcing, Wiesbaden 2005.

Watson, G. H.: Benchmarking – Vom Besten lernen, Landsberg/Lech 1993.

Weber, J.: Kalkulation von Logistikkosten, in: krp Sonderheft 1/92, 1992, S. 29–36.

Weber, J.: Balanced Scorecard – Management-Innovation oder alter Wein in neuen Schläuchen? in: Kostenrechnungspraxis, Sonderheft 2/2000, S. 5–15.

Weber, J./Schäffer, U.: Balanced Scorecard & Controllingimplementierung – Nutzen für Manager und Controller – Erfahrungen in deutschen Unternehmen, 2., aktual. Aufl., Wiesbaden 2000.

Weiss, M./Zirkler, B./Guttenberger, B.: Performance Measurement Systeme und ihre Anwendung in der Praxis, in: Controlling, Heft 3, März 2008, S. 139–147.

Werthmann, F./Rixen, M.: Konzerninternes Outsourcing durch eine Shared Service Center Organisation als Alternative zum Outsourcing, in: Praxishandbuch Outsourcing, hrsg. v. A. Wullenkord, München 2005, S. 61–89.

Wiest, R.: Einführung der Wertanalyse in ein mittelständisches Unternehmen, in: VDI-Berichte Nr. 430, 1981, S. 133–142.

Wilken, R.: Dynamisches Benchmarking, Wiesbaden 2007.

Winter, W.-C.: Benchmarking als Instrument der strategischen Planung, Saarbrücken 2007.

Witt, J./Witt, T.: Der kontinuierliche Verbesserungsprozess (KVP): Konzept – System – Maßnahmen, 2., durchges. Aufl., Frankfurt/Main 2006.

Witt, J./Witt, T.: Werkzeuge des Qualitätsmanagements in der KVP-Praxis, Düsseldorf 2007.

Wullenkord, A. (I): Entwicklungen und Perspektiven im Outsourcing, in: Praxishandbuch Outsourcing, hrsg. v. A. Wullenkord, München 2005, S. 3–12.

Wullenkord, A. (II): Die wahren Potenziale des Offshoring: Eine Analyse aus unternehmens- und gesamtwirtschaftlicher Perspektive, in: Praxishandbuch Outsourcing, hrsg. v. A. Wullenkord, München 2005, S. 43–59.

VDI-Gesellschaft Systementwicklung und Projektgestaltung [Hrsg.]: Standort sichern mit Wertanalyse, VDI-Bericht Nr. 1955, Düsseldorf 2006.

VDI-Gesellschaft Systementwicklung und Projektgestaltung [Hrsg.]: VDI 2800 Blatt 1, 07.2006.

Zdrowomyslaw, N./Kasch, R.: Betriebsvergleiche und Benchmarking für die Managementpraxis, München 2007.

Zentrum Wertanalyse der VDI-Gesellschaft Systementwicklung und Projektgestaltung (VDI-GSP) [hrsg.]: Wertanalyse: Idee – Methode – System, 5., überarbeitete Auflage, Düsseldorf 1995.

Zernke, M.: Die Wertanalyse zur Kostenoptimierung im Projektmanagement im Unternehmen FAURECIA, Düsseldorf 2004, Band 1583, S. 77–81.

Stichwortverzeichnis

Soll- und Ist-Werte im Blick

Peter R. Preißler
Betriebswirtschaftliche Kennzahlen
Formeln, Aussagekraft, Sollwerte,
Ermittlungsintervalle

2008 | 310 S. | gebunden
€ 29,80 | ISBN 978-3-486-23888-4

Kennzahlen werden benötigt, um aus der Flut der Informationen das Wesentliche herauszufiltern, Maßstäbe aufzustellen, die Situation des Unternehmens objektiv darzustellen und funktionsübergreifende Gesamtzusammenhänge herzustellen.

Dieses Buch gibt einen umfassenden und praxisorientierten Überblick über die Kennzahlen zur Unternehmenssteuerung. Sie erfahren, wie Sie mit diesen Kennzahlen arbeiten und welche Aussagen und Zielsetzungen mit den einzelnen Kennzahlen verbunden sind. Sie erhalten mit diesem Buch einen detaillierten Leitfaden für die Praxis zum Aufbau und zur Verwendung von aussagefähigen Kennzahlen und Kennzahlensystemen.

Mit Hilfe dieses Buches werden Sie in der Lage sein, nicht nur das Unternehmen mit Ist-Werten zu durchleuchten, sondern auch mit Soll-Werten neue Maßstäbe zu setzen.

Das Buch richtet sich an Studierende der Wirtschaftswissenschaften und Praktiker in Unternehmen.

Über die Autoren:

Prof. Dr. rer. pol. Peter R. Preißler hat ein international eingesetztes Controlling- und Kennzahlensystem entwickelt.

Oldenbourg

150 Jahre
Wissen für die Zukunft
Oldenbourg Verlag

Bestellen Sie in Ihrer Fachbuchhandlung oder direkt bei uns: Tel: 089/45051-248, Fax: 089/45051-333
verkauf@oldenbourg.de

www.ingramcontent.com/pod-product-compliance
Lightning Source LLC
Chambersburg PA
CBHW081100220326
41598CB00038B/7174